淮安统计年鉴

HUAIAN STATISTICAL YEARBOOK

2017

淮 安 市 统 计 局
国家统计局淮安调查队 编

中国统计出版社
China Statistics Press

图书在版编目（CIP）数据

淮安统计年鉴. 2017 / 淮安市统计局, 国家统计局淮安调查队编. -- 北京 : 中国统计出版社, 2017.9
ISBN 978-7-5037-8167-4

Ⅰ. ①淮… Ⅱ. ①淮… ②国… Ⅲ. ①统计资料 - 淮安市 - 2017 - 年鉴 Ⅳ. ①C832.534-54

中国版本图书馆CIP数据核字（2017）第 153943 号

淮安统计年鉴-2017

作　　者　淮安市统计局　国家统计局淮安调查队
责任编辑　陈越月
装帧设计　袁　岚
出版发行　中国统计出版社
地　　址　北京市丰台区西三环南路甲 6 号　邮编　100073
电　　话　邮购（010）63376909 书店（010）68783171
网　　址　http://csp.stats.gov.cn
印　　刷　江西宜春资料印务有限公司
经　　销　新华书店
开　　本　890mm × 1240mm　1/16
字　　数　952 千字
印　　张　21.5
版　　别　2017年9月第1版
版　　次　2017年9月第1次印刷
定　　价　300.00元

如有印装差错，由本社发行部调换。

《淮安统计年鉴—2017》编委会和编辑人员

编 者 说 明

一、《淮安统计年鉴—2017》是一部全面反映淮安市2016年及部分历史年份经济和社会发展情况的资料性年刊。

二、本年鉴分为15个部分：1. 综合；2. 国民经济核算；3. 人口与就业；4. 农村经济；5. 工业、能源；6. 建筑业；7. 固定资产投资、房地产开发；8. 运输、邮电和电力；9. 批发零售贸易、住宿餐饮业和对外经济；10. 服务业；11. 财政、金融；12. 物价；13. 社会事业；14. 居民生活；15. 附录。

三、本年鉴资料大部分来自年度统计报表，一部分来自抽样调查。

四、本年鉴部分数据的合计数或相对数由于单位取舍不同而产生的计算误差未做机械调整。

五、本年鉴表中，“—”或空白栏表示该栏没有数字或未掌握该项资料；“#”表示其中项；“*”表示本表下有注解。

目　　录

一、综　　合

二、国民经济核算

三、人口与就业

四、农 村 经 济

五、工业、能源

六、建 筑 业

七、固定资产投资、房地产开发

八、运输、邮电和电力

九、批发零售贸易、住宿餐饮和对外经济

十、服 务 业

十一、财政、金融

十二、物 价

十三、社 会 事 业

十四、居 民 生 活

十五、附　　录

1

综　　合

本篇编辑：孙永军　伍华森　张　怡　周兴旺　姚云聪

行 政 区 划 与 土 地 面 积

	乡（个）	镇（个）	街道办事处（个）
全　　市	**20**	**84**	**21**
市　　区	15	43	18
淮安区	4	20	3
淮阴区	7	14	—
清江浦区	4	3	12
洪泽区	—	6	3
开发区	—	—	—
涟水县	2	17	—
盱眙县	3	14	3
金湖县	—	10	—

	居民委员会（个）	村民委员会（个）	土地面积（平方公里）
全　　市	**309**	**1383**	**10030**
市　　区	191	718	4476
淮安区	44	308	1452
淮阴区	36	223	1307
清江浦区	80	92	310
洪泽区	31	95	1273
开发区	—	—	133
涟水县	54	321	1678
盱眙县	34	226	2497
金湖县	30	118	1378

注：乡、镇、街道及村、居数由市民政局提供。

	单　位	1978 年	1990 年	1996 年	2000 年	2005 年
一、人口						
年末户籍总户数	万户	88.02	120.06	133.66	144.75	159.37
年末户籍人口	万人	401.50	467.12	489.63	510.27	527.77
#农业人口	万人	365.82	397.98	407.33	393.20	357.18
非农业人口	万人	35.68	69.14	82.30	117.06	170.59
#男性人口	万人	202.47	240.46	252.35	261.88	270.62
女性人口	万人	199.03	226.66	237.28	248.39	257.15
年末常住人口	万人					497.47
城镇人口	万人					182.57
农村人口	万人					314.90
常住人口出生率	‰					
常住人口死亡率	‰					
常住人口自然增长率	‰					
二、从业人员＊						
年末从业人员	万人	170.64	237.63	260.36	262.44	273.70
第一产业	万人					111.63
第二产业	万人					54.92
第三产业	万人					107.15
三、土地面积、城市化水平						
土地面积＊	平方公里		19548	10645	10072	10072
城市化率	%					36.70
四、经济总量＊						
地区生产总值	亿元	12.09	59.90	173.23	289.43	572.42
第一产业	亿元	6.82	25.53	68.96	88.33	123.42
第二产业	亿元	3.50	21.21	58.46	113.75	258.39
第三产业	亿元	1.77	13.16	45.81	87.35	190.61
人均地区生产总值（按户籍人口计算）	元	303	1296	3554	5716	10884
人均地区生产总值（按常住人口计算）	元				5751	11467
五、民营经济						
民营企业、个体经营户数	万个					
#私营企业	万个					
个体经营户	万个					
民营经济注册资本	亿元					
#私营企业	亿元					
个体经营户	亿元					

注：1. “二、从业人员”中，2013 年起从业人员及各产业数据根据人口抽样调查数据推算。

2. “三、土地面积”中，2014 年起，“土地面积”采用第二次全国土地调查数。

3. “四、经济总量”中，2000、2005、2010 和 2013 年份数据为历次经济普查调整修订数。另外，2013 年起，三次

主　要　指　标

2010年	2011年	2012年	2013年	2014年	2015年	2016年	2016年比2015年±%
159.97	160.97	159.92	161.13	163.12	162.87	164.82	1.2
538.74	543.24	546.81	552.96	560.25	564.45	567.56	0.6
363.26	369.33	359.04	355.07	268.92	265.37	261.03	-1.6
175.48	173.91	187.77	197.90	291.33	299.08	306.52	2.5
276.77	279.79	281.50	284.80	288.09	289.91	291.24	0.5
261.98	263.45	265.32	268.17	272.16	274.54	276.31	0.6
480.40	480.34	480.30	482.69	485.21	487.20	489.00	0.4
244.00	249.97	256.96	265.77	273.95	283.31	291.84	3.0
236.40	230.37	223.34	216.92	211.26	203.89	197.16	-3.3
10.6	11.4	12.2	12.4	12.3	11.5	10.9	下降0.6个千分点
6.5	7.2	7.4	7.4	7.4	7.5	7.4	下降0.1个千分点
4.2	7.2	4.8	5.0	4.9	4.0	3.5	下降0.5个千分点
326.50	361.45	356.34	281.30	281.88	282.50	283.60	0.4
94.38	93.89	91.41	82.60	80.21	79.20	78.30	-1.1
104.16	125.73	124.79	85.20	87.57	88.60	89.60	1.1
127.96	141.84	140.14	113.50	114.10	114.70	115.70	0.9
10072	10072	10072	10072	10030	10030	10030	—
50.79	52.00	53.50	55.06	56.46	58.15	59.68	上升1.53个百分点
1388.07	1690.00	1920.91	2215.86	2455.39	2745.09	3048.00	9.0
195.97	223.46	247.98	267.73	286.99	307.67	324.61	1.7
647.10	794.18	889.20	1005.60	1085.96	1176.66	1268.15	9.2
545.00	661.15	783.73	942.53	1082.44	1260.76	1455.24	10.6
25875	31239	35244	40297	44114	48815	53851	8.3
28861	35181	39992	46020	50736	56460	62446	8.6
20.10	21.99	21.85	22.68	26.35	29.29	32.97	12.6
3.25	4.10	4.28	4.61	5.35	6.42	7.43	15.7
16.28	17.29	16.94	17.41	20.27	22.01	24.57	11.6
1544.38	2087.70	2344.32	2661.53	3411.85	5946.20	8082.16	35.9
855.59	1205.40	1402.40	1501.53	1761.89	3294.33	3934.89	19.4
208.35	206.42	182.53	178.00	210.52	230.48	264.71	14.9

产业根据国家统计局2012年印发的《三次产业划分规定》（国统字［2012］108号）进行划分。

	单　位	1978年	1990年	1996年	2000年	2005年
私营、个体经济从业人员数	万人					
#私营企业	万人					
个体经营户	万人					
民营经济税收收入	亿元					
#增值税	亿元					
营业税	亿元					
企业所得税	亿元					
六、农村经济						
农业机械总动力	万千瓦	48.03	151.45	184.62	221.04	275.36
粮食总产量	万吨	167.82	300.12	338.11	302.61	345.39
棉花总产量	吨	6025	7915	9774	4672	2245
油料总产量	万吨	1.48	9.36	14.14	25.16	18.57
蔬菜总产量	万吨					273.16
家禽出栏	万只		2565.32	4837.35	6143.80	5339.51
猪牛羊肉产量	万吨		12.83	25.76	22.01	20.76
水产品总产量	万吨	1.10	7.74	17.96	22.39	22.83
七、规模以上工业						
企业单位数	个				554	1079
资产总计	亿元				234.79	435.09
工业总产值	亿元				230.36	568.61
工业增加值	亿元				61.07	160.22
主营业务收入	亿元				212.36	581.13
#主营业务成本	亿元				178.56	489.78
主营业务税金及附加	亿元				8.57	21.97
利润总额	亿元				4.53	29.78
亏损企业亏损额	亿元				1.37	1.16
产成品	亿元				12.11	25.54
八、主要工业产品产量						
原盐	万吨			45.82	62.04	152.91
白酒（折65度，商品量）	千升					25306
卷烟	亿支					232.50
纱	万吨	1	2.14	3.54	4.13	5.95
人造板	万立方米			2.64	4.13	28.06

主　要　指　标（续一）

2010年	2011年	2012年	2013年	2014年	2015年	2016年	2016年比 2015年±%
90.67	96.31	90.21	94.57	103.04	112.99	124.59	10.3
62.65	66.37	59.71	62.30	66.13	72.76	79.26	8.9
28.02	29.95	30.51	32.26	36.91	40.23	45.33	12.7
102.55	146.22	190.50	223.66	259.06	280.39	269.21	-4.0
33.53	43.03	35.04	38.16	38.97	38.02	63.38	66.7
28.46	41.75	59.32	70.38	94.79	124.69	83.63	-32.9
16.88	24.80	23.32	24.56	22.10	21.87	23.27	6.4
391.99	425.11	460.40	518.40	568.57	620.21	622.60	0.4
445.74	453.42	456.11	461.02	467.19	467.22	458.55	-1.9
444	505	514	147	82	83	84	1.2
10.52	10.09	9.95	9.62	9.16	8.88	8.80	-0.9
290.96	320.01	347.73	376.51	383.41	388.43	393.05	1.2
6608.27	7251.33	7672.70	7876.96	7520.55	7564.11	7480.94	-1.1
18.93	20.95	21.34	21.07	20.33	19.42	19.45	0.1
25.28	24.39	25.17	25.93	26.51	26.35	26.10	-1.0
2399	1495	1941	2226	2474	2647	2609	-1.4
1223.78	1333.63	1608.81	2064.67	2513.15	2993.09	3071.44	2.6
2439.11	2940.09	3952.61	4638.11	5643.77	6549.16	6951.32	6.1
541.45	661.15	958.88	1133.89	1266.41	1483.25	1626.18	9.8
2411.13	2918.90	3950.12	4689.95	5618.24	6548.75	7014.24	7.1
2082.78	2526.81	3473.90	4112.12	4910.58	5684.86	6079.35	6.9
59.61	76.66	80.48	92.00	106.09	120.62	122.05	1.2
124.39	150.21	179.35	228.99	304.64	383.36	404.81	5.6
2.37	10.94	11.45	8.69	14.86	15.56	13.18	-15.3
56.89	64.10	65.42	78.46	73.06	78.60	91.60	16.5
237.49	231.85	255.89	528.34	321.84	306.66	332.14	8.3
70090	68434	24273	22235	19963	19590	19044	-2.8
313.22	331.97	330.85	335.00	338.52	357.12	356.17	-0.3
4.06	3.08	5.89	41.55	10.63	7.58	5.80	-23.4
87.45	82.64	113.75	130.28	174.91	233.26	288.13	23.5

	单　位	1978年	1990年	1996年	2000年	2005年
原油加工量	万吨	8.03	14.88	24.00	64.16	89.52
氢氧化钠（烧碱）（折100%）	万吨	0.51	1.68	3.27	6.15	12.89
碳酸钠（纯碱）	万吨					17.25
农用氮、磷、钾化学肥料（折纯）	万吨		16.11	13.76	11.36	17.71
橡胶轮胎外胎	万条	2.81	25.4	51.27	251.15	814.24
水泥	万吨	13.43	36.95	87.10	96.23	162.93
生铁	万吨	0.78	4.77	11.92	14.63	116.13
钢材	万吨	0.1	3.29	8.28	55.93	158.05
#棒材	万吨					127.23
无缝钢管	万吨				0.12	1.12
发电量	亿千瓦时	5.42	8.04	31.44	28.03	80.75
九、交通运输						
公路总里程	公里				6906	6976
#高速公路	公里					202
公路货运周转量*	亿吨公里	1.38	9.26	6.84	9.82	14.37
水路货运周转量*	亿吨公里	3.71	2.51	32.83	32.79	39.95
公路客运周转量*	亿人公里	8.80	17.10	15.16	21.47	29.42
水路客运周转量*	万人公里	432	1533	654	351	270
港口货物吞吐量	万吨		871	544	1329	1750
民用汽车拥有量	万辆				2.91	6.18
#私人汽车	万辆				0.75	2.96
十、电力、综合能耗						
全社会用电量	亿千瓦时			26.39	30.41	59.05
农林牧渔水利业	亿千瓦时					0.92
工业	亿千瓦时			18.80	20.73	45.10
建筑业	亿千瓦时					0.47
交通运输、邮电通信	亿千瓦时					0.51
信息传输、计算机服务与软件业	亿千瓦时					0.31
商业、住宿和餐饮业	亿千瓦时					1.19
金融、房地产、商务及居民服务业	亿千瓦时					0.48
公共事业及管理组织	亿千瓦时					1.87
城乡居民生活用电	亿千瓦时			3.19	4.43	8.19
单位GDP能耗下降率	%					
十一、邮电通信						
邮电业务收入	亿元					13.63
邮政业务	亿元					1.33
电信业务	亿元					12.30
固定电话用户	万户			22.78	54.71	160.25

注：1. 2013年起，交通部门对表中带“*”的指标的统计调查方法、范围及口径进行了调整。2013年以前的历史数据

2. 2015年起，邮政业务数据由邮管局提供，含快递业务数据。

主　要　指　标（续二）

2010年	2011年	2012年	2013年	2014年	2015年	2016年	2016年比2015年±%
79.79	91.95	86.52	77.55	86.47	83.58	84.72	1.4
15.01	19.88	25.54	26.79	24.78	23.73	18.51	-22.0
39.93	77.35	103.94	108.17	94.79	80.31	89.48	11.4
14.15	16.18	18.38	17.15	12.20	8.75	10.38	18.6
955.35	942.28	911.88	920.25	873.85	786.76	764.01	-2.9
278.84	418.02	606.09	671.42	834.31	625.81	587.22	-6.2
276.05	280.18	288.90	289.77	282.97	293.59	304.29	3.6
308.49	310.74	327.47	401.42	458.43	479.55	451.93	-5.8
267.91	268.76	251.50	254.13	259.76	241.39	251.48	4.2
1.02	41.94	43.79	72.26	83.77	97.16	79.41	-18.3
115.84	117.16	145.72	146.63	143.61	135.83	132.54	-2.4
11807	12461	12804	12933	13074	13273	13354	0.6
380	380	380	403	403	403	403	0.0
71.15	86.31	95.80	145.68	160.35	172.02	181.58	5.6
83.01	101.64	113.03	160.73	176.30	190.04	190.56	0.3
62.17	73.67	80.01	46.00	46.32	47.14	46.34	-1.7
442	470	502	40.56	36.25	51.79	125.32	142.0
4381	5029	5697	6598	7101	8004	9050	13.1
16.98	20.78	24.55	29.65	34.74	39.36	40.26	2.3
12.50	15.95	20.23	24.70	29.51	34.44	39.76	15.4
111.77	126.37	134.78	148.39	151.53	156.54	163.20	4.3
1.28	1.77	1.89	2.23	2.27	2.45	3.13	27.8
81.75	92.09	95.50	102.30	106.89	108.89	106.70	-2.0
1.68	2.21	2.12	2.27	2.07	1.92	2.26	17.7
0.80	0.87	0.96	1.15	1.17	1.37	1.62	18.2
0.89	0.97	1.14	1.28	1.38	1.67	1.96	17.4
3.45	3.99	4.79	5.50	5.65	6.00	6.80	13.3
1.27	1.70	2.01	2.46	2.82	3.23	3.88	20.1
3.58	4.51	4.63	5.52	5.60	5.97	6.89	15.4
17.07	18.26	21.75	25.68	23.68	25.05	29.98	19.7
3.64	3.71	5.08	3.81	3.95	6.84	5.79	下降1.05个百分点
22.78	23.23	24.57	28.85	29.56	39.48	40.64	2.9
2.33	2.96	3.55	3.91	4.31	10.39	14.53	39.8
20.45	20.27	21.02	24.94	25.25	29.09	26.11	-10.2
100.55	89.94	86.76	85.11	79.61	76.90	78.00	1.4

为原口径数据。

	单　位	1978 年	1990 年	1996 年	2000 年	2005 年
移动电话年末用户	万户			0.99	23.01	78.54
互联网宽带接入用户	万户				2.40	11.72
十二、固定资产投资						
规模以上固定资产投资完成额	亿元					
项目投资	亿元					
房地产开发投资	亿元					
房屋建筑施工面积	万平方米		83.10	91.15	158.00	425.16
商品房屋销售面积	万平方米					174.15
商品房屋销售额	亿元					32.77
十三、国内贸易						
社会消费品零售总额	亿元	4.04	21.28	67.44	103.01	198.62
#批发零售贸易业零售额	亿元	3.53	15.33	45.26	71.48	171.75
住宿和餐饮业零售额 *	亿元	0.11	0.91	3.25	8.53	22.78
十四、对外经济						
进出口总额	亿美元			1.31	2.49	6.82
出口额	亿美元			1.25	1.83	4.77
进口额	亿美元			0.06	0.66	2.05
注册外资实际到帐额	亿美元		0.04	0.40	0.90	1.52
对外承包工程完成营业额	亿美元					
十五、旅游						
接待国内旅游人数	万人次					550
国内旅游收入	亿元					34.55
入境过夜游客人数	人次					
外国人	人次					
港、澳、台同胞	人次					
星级饭店数	个					40
国际旅游外汇收入	万美元		2	117	418	1321.9
十六、财政						
上划中央财政收入	亿元				13.64	40.58
一般公共预算收入	亿元				11.81	26.77
一般公共预算支出	亿元				19.00	49.54
十七、金融						
金融机构各项存款余额（本外币）	亿元					430.75
#住户存款 *	亿元					250.03

注：表中，住宿和餐饮业零售额 2010 年以前年份的数据仅为餐饮业零售额。住户存款 2014 年(含)以前数据为储蓄存款。

主　要　指　标（续三）

2010年	2011年	2012年	2013年	2014年	2015年	2016年	2016年比2015年±%
280.59	310.28	294.94	294.83	301.81	383.09	422.00	10.2
29.49	42.30	45.82	49.84	53.77	63.54	95.00	49.5
	1020.60	1247.99	1453.05	1795.73	2203.24	2535.19	15.1
	734.11	967.44	1140.83	1438.07	1919.55	2213.77	15.3
	286.49	280.55	312.22	357.66	283.69	321.41	13.3
1829.51	2185.13	2562.85	3008.81	2983.34	2843.80	2872.10	1.0
641.14	552.48	677.14	842.43	614.53	703.99	869.80	23.6
232.61	254.25	300.04	386.83	302.42	352.56	416.85	18.2
464.81	547.85	633.24	721.22	864.80	970.74	1083.83	11.7
416.92	488.47	567.60	648.36	778.19	874.22	978.30	11.9
47.89	59.37	65.64	72.86	86.61	96.51	105.53	9.3
21.71	28.55	42.41	36.01	41.07	41.33	35.04	-15.2
14.95	18.40	33.66	27.82	31.61	30.10	26.98	-10.4
6.75	10.15	8.74	8.20	9.46	11.23	8.06	-28.2
10.52	16.10	21.21	13.02	11.79	12.09	11.61	-4.0
					1.03	1.26	11.0
1156	1398	1611	1833	2090	2324	2612	12.4
119	146.17	172.65	200.12	231.63	264.02	305.64	15.8
			10565	13607	14675	18223	24.2
			5833	7614	7902	10078	27.5
			4732	5993	6773	8145	20.3
52	39	41	44	49	48	48	0.0
2475	2700	3100	888	1313	1558	1705	9.4
109.17	142.15	137.31	145.78	154.99	159.82	167.62	4.9
141.43	204.63	233.61	271.42	308.51	350.31	315.51	-9.9
206.15	296.68	339.86	385.05	431.65	512.47	483.47	-5.7
1214.46	1335.01	1521.41	1737.07	2036.86	2356.91	3121.81	32.5
587.24	680.93	808.97	934.30	1047.22	1187.73	1367.16	15.1

	单　位	1978 年	1990 年	1996 年	2000 年	2005 年
金融机构各项贷款余额（本外币）	亿元					
#短期贷款	亿元					
中长期贷款	亿元					
金融机构各项存款余额（人民币）	亿元	1.76	23.97	111.78	179.60	427.27
#住户存款 *	亿元	0.49	13.34	69.83	106.30	247.36
金融机构各项贷款余额（人民币）	亿元	5.08	41.67	126.06	150.23	274.66
#短期贷款	亿元				122.45	173.33
中长期贷款	亿元				18.31	71.41
保费收入	亿元					
#财产险	亿元					
寿险	亿元					
十八、物价						
市区居民消费价格总指数	上年＝100			111.8	100.7	101.6
市区商品零售价格总指数	上年＝100			108.4	98.2	100.5
十九、居民生活 *						
全体居民人均可支配收入	元					
城镇常住居民人均可支配收入	元		1342	4730	6117	9115
农村常住居民人均可支配收入	元		639	2276	3302	4024
全体居民人均消费性支出	元					
城镇常住居民人均消费性支出	元		1224	3768	4352	6389
#食品烟酒	元			1809	1864	2596
农村常住居民人均消费性支出	元		568	1818	2104	2602
#食品烟酒	元			1104	1007	1260
城镇居民人均住房建筑面积	平方米					27.89
农村居民人均住房建筑面积	平方米			20.62	24.9	27.6
二十、科技和教育						
授权专利	件					280
高等学校	所		2	2	2	6
高等学校在校学生	万人		0.33	0.53	1.36	5.69
中等专业学校	所	4	12	13	14	13
中等专业学校在校学生	万人	0.35	0.92	3.58	3.30	2.97
普通中学	所			284	246	220
普通中学在校学生	万人	23.9	21.54	22.23	23.66	38.14
技工学校	所		6	7		6
技工学校在校学生	万人		0.51	0.68		0.72
小学	所			2314	1723	500
小学在校学生	万人	71.25	48.39	47.48	58.5	41.73

注：“十九、居民生活”中，2013 年以前年份的居民收支及住房面积数据为实施城乡住户调查一体化改革前的城乡住户

主　要　指　标（续四）

2010 年	2011 年	2012 年	2013 年	2014 年	2015 年	2016 年	2016年比 2015年±%
863.80	1016.58	1190.46	1397.49	1635.59	1879.29	2313.94	23.1
393.61	464.38	551.89	656.67	705.18	756.86	781.16	3.2
424.11	526.18	590.28	699.44	853.95	989.85	1427.86	44.2
1190.80	1310.00	1502.79	1721.30	2005.72	2328.63	3066.00	31.7
585.63	678.92	806.86	931.81	1044.52	1183.92	1360.51	14.9
842.63	991.69	1173.18	1375.15	1617.55	1864.76	2304.22	23.6
391.89	440.36	535.48	634.85	687.55	742.33	772.43	4.1
423.20	525.31	589.41	698.92	853.55	989.84	1426.86	44.2
31.76	34.94	35.97	42.35	57.88	62.24	77.10	23.9
9.05	10.22	12.44	15.54	18.07	21.35	22.72	6.4
22.71	22.65	23.53	26.80	39.80	40.89	44.93	9.9
103.3	104.4	102.4	102.2	102.1	101.5	102.2	上升2.2个百分点
105.3	104.8	102.6	101.6	101.8	100.6	100.9	上升0.9个百分点
			17364	19110	20840	22762	9.2
17680	20260	22995	23582	25798	28105	30335	7.9
7233	8645	9838	10762	12010	13128	14319	9.1
			10460	11373	12349	13382	8.4
11638	13315	14863	13729	14703	15867	16912	6.6
4293	5082	5598	4310	4602	4892	5184	6.0
5216	5904	6493	6991	7836	8615	9633	11.8
2053	2198	2409	2260	2518	2731	3055	11.9
32.3	34.8	35.6	42.7	43.6	43.8	44.2	0.9
36.3	41.3	43.3	49.0	50.2	50.7	51.2	1.0
1170	1984	3140	4573	6663	9365	8081	-13.7
6	7	7	6	6	7	7	0.0
6.88	7.82	7.23	6.69	7.95	6.79	6.95	2.3
14	11	16	14	15	16	20	25.0
7.16	2.87	6.57	7.24	5.19	5.48	6.14	12.0
198	190	173	175	176	179	188	5.0
29.30	26.76	24.21	22.71	21.54	21.19	21.52	1.6
6	6	6	6	5	5	5	0.0
0.76	0.96	1.28	1.40	1.29	1.09	0.92	-15.8
404	359	279	284	283	282	252	-10.6
30.36	30.31	31.19	32.54	33.66	34.43	35.05	1.8

调查数。住户存款 2014 年（含）以前数据为储蓄存款。

	单　位	1978 年	1990 年	1996 年	2000 年	2005 年
二十一、文化与卫生						
剧场、影剧院数	个			133	24	6
公共图书馆	个		13	8	8	7
公共图书馆图书总藏量	千册、件		1012	750	860	1028
卫生机构数	个		1069	663	549	603
#医院、卫生院	个					181
卫生技术人员	人	7085	10550	12693	11963	13710
#执业医师、执业助理医师	人					5465
卫生机构床位数	张			7969	7961	11253
#医院、卫生院床位数	张					10999
二十二、社会福利						
城镇职工基本养老保险参保人数	万人					34.76
城镇基本医疗保险参保人数	万人					39.68
城镇失业保险参保人数	万人					38.9
社会福利收养性单位数	个				147	138
社会福利收养性单位床位数	张				5772	6632
二十三、市政公用事业						
供水综合生产能力（包括自备水源）	万吨/日			15	20	48.8
供水总量	万吨		6512	6466	6622	11586
用水人口	万人		31.8	35.6	40	134
公共汽（电）车运营车辆数	辆			864	372	975
公共汽（电）车客运总量	万人次			1297	3817	10947
出租汽车数	辆			770	700	1766
液化石油气供气总量	万吨		0.24	1.22	2.2	5.56
液化石油气用气人口	万人			19.1	28	122.41
道路面积	万平方米					1476
排水管道长度	公里					1255
建成区绿化覆盖面积	公顷			984	1187	5029
二十四、环境保护						
工业烟（粉）尘去除量	万吨					1.29
一般工业固体废物综合利用率	%					99.7
污水集中处理率	%					
万元 GDP 取水量	立方米/万元					
万元规模以上工业增加值取水量	立方米/万元					
工业用水重复利用率	%					

注：2015 年前，万元 GDP 取水量和万元规模以上工业增加值取水量的核算范围为建成区。2015 年起，核算范围为市区。

主 要 指 标（续五）

2010年	2011年	2012年	2013年	2014年	2015年	2016年	2016年比2015年±%
8	8	8	7	7	7	7	0.0
8	8	8	8	9	9	9	0.0
1327	1455	2997	2081	2368	2564	2860	11.5
648	2116	738	2153	2257	2228	2237	0.4
177	183	182	179	180	184	185	0.5
16238	17614	23468	27799	28976	30475	31524	3.4
5968	6444	9604	11186	11599	12037	12385	2.9
13761	16002	20266	23467	24642	25966	27529	6.0
13201	15410	18716	21681	22858	23955	25500	6.4
54.76	59.30	70.65	83.46	86.27	88.90	90.27	1.5
62.59	67.05	76.60	158.06	163.54	164.72	162.34	-1.4
47.51	50.31	55.98	61.09	62.30	63.20	64.30	1.7
141	151	149	196	168	194	121	-37.6
13477	15008	15082	19078	16422	17165	13463	-21.6
44.2	64.0	132.1	104.0	112.4	113.1	158.0	39.7
23052	29024	28656	29005	29359	25306	25675	1.5
178	192	208	210	218	223	224	0.4
1053	1110	1146	1287	1350	1278	1534	20.0
13409	15749	17188	19898	21578	24226	26466	9.2
1861	2171	2171	2431	2431	2431	2431	0.0
5.28	4.88	6.09	6.02	5.26	4.95	4.95	0.0
134.02	132.44	138.32	122.29	105.07	91.72	88.00	-4.1
3062	3552	3839	4045	4172	4277	4790	12.0
2319	2319	2954	3040	3118	3200	3555	11.1
7717	9241	9419	9998	10466	10939	11494	5.1
144.54	260.55	280.10	171.95	184.71	210.45	347.36	65.1
99.7	99.1	95.5	97.7	99.6	97.3	80.0	下降17.3个百分点
56.7	45.8	72.0	71.5	71.6	79.3	79.0	下降0.3个百分点
47.80	45.39	43.09	40.81	38.65	18.22	15.34	-15.8
16.98	16.10	15.16	14.40	13.62	22.59	19.27	-14.7
80	81	82	83	84	94	94	持平

国民经济主要比例关系

单位:%

	2010年	2011年	2012年	2013年	2014年	2015年	2016年
一、在年末常住人口中:							
城镇人口	50.8	52.0	53.5	55.1	56.5	58.2	59.7
乡村人口	49.2	48.0	46.5	44.9	43.5	41.8	40.3
二、在年末户籍人口中:							
男性人口	51.4	51.5	51.5	51.5	51.4	51.4	51.3
女性人口	48.6	48.5	48.5	48.5	48.6	48.6	48.7
三、在资本形成总额中:							
固定资本形成总额	91.1	90.9	89.0	89.5	89.5	89.3	88.3
存货增加	8.9	9.1	11.0	10.5	10.5	10.7	11.7
四、在最终消费支出中:							
居民消费	65.5	61.5	61.8	62.3	62.7	63.0	63.6
政府消费	34.5	38.5	38.2	37.7	37.3	37.0	36.4
五、在居民消费总额中:							
城镇居民消费	67.0	70.6	70.0	71.4	71.4	72.2	72.7
农村居民消费	33.0	29.4	30.0	28.6	28.6	27.8	27.3
六、在地区生产总值中:							
第一产业增加值	14.1	13.2	12.9	12.1	11.7	11.2	10.6
第二产业增加值	46.6	47.0	46.3	45.4	44.2	42.9	41.7
第三产业增加值	39.3	39.8	40.8	42.5	44.1	45.9	47.7
七、在地区生产总值中:							
资本形成总额	54.2	52.9	52.6	52.4	52.5	51.7	52.0
最终消费支出	51.0	50.3	50.4	51.4	51.5	51.1	51.1
八、在第三产业增加值中:							
批发和零售业	18.6	18.9	18.1	18.6	18.5	17.8	16.6
交通运输、仓储和邮政业	10.6	9.9	9.4	8.8	8.4	8.0	7.3
住宿和餐饮业	5.4	5.6	6.0	6.0	6.1	6.0	5.7
金融业	7.5	6.7	7.2	7.1	7.5	7.7	8.4
房地产业	17.9	16.5	15.7	16.1	15.3	14.3	16.4

注:“六、在地区生产总值中”中,2013年数据为第三次经济普查调整修订数。2013年起,三次产业根据国家统计局2012年印发的《三次产业划分规定》(国统字[2012]108号)进行划分。

国民经济主要比例关系(续)

单位:%

	2010年	2011年	2012年	2013年	2014年	2015年	2016年
九、在农林牧渔业总产值(当年价)中:							
农业	60.5	62.4	63.4	63.3	63.6	63.6	61.9
林牧渔业	37.6	35.9	34.9	35.0	34.6	34.7	36.2
农林牧渔服务业	1.8	1.7	1.7	1.7	1.7	1.8	1.9
十、在规模以上工业增加值中:							
轻工业	43.6	40.5	42.7	43.1	43.7	44.1	43.6
重工业	56.4	59.5	57.3	56.9	56.3	55.9	56.4
十一、在全年用电量中:							
工业用电量	73.1	72.9	70.9	68.9	70.5	69.6	65.4
城乡居民生活用电量	15.3	14.4	16.1	17.3	15.6	16.0	18.4
十二、在规模以上固定资产投资完成额中:							
第一产业投资	1.6	0.5	0.6	1.2	1.5	1.2	2.1
第二产业投资	50.0	52.5	54.9	56.1	56.6	60.5	61.2
第三产业投资	48.4	46.9	44.5	42.6	41.9	38.3	36.7
十三、在规模以上固定资产投资完成额中:							
项目投资	—	71.9	77.5	78.5	80.1	87.1	87.3
房地产开发投资	—	28.1	22.5	21.5	19.9	12.9	12.7
十四、在社会消费品零售总额中:							
城镇	87.9	87.8	88.2	88.8	89.3	89.2	89.0
#城区	55.5	53.4	55.8	53.4	52.9	48.0	46.4
乡村	12.1	12.2	11.8	11.2	10.7	10.8	11.0
十五、一般公共预算收入占地区生产总值的比重	**10.2**	**12.1**	**12.2**	**12.2**	**12.6**	**12.8**	**10.4**
十六、居民消费恩格尔系数							
城镇恩格尔系数	36.9	38.2	37.7	31.4	31.3	30.8	29.9
农村恩格尔系数	39.4	37.2	37.1	32.3	32.1	31.7	31.7

社会经济主要指标年人均水平

（按户籍人口计算）

	单　位	2010 年	2011 年	2012 年	2013 年	2014 年	2015 年	2016 年
一、最终消费支出（当年价格）	元/人	13206	15723	17778	20162	22740	25243	28009
二、社会消费品零售总额	元/人	8665	10127	11619	13116	15537	17262	19149
三、城乡居民生活用电量	千瓦时/人	318	338	399	467	425	445	530
四、城镇常住居民人均可支配收入	元/人	—	—	—	23582	25798	28105	30335
农民常住居民人均可支配收入	元/人	—	—	—	10762	12010	13128	14319
五、高等学校在校学生数	人/万人	128	144	133	122	142	120	122
中等专业学校在校学生数	人/万人	133	53	121	132	93	97	108
六、公共图书馆总藏量	册/万人	2224	2678	5499	3784	4227	4542	5039
七、卫生机构床位数	张/万人	26	29	37	43	44	46	49
卫生技术人员数	人/万人	30	32	43	51	52	54	56
八、主要农业产品产量								
粮食	公斤/人	831	838	837	838	839	831	810
油料	公斤/人	20	19	18	17	16	16	16
瓜果	公斤/人		38	44	49	46	44	43
猪牛羊肉	公斤/人	35	39	39	38	37	35	34
禽蛋	公斤/人	23	24	24	24	23	24	23
水产品	公斤/人	47	45	46	47	48	47	46
九、主要工业产品产量								
生铁	公斤/人	515	518	530	527	508	522	538
钢材	公斤/人	575	574	601	730	824	853	798
原油加工量	公斤/人	149	170	159	141	155	149	150
发电量	千瓦时/人	2159	2166	2674	2667	2580	2415	2342
浓硝酸（折 100%）	公斤/人	2	32	36	39	41	42	36
合成氨	公斤/人	65	45	47	63	50	41	39
水泥	公斤/人	520	773	1112	1221	1499	1113	1037
化学纤维	公斤/人	19	2	4	4	5	4	5
布	米/人	8	7	23	103	30	31	22

主要人均经济指标与全国对比

（2016年，按常住人口计算）　　单位：元

	全　国	淮安市	淮安为全国的%
人均地区生产总值	53980	62446	115.7
人均第一产业增加值	4618	6650	144.0
人均第二产业增加值	21487	25981	120.9
人均工业增加值	17978	21963	122.2
人均建筑业增加值	3592	4030	112.2
人均第三产业增加值	27869	29814	107.0
人均消费品零售额	24104	22205	92.1
全体居民人均可支配收入	23821	22762	95.6
城镇常住居民人均可支配收入	33616	30335	90.2
农村常住居民人均可支配收入	12363	14319	115.8

主要经济指标与全省对比

（2016年）

	单　位	全　省	淮安市	淮安占全省的%
土地面积	平方公里	107217	10030	9.4
年末常住人口	万人	7998.60	489.00	6.1
地区生产总值	亿元	76086.17	3048.00	4.0
第一产业增加值	亿元	4077.18	324.61	8.0
第二产业增加值	亿元	33550.53	1268.15	3.8
第三产业增加值	亿元	38458.46	1455.24	3.8
一般公共预算收入	亿元	8121.23	315.51	3.9
规模以上固定资产投资完成额	亿元	49370.85	2535.19	5.1
社会消费品零售总额	亿元	28707.12	1083.83	3.8
进出口总额	亿美元	5096.12	35.04	0.7
#出口总额	亿美元	3193.44	26.98	0.8
实际外商直接投资	亿美元	245.43	11.61	4.7
金融机构存款年末余额（人民币）	亿元	121106.58	3066.00	2.5
金融机构贷款年末余额（人民币）	亿元	91107.60	2304.22	2.5
人均地区生产总值*	元	95257	62446	65.6
人均一般公共预算收入*	元	8121	6464	79.6
居民人均可支配收入	元	32070	22762	71.0
城镇常住居民人均可支配收入	元	40152	30335	75.5
农村常住居民人均可支配收入	元	17606	14319	81.3

注：带“*”指标按常住人口计算。

主 要 经 济 指 标 与 苏 北 对 比

（2016年）

	单　　位	苏　　北	淮　安　市	淮安占苏北的%
土地面积	平方公里	54865	10030	18.3
年末常住人口	万人	3021.08	489.00	16.2
地区生产总值	亿元	18160.20	3048.00	16.8
第一产业增加值	亿元	1978.20	324.61	16.4
第二产业增加值	亿元	8021.89	1268.15	15.8
第三产业增加值	亿元	8160.12	1455.24	17.8
一般公共预算收入	亿元	1696.30	315.51	18.6
规模以上固定资产投资完成额	亿元	15660.09	2535.19	16.2
社会消费品零售总额	亿元	7012.94	1083.83	15.5
进出口总额	亿美元	271.65	35.04	12.9
#出口总额	亿美元	182.39	26.98	14.8
实际外商直接投资	亿美元	43.74	11.61	26.5
金融机构存款年末余额（人民币）	亿元	18524.53	3066.00	16.6
金融机构贷款年末余额（人民币）	亿元	13631.05	2304.22	16.9
人均地区生产总值*	元	60225	62446	103.7
人均一般公共预算收入*	元	5625	6464	114.9
居民人均可支配收入	元	22174	22762	102.7
城镇常住居民人均可支配收入	元	28515	30335	106.4
农村常住居民人均可支配收入	元	15102	14319	94.8

注：带“*”指标按常住人口计算。

淮安的一天

	单位	2016年	2015年
一、人口变动（户籍人口）			
出生人口	人	175	211
死亡人口	人	63	73
自然增长人口	人	112	137
二、经济活动			
地区生产总值	万元	83279	75208
#工业增加值	万元	29289	27004
规模以上固定资产投资完成额	万元	69267	60363
房屋建筑施工面积	平方米	78473	77912
商品房屋销售面积	平方米	23765	19287
货运量	万吨	34	31
客运量	万人	24	24
港口吞吐量	万吨	25	22
全社会用电量	万千瓦时	4459	4289
#工业用电量	万千瓦时	2915	2983
邮电业务收入	万元	1110	1082
社会消费品零售总额	万元	29613	26596
进出口总额	万美元	957	1132
#出口额	万美元	737	825
接待国内旅游人数	人次	71366	63665
国内旅游收入	万元	8351	7233
入境过夜游客人数	人次	50	40
一般公共预算收入	万元	8620	9597
三、产品产量			
粮食产量	吨	12529	12801
油料产量	吨	240	243
猪牛羊肉产量	吨	531	532
禽蛋产量	吨	362	363
水产品产量	吨	713	722
配混合饲料	吨	6799	6180
白酒（折65度，商品量）	千升	52	54
卷烟	万支	9731	9784
纱	吨	158	208
原油加工量	吨	2315	2290
农用氮、磷、钾化学肥料（折纯）	吨	284	240
轮胎外胎	条	20875	21555
生铁	吨	8314	8044
成品钢材	吨	12348	13138
发电量	万千瓦时	3621	3721
四、居民消费			
居民家庭用水	万吨	22	25
居民家庭液化气用量	吨	116	118
城乡居民生活用电量	万千瓦时	819	686
餐饮业零售额	万元	2544	2334

气　　候　　情　　况

	2016 年	2015 年
一、温度		
年平均气温（摄氏度）	15.2	14.8
年极端最高气温（摄氏度）	36.6	35.4
出现日期（月、日）	7 月 30 日	7 月 14 日
年极端最低气温（摄氏度）	-13.0	-6.6
出现日期（月、日）	1 月 24 日	2 月 9 日、11 月 27 日
二、降水		
年降水总量（毫米）	1002.9	1123.4
年降水日数（≥0.1 毫米）（天）	113	108
一日最大降水量（毫米）	76.6	128.5
出现日期（月、日）	6 月 23 日	8 月 1 日
最长连续降水日数（天）	17	7
降水量（毫米）	276.8	43.5
最长连续无降水日数（天）	24	17
三、日照		
年日照时数（小时）	1853.5	1579.7
年日照百分数（%）	42	36
四、风力、风速		
年平均风速（米/秒）	2.25	2.1
全年大风日数（8 级及以上）（天）	9（7 级以上）	2
五、气压		
年平均气压（毫巴）	1015.4	1015.7

注：本表数据由市气象局提供。

2

国民经济核算

本篇编辑：孙永军　伍华森　张　怡　周兴旺　姚云聪

社　　会　　总　　产　　出

（当年价格）　　　　单位：亿元

	2016年		2016年
总产出	**9222.08**	住宿业	28.42
按行业分		餐饮业	154.80
农、林、牧、渔业	602.72	信息传输、软件和信息技术服务业	105.78
农业	373.23	电信、广播电视和卫星传输服务	18.80
林业	13.59	互联网和相关服务	45.74
畜牧业	139.93	软件和信息技术服务业	41.24
渔业	64.63	金融业	191.53
农、林、牧、渔服务业	11.34	货币金融服务	158.21
工业	5323.29	资本市场服务	3.19
采矿业	137.24	保险业	26.69
#开采辅助活动	0.00	其他金融业	3.44
制造业	5043.09	房地产业	338.75
#金属制品、机械和设备修理业	2.37	房地产开发经营业	236.34
电力、燃气及水的生产和供应业	142.96	物业管理业	23.40
建筑业	780.31	房地产中介服务业	10.89
房屋建筑业	541.62	自有房地产经营活动	60.95
土木工程建筑业	128.66	其他房地产业	7.17
建筑安装业	53.12	租赁和商务服务业	330.11
建筑装饰和其他建筑业	56.91	租赁业	25.58
批发和零售业	331.22	商务服务业	304.53
批发业	199.90	科学研究和技术服务业	42.24
零售业	131.32	水利、环境和公共设施管理业	36.67
交通运输、仓储和邮政业	268.74	居民服务、修理和其他服务业	165.26
铁路运输业	3.74	教育	156.30
道路运输业	133.29	卫生和社会工作	113.83
水上运输业	73.46	文化、体育和娱乐业	44.25
航空运输业	0.47	公共管理、社会保障和社会组织	207.86
管道运输业	0.17	按产业分	
装卸搬运和运输代理业	27.98	第一产业	591.38
仓储业	17.65	第二产业	6101.23
邮政业	11.98		
住宿和餐饮业	183.22	第三产业	2529.47

地　区　生　产　总　值

（当年价格）　　　　单位：亿元

	2016年		2016年
地区生产总值	**3048.00**	住宿业	12.20
按行业分		餐饮业	70.85
农、林、牧、渔业	330.91	信息传输、软件和信息技术服务业	53.68
农业	227.21	电信、广播电视和卫星传输服务	9.91
林业	8.13	互联网和相关服务	29.60
畜牧业	54.45	软件和信息技术服务业	14.17
渔业	34.82	金融业	121.84
农、林、牧、渔服务业	6.30	货币金融服务	108.07
工业	1071.99	资本市场服务	2.11
采矿业	35.60	保险业	10.00
#开采辅助活动	0.00	其他金融业	1.66
制造业	1000.08	房地产业	239.36
#金属制品、机械和设备修理业	0.54	房地产开发经营业	164.39
电力、燃气及水的生产和供应业	36.31	物业管理业	11.11
建筑业	196.70	房地产中介服务业	5.31
房屋建筑业	137.09	自有房地产经营活动	55.22
土木工程建筑业	30.52	其他房地产业	3.33
建筑安装业	13.81	租赁和商务服务业	133.24
建筑装饰和其他建筑业	15.28	租赁业	10.82
批发和零售业	241.99	商务服务业	122.42
批发业	149.33	科学研究和技术服务业	22.09
零售业	92.66	水利、环境和公共设施管理业	24.76
交通运输、仓储和邮政业	106.20	居民服务、修理和其他服务业	82.13
铁路运输业	1.87	教育	108.01
道路运输业	59.53	卫生和社会工作	63.64
水上运输业	23.80	文化、体育和娱乐业	27.62
航空运输业	0.20	公共管理、社会保障和社会组织	140.79
管道运输业	0.06	按产业分	
装卸搬运和运输代理业	11.19	第一产业	324.61
仓储业	4.26	第二产业	1268.15
邮政业	5.29	第三产业	1455.24
住宿和餐饮业	83.05		

地 区 生 产 总 值 指 数

（按不变价格计算，上年＝100）

	2016年		2016年
地区生产总值	**109.0**	住宿业	105.8
按行业分		餐饮业	107.0
农、林、牧、渔业	101.8	信息传输、软件和信息技术服务业	120.7
农业	101.2	电信、广播电视和卫星传输服务	123.1
林业	108.7	互联网和相关服务	118.6
畜牧业	103.2	软件和信息技术服务业	123.2
渔业	101.3	金融业	124.8
农、林、牧、渔服务业	107.5	货币金融服务	124.8
工业	109.7	资本市场服务	125.0
采矿业	108.4	保险业	124.7
#开采辅助活动	-	其他金融业	125.0
制造业	109.5	房地产业	110.6
#金属制品、机械和设备修理业	110.0	房地产开发经营业	113.1
电力、燃气及水的生产和供应业	119.2	物业管理业	110.6
建筑业	106.1	房地产中介服务业	110.6
房屋建筑业	105.8	自有房地产经营活动	105.0
土木工程建筑业	106.4	其他房地产业	110.4
建筑安装业	107.9	租赁和商务服务业	119.5
建筑装饰和其他建筑业	106.7	租赁业	119.5
批发和零售业	106.7	商务服务业	119.5
批发业	106.1	科学研究和技术服务业	105.6
零售业	107.7	水利、环境和公共设施管理业	105.5
交通运输、仓储和邮政业	104.5	居民服务、修理和其他服务业	120.4
铁路运输业	104.5	教育	105.3
道路运输业	104.5	卫生和社会工作	104.7
水上运输业	104.5	文化、体育和娱乐业	119.6
航空运输业	105.3	公共管理、社会保障和社会组织	104.9
管道运输业	100.0	按产业分	
装卸搬运和运输代理业	104.5	第一产业	101.7
仓储业	104.4	第二产业	109.1
邮政业	104.4		
住宿和餐饮业	106.8	第三产业	110.6

地区生产总值构成

（当年价格）

单位:%

	2016年		2016年
地区生产总值	**100.0**	住宿业	0.4
按行业分		餐饮业	2.3
农、林、牧、渔业	10.9	信息传输、软件和信息技术服务业	1.8
农业	7.5	电信、广播电视和卫星传输服务	0.3
林业	0.3	互联网和相关服务	1.0
畜牧业	1.8	软件和信息技术服务业	0.5
渔业	1.1	金融业	4.0
农、林、牧、渔服务业	0.2	货币金融服务	3.5
工业	35.2	资本市场服务	0.1
采矿业	1.2	保险业	0.3
#开采辅助活动	0.0	其他金融业	0.1
制造业	32.8	房地产业	7.9
#金属制品、机械和设备修理业	0.0	房地产开发经营业	5.4
电力、燃气及水的生产和供应业	1.2	物业管理业	0.4
建筑业	6.5	房地产中介服务业	0.2
房屋建筑业	4.5	自有房地产经营活动	1.8
土木工程建筑业	1.0	其他房地产业	0.1
建筑安装业	0.5	租赁和商务服务业	4.4
建筑装饰和其他建筑业	0.5	租赁业	0.4
批发和零售业	7.9	商务服务业	4.0
批发业	4.9	科学研究和技术服务业	0.7
零售业	3.0	水利、环境和公共设施管理业	0.8
交通运输、仓储和邮政业	3.5	居民服务、修理和其他服务业	2.7
铁路运输业	0.1	教育	3.5
道路运输业	2.0	卫生和社会工作	2.1
水上运输业	0.8	文化、体育和娱乐业	0.9
航空运输业	0.0	公共管理、社会保障和社会组织	4.6
管道运输业	0.0	按产业分	
装卸搬运和运输代理业	0.4	第一产业	10.6
仓储业	0.1	第二产业	41.7
邮政业	0.2	第三产业	47.7
住宿和餐饮业	2.7		

地区生产总值要素构成（2016年）

（当年价格）

单位：亿元

	增加值	劳动者报酬	生产税净额	固定资产折旧	营业盈余
地区生产总值	**3048.00**	**1356.29**	**460.25**	**426.23**	**805.23**
按行业分					
农、林、牧、渔业	330.91	306.20	-5.21	14.79	15.13
农业	227.21	210.25	-5.21	10.16	12.01
林业	8.13	7.52	0.00	0.36	0.25
畜牧业	54.45	50.38	0.00	2.43	1.64
渔业	34.82	32.22	0.00	1.56	1.04
农、林、牧、渔服务业	6.30	5.83	0.00	0.28	0.19
工业	1071.99	418.89	282.37	101.88	268.85
采矿业	35.60	6.81	8.37	6.08	14.34
#开采辅助活动	0.00	0.00	0.00	0.00	0.00
制造业	1000.08	408.32	263.88	85.15	242.73
#金属制品、机械和设备修理业	0.54	0.26	0.12	0.05	0.11
电力、燃气及水的生产和供应业	36.31	3.76	10.12	10.65	11.78
建筑业	196.70	132.23	12.56	8.66	43.25
房屋建筑业	137.09	92.09	8.77	6.04	30.19
土木工程建筑业	30.52	20.70	1.91	1.32	6.59
建筑安装业	13.81	9.24	0.89	0.62	3.06
建筑装饰和其他建筑业	15.28	10.20	0.99	0.68	3.41
批发和零售业	241.99	40.13	62.94	25.61	113.31
批发业	149.33	15.94	39.85	12.47	81.07
零售业	92.66	24.19	23.09	13.14	32.24
交通运输、仓储和邮政业	106.20	45.77	9.34	19.82	31.27
铁路运输业	1.87	0.42	0.20	1.06	0.19
道路运输业	59.53	26.68	4.45	10.22	18.18
水上运输业	23.80	9.53	2.58	3.83	7.86
航空运输业	0.20	0.04	0.01	0.14	0.01
管道运输业	0.06	0.04	0.00	0.02	0.00
装卸搬运和运输代理业	11.19	7.29	0.58	1.20	2.12
仓储业	4.26	0.50	0.50	0.94	2.32
邮政业	5.29	1.27	1.02	2.41	0.59
住宿和餐饮业	83.05	41.29	6.31	19.88	15.57

地区生产总值要素构成（2016年）（续）

（当年价格）　　　　单位：亿元

	增加值	劳动者报酬	生产税净额	固定资产折旧	营业盈余
住宿业	12.20	3.51	1.30	4.31	3.08
餐饮业	70.85	37.78	5.01	15.57	12.49
信息传输、软件和信息技术服务业	53.68	10.66	4.39	21.61	17.02
电信、广播电视和卫星传输服务	9.91	2.13	0.49	4.29	3.00
互联网和相关服务	29.60	4.56	1.56	13.83	9.65
软件和信息技术服务业	14.17	3.97	2.34	3.49	4.37
金融业	121.84	32.14	15.05	11.24	63.41
货币金融服务	108.07	28.74	11.84	9.24	58.25
资本市场服务	2.11	0.33	0.18	0.05	1.55
保险业	10.00	2.32	2.64	1.85	3.19
其他金融业	1.66	0.75	0.39	0.10	0.42
房地产业	239.36	29.06	42.27	59.03	109.00
房地产开发经营业	164.39	20.56	39.35	2.76	101.72
物业管理业	11.11	4.77	1.65	0.59	4.10
房地产中介服务业	5.31	2.29	0.77	0.29	1.96
自有房地产经营活动	55.22	0.00	0.00	55.22	0.00
其他房地产业	3.33	1.44	0.50	0.17	1.22
租赁和商务服务业	133.24	14.48	17.96	25.86	74.94
租赁业	10.82	3.91	1.31	3.92	1.68
商务服务业	122.42	10.57	16.65	21.94	73.26
科学研究和技术服务业	22.09	11.68	1.43	2.78	6.20
水利、环境和公共设施管理业	24.76	12.33	0.33	10.23	1.87
居民服务、修理和其他服务业	82.13	28.27	7.21	18.58	28.07
教育	108.01	101.78	0.08	5.53	0.62
卫生和社会工作	63.64	55.28	0.23	4.43	3.70
文化、体育和娱乐业	27.62	4.44	2.02	10.79	10.37
公共管理、社会保障和社会组织	140.79	71.66	0.97	65.51	2.65
按产业分					
第一产业	324.61	300.37	-5.21	14.51	14.94
第二产业	1268.15	550.86	294.81	110.49	311.99
第三产业	1455.24	505.06	170.65	301.23	478.30

人 均 地 区 生 产 总 值

（当年价格）　　单位：元

	2016 年		2016 年
人均地区生产总值（按户籍人口算）	**53851**	**人均地区生产总值（按常住人口算）**	**62446**
按行业分		按行业分	
农、林、牧、渔业	5846	农、林、牧、渔业	6780
工业	18940	工业	21963
建筑业	3475	建筑业	4030
批发和零售业	4275	批发和零售业	4958
交通运输、仓储和邮政业	1876	交通运输、仓储和邮政业	2176
住宿和餐饮业	1467	住宿和餐饮业	1701
信息传输、软件和信息技术服务业	948	信息传输、软件和信息技术服务业	1100
金融业	2153	金融业	2496
房地产业	4229	房地产业	4904
租赁和商务服务业	2354	租赁和商务服务业	2730
科学研究和技术服务业	390	科学研究和技术服务业	453
水利、环境和公共设施管理业	437	水利、环境和公共设施管理业	507
居民服务、修理和其他服务业	1451	居民服务、修理和其他服务业	1683
教育	1908	教育	2213
卫生和社会工作	1124	卫生和社会工作	1304
文化、体育和娱乐业	488	文化、体育和娱乐业	566
公共管理、社会保障和社会组织	2487	公共管理、社会保障和社会组织	2884
按产业分		按产业分	
第一产业	5735	第一产业	6650
第二产业	22405	第二产业	25981
第三产业	25711	第三产业	29814

分　县　　（区）

（当年

	淮安区	淮阴区	清江浦区
总产出	**1085.28**	**1382.08**	**963.33**
按行业分			
农、林、牧、渔业	109.67	128.12	18.73
工业	458.21	811.80	365.43
建筑业	173.92	118.44	77.06
批发和零售业	39.35	43.58	96.05
交通运输、仓储和邮政业	59.80	15.88	34.85
住宿和餐饮业	27.43	16.69	53.05
信息传输、软件和信息技术服务业	1.92	2.80	35.94
金融业	43.85	14.63	0.00
房地产业	33.15	53.64	98.18
租赁和商务服务业	22.82	39.32	64.68
科学研究和技术服务业	3.11	5.24	11.01
水利、环境和公共设施管理业	5.04	2.75	6.83
居民服务、修理和其他服务业	35.56	27.52	24.66
教育	23.49	31.18	30.00
卫生和社会工作	20.14	26.18	15.72
文化、体育和娱乐业	7.07	3.06	9.13
公共管理、社会保障和社会组织	20.75	41.25	22.01
按产业分			
第一产业	108.79	125.81	18.10
第二产业	631.79	930.24	441.93
第三产业	344.70	326.03	503.30

总　　　产　　　出（2016年）

价格）　　　　　　　　　　　　　　　　　　　　　　　　　　单位：亿元

洪泽区	涟水县	盱眙县	金湖县	开发区
747.31	**1170.93**	**1091.26**	**749.63**	**1627.00**
67.08	109.49	100.75	62.56	2.65
426.37	678.83	592.86	454.38	1389.76
56.17	80.86	113.04	64.60	96.09
26.54	33.47	33.22	23.14	33.87
27.32	20.46	45.20	22.67	2.13
14.84	28.12	23.80	14.45	3.92
5.59	13.53	11.53	5.17	1.32
17.15	24.08	19.79	14.08	0.00
26.96	20.45	27.12	11.23	64.72
10.87	30.44	35.23	13.44	5.38
6.13	5.90	3.06	6.10	0.86
6.30	4.67	3.21	5.74	1.06
11.98	30.94	15.05	7.82	1.53
12.63	25.78	16.21	9.66	6.64
9.45	16.22	17.58	7.22	1.24
3.28	2.76	8.31	4.51	2.32
18.65	44.93	25.30	22.86	13.51
65.86	107.09	99.02	60.77	2.49
482.33	758.75	705.85	518.96	1485.66
199.12	305.09	286.39	169.90	138.85

分　县（区）地　区

（当年

	淮安区	淮阴区	清江浦区
地区生产总值	**448.61**	**435.72**	**400.30**
按行业分			
农、林、牧、渔业	64.93	70.25	10.58
工业	118.53	156.51	69.85
建筑业	54.18	25.89	24.55
批发和零售业	29.03	27.46	75.38
交通运输、仓储和邮政业	28.14	7.41	16.34
住宿和餐饮业	13.16	7.56	20.59
信息传输、软件和信息技术服务业	0.97	1.34	24.41
金融业	12.44	5.41	0.00
房地产业	29.72	46.17	71.50
租赁和商务服务业	15.13	7.12	22.56
科学研究和技术服务业	2.17	2.91	4.12
水利、环境和公共设施管理业	4.60	1.83	4.22
居民服务、修理和其他服务业	19.38	12.91	14.31
教育	21.08	22.53	15.99
卫生和社会工作	12.99	11.48	7.66
文化、体育和娱乐业	5.04	2.75	5.04
公共管理、社会保障和社会组织	17.12	26.19	13.21
按产业分			
第一产业	64.43	69.05	10.25
第二产业	172.62	182.39	94.27
第三产业	211.56	184.28	295.78
人均地区生产总值（按户籍人口算）（元）	**37795**	**46682**	**114568**
人均地区生产总值（按常住人口算）（元）	**45408**	**55794**	**114568**

生　产　总　值（2016年）

价格）　　　　单位：亿元

洪泽区	涟水县	盱眙县	金湖县	开发区
255.31	**387.09**	**356.70**	**241.88**	**284.17**
34.51	57.95	55.08	34.11	1.49
89.26	121.88	113.46	79.90	213.02
14.50	25.85	26.85	10.42	14.46
19.27	24.53	22.93	18.44	13.15
12.06	9.78	17.44	10.83	1.07
8.69	12.55	11.23	6.56	2.20
4.35	6.89	6.48	4.42	0.61
7.64	19.78	9.76	6.81	0.00
19.92	18.12	18.16	9.52	19.00
4.60	13.81	20.38	9.91	3.49
3.15	2.96	1.60	4.73	0.45
3.78	2.72	2.30	4.78	0.53
4.98	14.03	8.50	7.22	0.80
7.26	18.84	10.25	7.91	4.15
4.71	9.63	10.30	4.57	0.72
2.48	1.79	5.27	3.07	1.58
14.15	25.98	16.71	18.68	7.45
33.63	56.64	54.20	33.11	1.40
103.71	147.51	140.30	90.31	227.45
117.97	182.94	162.20	118.46	55.32
65864	**33608**	**44386**	**67259**	**168983**
75558	**45680**	**54625**	**72987**	**121440**

分 县 （区） 地 区 生

（按不变价格

	淮 安 区	淮 阴 区	清江浦区
地区生产总值	**109.9**	**109.8**	**108.8**
按行业分			
农、林、牧、渔业	102.4	100.5	101.8
工业	111.7	111.1	112.1
建筑业	106.4	106.0	105.6
批发和零售业	107.1	107.2	106.5
交通运输、仓储和邮政业	103.1	104.5	104.4
住宿和餐饮业	107.3	107.1	106.3
信息传输、软件和信息技术服务业	121.3	104.9	125.7
金融业	125.2	108.3	–
房地产业	122.0	113.7	107.8
租赁和商务服务业	119.9	103.6	125.7
科学研究和技术服务业	110.6	125.0	96.3
水利、环境和公共设施管理业	111.5	120.4	96.2
居民服务、修理和其他服务业	119.9	122.1	125.7
教育	109.4	128.7	96.1
卫生和社会工作	109.9	120.0	96.0
文化、体育和娱乐业	120.0	122.8	125.8
公共管理、社会保障和社会组织	109.8	104.8	96.2
按产业分			
第一产业	102.4	100.5	101.8
第二产业	110.0	110.4	110.3
第三产业	112.3	113.0	108.6

产　总　值　指　数（2016年）

计算，上年=100）

洪泽区	涟水县	盱眙县	金湖县	开发区
108.9	**109.4**	**108.9**	**109.7**	**108.8**
102.3	102.4	101.4	102.7	72.9
110.5	110.7	111.9	110.1	109.8
106.8	105.9	105.5	106.6	102.8
106.6	106.8	107.8	106.6	106.6
104.4	104.5	104.4	104.6	104.9
106.6	106.6	107.0	107.7	106.9
127.8	123.9	110.3	115.7	107.1
120.1	112.7	115.9	114.9	–
104.8	111.6	106.1	103.4	109.0
123.1	129.7	126.2	118.2	120.4
117.8	108.9	106.3	113.9	102.4
118.5	109.3	106.8	114.5	102.2
124.1	125.4	116.4	113.2	162.3
109.9	108.5	106.9	116.3	103.4
111.2	110.1	107.1	118.8	107.7
108.4	140.7	117.4	115.0	117.4
106.1	106.8	107.1	118.1	100.9
102.3	102.2	101.2	102.6	71.7
110.0	109.8	110.6	109.7	109.4
109.8	111.6	110.1	111.9	108.0

分 县（区）地 区 生

（按当年

	淮 安 区	淮 阴 区	清江浦区
地区生产总值	**100.0**	**100.0**	**100.0**
按行业分			
农、林、牧、渔业	14.5	16.1	2.6
工业	26.4	35.9	17.4
建筑业	12.1	5.9	6.1
批发和零售业	6.5	6.3	18.8
交通运输、仓储和邮政业	6.3	1.7	4.1
住宿和餐饮业	2.9	1.7	5.1
信息传输、软件和信息技术服务业	0.2	0.3	6.1
金融业	2.8	1.2	0.0
房地产业	6.6	10.6	17.9
租赁和商务服务业	3.4	1.6	5.6
科学研究和技术服务业	0.5	0.7	1.0
水利、环境和公共设施管理业	1.0	0.4	1.1
居民服务、修理和其他服务业	4.3	3.0	3.6
教育	4.7	5.2	4.0
卫生和社会工作	2.9	2.6	1.9
文化、体育和娱乐业	1.1	0.6	1.3
公共管理、社会保障和社会组织	3.8	6.0	3.3
按产业分			
第一产业	14.4	15.8	2.6
第二产业	38.5	41.9	23.5
第三产业	47.2	42.3	73.9

产　总　值　构　成（2016年）

价格计算）　　　　单位：%

洪泽区	涟水县	盱眙县	金湖县	开发区
100.0	**100.0**	**100.0**	**100.0**	**100.0**
13.5	15.0	15.4	14.1	0.5
35.0	31.5	31.8	33.0	75.0
5.7	6.7	7.5	4.3	5.1
7.5	6.3	6.4	7.6	4.6
4.7	2.5	4.9	4.5	0.4
3.4	3.2	3.1	2.7	0.8
1.7	1.8	1.8	1.8	0.2
3.0	5.1	2.7	2.8	0.0
7.8	4.7	5.1	3.9	6.7
1.8	3.6	5.7	4.1	1.2
1.2	0.8	0.4	2.0	0.2
1.5	0.7	0.6	2.0	0.2
2.0	3.6	2.4	3.0	0.3
2.8	4.9	2.9	3.3	1.5
1.8	2.5	2.9	1.9	0.3
1.0	0.5	1.5	1.3	0.6
5.5	6.7	4.7	7.7	2.6
13.2	14.6	15.2	13.7	0.5
40.6	38.1	39.3	37.3	80.0
46.2	47.3	45.5	49.0	19.5

3

人口与就业

本篇编辑：徐　婷　林海娇

人　　　　口

（户籍

	全　市	市　区	淮安区	淮阴区	清江浦区
一、年末总户数（万户）	164.82	100.52	32.87	28.28	18.91
二、年末户籍人口	567.56	335.74	118.45	93.36	55.99
男性人口	291.24	172.21	61.53	48.41	28.11
女性人口	276.31	163.53	56.92	44.95	27.88
三、年平均户籍人口	566.01	—	118.70	93.34	—
四、当年出生人口	6.41	3.73	1.19	1.09	0.58
当年死亡人口	2.3	1.2	0.5	0.3	0.2
自然增长人口	4.10	2.52	0.74	0.81	0.39
五、人口出生率（‰）	11.3	11.2	10.0	11.7	10.4
人口死亡率（‰）	4.1	3.6	3.8	3.0	3.4
人口自然增长率（‰）	7.2	7.6	6.2	8.7	7.1

情　　况（一）

人口）　　单位：万人

洪泽区	开发区	工业园区	盐化新区	生态新城	涟水县	盱眙县	金湖县
11.80	5.16	0.51	1.03	1.97	29.92	21.65	12.73
37.88	16.74	2.30	4.14	6.88	115.38	80.47	35.96
19.08	8.44	1.13	2.06	3.45	59.92	41.10	18.01
18.80	8.30	1.17	2.07	3.43	55.46	39.38	17.95
—	16.82	2.29	3.41	5.60	115.18	80.36	35.96
0.37	0.32	0.03	0.04	0.11	1.41	0.91	0.36
0.2	0.1	0.0	0.0	0.0	0.5	0.3	0.2
0.21	0.24	0.02	0.02	0.09	0.88	0.58	0.12
9.7	18.9	12.1	12.8	19.0	12.3	11.3	10.0
4.2	4.6	4.6	8.4	3.4	4.6	4.1	6.6
5.5	14.3	7.5	4.4	15.6	7.7	7.2	3.4

人　　　　口

（常住

	全　市	市　区	淮安区	淮阴区
一、年末常住人口	489	305.67	98.85	78.15
城镇人口	291.84	196.45	51.04	40.27
农村人口	197.16	109.22	47.81	37.88
二、年平均常住人口	488.1	—	98.8	78.1
三、当年出生人口	5.33	3.31	1.18	0.93
当年死亡人口	3.63	2.25	0.78	0.60
自然增长人口	1.70	1.06	0.40	0.33
四、人口出生率（‰）	10.9	10.9	12.0	11.9
人口死亡率（‰）	7.4	7.4	7.9	7.6
人口自然增长率（‰）	3.5	3.5	4.1	4.3

情　　　　　　况（二）

人口）　　　　　　　　　　　　　　　　　　　　　　　　　　单位：万人

清江浦区	洪　泽　区	开　发　区	工业园区	涟　水　县	盱　眙　县	金　湖　县
67.4	33.82	25.2	2.25	84.8	65.35	33.18
59.99	17.71	25.2	2.25	43.69	34.26	17.44
7.41	16.11	0	0	41.11	31.09	15.74
—	—	24.74	2.23	84.74	65.3	33.14
0.63	0.30	0.25	0.02	1.02	0.72	0.28
0.49	0.23	0.15	0.01	0.66	0.49	0.23
0.14	0.07	0.10	0.01	0.36	0.24	0.05
9.3	9.0	10.1	10.1	12.0	11.1	8.6
7.3	6.9	6.0	5.4	7.8	7.5	7.0
2.0	2.0	4.1	4.7	4.2	3.6	1.6

全部城镇非私营单位从业人员年末人数

单位：人

	全　市	市　区	涟水县	盱眙县	金湖县
总　计	**687471**	**493748**	**109301**	**53598**	**30824**
按国民经济行业分组					
（一）农、林、牧、渔业	5141	2553	67	2392	129
（二）采矿业	3749	3579	0	152	0
（三）制造业	218209	141031	49060	18576	9542
（四）电力、热力、燃气及水生产和供应业	5207	4573	149	250	235
（五）建筑业	220967	174939	30805	9935	5288
（六）批发和零售业	17591	12728	2606	1613	644
（七）交通运输、仓储和邮政业	19855	15202	2540	1101	1012
（八）住宿和餐饮业	5003	3601	582	637	183
（九）信息传输、软件和信息技术服务业	5998	4967	474	261	296
（十）金融业	18998	16867	655	722	754
（十一）房地产业	10188	7747	994	1184	263
（十二）租赁和商务服务业	9095	5025	1371	293	2406
（十三）科学研究、技术服务业	5224	4249	384	214	377
（十四）水利、环境和公共设施管理业	10491	7853	1139	428	1071
（十五）居民服务、修理和其他服务业	1502	804	641	34	23
（十六）教育	62701	39986	9467	9875	3373
（十七）卫生和社会工作	24065	18615	1450	2327	1673
（十八）文化、体育和娱乐业	2607	1955	227	198	227
（十九）公共管理、社会保障和社会组织	40880	27456	6690	3406	3328

全部城镇非私营单位从业人员年平均工资

单位：元

	全　市	市　区	涟水县	盱眙县	金湖县
总　计	**58111**	**59198**	**53699**	**57120**	**56788**
按国民经济行业分组					
（一）农、林、牧、渔业	28238	26701	50552	26547	49954
（二）采矿业	62330	63406	0	35720	0
（三）制造业	54507	55670	50886	57734	49702
（四）电力、热力、燃气及水生产和供应业	84075	87041	51514	83236	69429
（五）建筑业	50959	51576	52701	37823	47584
（六）批发和零售业	45330	45484	48458	39918	43187
（七）交通运输、仓储和邮政业	48353	49609	38940	57805	42739
（八）住宿和餐饮业	36759	34943	35370	48953	34705
（九）信息传输、软件和信息技术服务业	62686	65797	52741	33884	52252
（十）金融业	69058	64638	83534	104443	97851
（十一）房地产业	54293	54492	40584	64691	58124
（十二）租赁和商务服务业	44799	46816	40606	43755	43107
（十三）科学研究、技术服务业	62605	65012	45675	43528	64309
（十四）水利、环境和公共设施管理业	65678	67677	82347	44353	41973
（十五）居民服务、修理和其他服务业	45613	49702	41080	40771	35565
（十六）教育	79142	83152	70174	72202	78087
（十七）卫生和社会工作	80759	82866	69085	78017	71485
（十八）文化、体育和娱乐业	61416	64361	46946	43362	66197
（十九）公共管理、社会保障和社会组织	77806	81449	71153	65512	73870

全部城镇非私营单位在岗职工年末人数

单位：人

	全　市	市　区	涟水县	盱眙县	金湖县
总　计	**632346**	**449155**	**102347**	**52223**	**28621**
按国民经济行业分组					
（一）农、林、牧、渔业	5112	2528	67	2392	125
（二）采矿业	3734	3582	0	152	0
（三）制造业	217228	140357	48983	18430	9458
（四）电力、热力、燃气及水生产和供应业	5139	4540	149	250	200
（五）建筑业	187356	149520	24621	9108	4107
（六）批发和零售业	17344	12522	2597	1596	629
（七）交通运输、仓储和邮政业	19123	14630	2447	1093	953
（八）住宿和餐饮业	4919	3519	582	637	181
（九）信息传输、软件和信息技术服务业	5961	4948	474	261	278
（十）金融业	9553	7522	655	643	733
（十一）房地产业	9856	7449	967	1180	260
（十二）租赁和商务服务业	8940	4903	1365	291	2381
（十三）科学研究、技术服务业	5059	4132	373	203	351
（十四）水利、环境和公共设施管理业	8530	6024	1111	428	967
（十五）居民服务、修理和其他服务业	1443	745	641	34	23
（十六）教育	61674	39175	9455	9813	3231
（十七）卫生和社会工作	20701	15291	1450	2327	1633
（十八）文化、体育和娱乐业	2519	1867	227	198	227
（十九）公共管理、社会保障和社会组织	38155	25901	6183	3187	2884

全部城镇非私营单位在岗职工年平均工资

单位：元

	全　市	市　区	涟水县	盱眙县	金湖县
总　计	**59642**	**61136**	**54613**	**57644**	**57905**
按国民经济行业分组					
（一）农、林、牧、渔业	28103	26441	50552	26547	44929
（二）采矿业	62379	63461	0	35720	0
（三）制造业	54508	55709	50872	57525	49701
（四）电力、热力、燃气及水生产和供应业	84650	87404	51514	83236	63395
（五）建筑业	52413	53101	54668	38184	48556
（六）批发和零售业	45635	45872	48471	39965	43586
（七）交通运输、仓储和邮政业	48884	50345	38667	57925	42374
（八）住宿和餐饮业	36975	35201	35370	48953	34729
（九）信息传输、软件和信息技术服务业	62847	65872	52741	33884	53920
（十）金融业	106205	107047	83534	127368	99113
（十一）房地产业	54611	54853	40686	64679	58242
（十二）租赁和商务服务业	44865	47121	40377	43884	42915
（十三）科学研究、技术服务业	62803	64940	46255	44458	66569
（十四）水利、环境和公共设施管理业	73557	79087	83234	44353	41101
（十五）居民服务、修理和其他服务业	46091	50950	41080	40771	35565
（十六）教育	79690	83844	70235	72429	79924
（十七）卫生和社会工作	86019	90366	69085	78017	72111
（十八）文化、体育和娱乐业	62326	65747	46946	43362	66197
（十九）公共管理、社会保障和社会组织	80858	84323	73887	67081	80073

4

农村经济

本篇编辑：马继军　汪大庆　夏璐璐　刘　杰

农 村 组 织 和

	一、乡镇政府（个）	#镇个数	二、乡村户数（万户）	三、乡村人口（万人）	四、劳动年龄内人口数（万人）
全　　市	**104**	**84**	**99.5**	**394.74**	**214.18**
淮安区	24	20	21.5	84.4	43.86
淮阴区	21	14	19.33	76.8	38.97
清江浦区	4	3	2.68	11.79	7.03
洪泽区	6	6	7.58	27.54	16.61
涟水县	19	17	22.21	95.02	50.64
盱眙县	17	14	15.3	59.16	34.77
金湖县	10	10	8.17	25.67	12.83
开发区	3		1.46	8.84	6.54
工业园区			0.47	2.21	1.21
盐化新区			0.8	3.31	1.72

	2. 工业从业人员（万人）	3. 建筑业从业人员（万人）	4. 交通运输业仓储业邮电从业人员（万人）	5. 信息传输、计算机服务和软件业从业人员（万人）	6. 批发零售业从业人员（万人）
全　　市	**42.36**	**31.91**	**6.79**	**1.38**	**9.03**
淮安区	6.58	7.01	1.51	0.14	1.86
淮阴区	9.30	7.92	1.19	0.26	2.12
清江浦区	1.56	1.17	0.36	0.12	0.31
洪泽区	4.23	2.64	0.76	0.14	0.78
涟水县	5.93	5.56	1.19	0.14	1.56
盱眙县	7.10	4.13	1.11	0.45	1.26
金湖县	3.9	2.67	0.44	0.07	0.58
开发区	3.04	0.5	0.13	0.06	0.45
工业园区	0.46	0.07	0.05		0.06
盐化新区	0.26	0.24	0.05		0.05

从　业　人　员

#劳动年龄内上学的学生数	#劳动年龄内丧失劳动能力的人数	五、超过劳动年龄而实际参加劳动的人数（万人）	六、乡村实有从业人员合计（万人）	男从业人员	女从业人员	1. 农林牧渔业从业人员（万人）	#农业从业人员
14.98	**7.63**	**23.53**	**211.79**	**111.94**	**99.85**	**86.13**	**73.93**
2.81	2.09	4.43	43.39	22.38	21.01	21.75	18.35
2.15	1.13	4.36	39.44	20.08	19.36	14.89	13.48
0.72	0.33	1.05	6.79	3.63	3.16	2.37	1.91
1.57	0.45	2.11	16.69	8.61	8.08	6.37	5.06
3.91	1.87	6.6	49.48	26, 68	22.8	20.38	19.02
2.42	0.96	2.54	33.9	18.51	15.39	13.34	10.24
0.84	0.52	1.98	13.45	7.03	6.42	4.6	3.6
0.33	0.19	0.21	5.92	3.6	2.32	1.07	1.00
0.12	0.04	0.13	1.1	0.57	0.53	0.4	0.33
0.11	0.05	0.12	1.63	0.85	0.78	0.96	0.94

7. 住宿和餐饮业从业人员（万人）	8. 金融保险业从业人员（万人）	9. 房地产业社会服务业从业人员（万人）	10. 卫生体育和社会福利业从业人员（万人）	11. 教育文化艺术和广播电影电视业从业人员（万人）	12. 科学研究和综合技术服务业从业人员（万人）	13. 乡经济组织管理从业人员（万人）	14. 其他从业人员（万人）
4.65	**0.77**	**1.95**	**1.38**	**1.77**	**0.41**	**0.75**	**22.51**
1.01	0.07	0.17	0.2	0.25	0.05	0.09	2.7
1.28	0.13	0.35	0.2	0.27	0.07	0.1	1.36
0.23	0.03	0.04	0.02	0.03	0.01	0.01	0.53
0.45	0.11	0.34	0.09	0.11	0.03	0.07	0.57
0.45	0.22	0.58	0.42	0.48	0.11	0.23	12.23
0.7	0.13	0.23	0.29	0.47	0.11	0.16	4.42
0.24	0.04	0.1	0.06	0.07	0.02	0.08	0.58
0.2	0.04	0.12	0.1	0.08	0.01	0.01	0.11
0.05							0.01
0.04		0.02		0.01			

（当年

	农林牧渔业总产值	一、农业产值	（一）谷物及其他作物	1. 谷物	#小麦	#稻谷
全市	**6027186**	**3732264**	**2103911**	**1381804**	**402852**	**866876**
淮安区	1096680	753800	635258	270880	77511	174985
淮阴区	1281228	725495	275272	172783	59710	90898
清江浦区	187336	149008	32382	31196	8756	20950
洪泽区	670753	342832	146903	131111	36674	88899
涟水县	1094878	756724	393989	251435	78698	144828
盱眙县	1007527	600342	303547	281532	73571	183033
金湖县	625625	358909	286541	214402	57638	146747
开发区	26460	20765	8284	7818	2810	3715
工业园区	10260	8506	7517	6509	1939	4250
盐化新区	26439	15883	14218	14138	5545	8571

	5. 棉花	6. 其他农作物	（二）蔬菜、食用菌及花卉盆景园艺产品	1. 蔬菜（含菜用瓜）	2. 食用菌	3. 花卉
全市	**202**	**578270**	**1437340**	**1255206**	**38588**	**6837**
淮安区		353772	110436	108984	1239	147
淮阴区		67226	422044	365869	7667	1114
清江浦区			116202	115945	257	
洪泽区		11000	169931	122781	25886	3076
涟水县		88064	334155	262446	1217	
盱眙县	202	1104	201470	199266	1615	20
金湖县		56094	69942	66759	703	2480
开发区		200	10506	10506		
工业园区		810	989	985	4	
盐化新区			1665	1665		

业总产值（一）

价）

单位：万元

#玉米	2. 薯类	3. 油料	#花生	#油菜籽	4. 豆类	#大豆
46677	38491	63741	29126	26247	41403	33378
3461	998	4503	360	3890	5105	4600
12850	9083	13573	8903	4171	12607	9682
116	226	203	169	28	757	670
275	1011	2276	889	1074	1505	950
13095	19341	24720	12077	11647	10429	9248
13792	7008	9416	6587	1574	4285	3236
1806	768	8888	84	3758	6389	4688
1116		54		54	212	209
144	56	48	23	25	94	75
22		60	34	26	20	20

4. 其他园艺作物	（三）水果坚果饮料香料作物	1. 水果（含果用瓜）	2. 坚果	3. 茶及其他饮料	4. 香料
81969	**175798**	**160787**	**14435**	**570**	**6**
	8106	8106			
86	26572	26572			
	424	424			
11750	17684	17684			
70133	28580	28580			
	90131	75120	14435	570	6
	2326	2326			
	1975	1975			

（当年

	（四）中药材	二、林业产值	（一）林木的培育和种植	（二）竹木采运	（三）林产品
全　市	**15215**	**135942**	**32975**	**93467**	**9500**
淮安区		11850	7350	4500	
淮阴区	1607	14196	2781	11409	6
清江浦区		1776	1164	612	
洪泽区	8314	40864	4595	27935	8334
涟水县		31187	3494	26669	1024
盱眙县	5194	16742	8436	8306	
金湖县	100	18825	4725	13964	136
开发区		357	357		
工业园区		53	53		
盐化新区		92	20	72	

	1. 肉禽	2. 禽蛋	3. 羽绒	（四）狩猎和捕捉动物	（五）其他畜牧业
全　市	**343623**	**151025**	**4169**	**6820**	**198945**
淮安区	29150	23022			392
淮阴区	91140	29644	2158	2015	150794
清江浦区	3110	4692			
洪泽区	45140	25824	1855	4560	33119
涟水县	85526	24120			2992
盱眙县	69343	32066			1859
金湖县	14184	10467	156	245	9778
开发区	180	243			
工业园区	132	164			
盐化新区	5718	783			12

业　　总　　产　　值（二）

价）　　　　　　　　　　　　　　　　　　　　　　　　　　单位：万元

三、牧业产值	（一）牲畜的饲养	#牛	#羊	#奶产品	（二）猪的饲养	（三）家禽饲养
1399280	**175773**	**76019**	**52039**	**12436**	**518925**	**498817**
205000	33436	3600	1332	880	119000	52172
472703	66410	36960	15480	9259	130542	122942
20865	890		890		12173	7802
171166	10820	2132	8304		49848	72819
252961	29228	21240	7752	236	111095	109646
190084	30758	11697	17130	1931	56058	101409
73556	3930	390	850	130	34796	24807
2913	84		84		2406	423
1197					901	296
8835	216		216		2106	6501

		四、渔业产值			五、农林牧渔服务业产值
#兔子	#蚕茧		#鱼类	#虾蟹类	
2773	**4050**	**646311**	**241972**	**323229**	**113389**
63		117200	47162	31192	8830
1156	1800	45679	23687	13402	23155
		9369	1869	6165	6318
378		103672	42550	48194	12219
707		29991	18343	3876	24015
104		183037	38128	136239	17322
364	2250	156350	69220	84161	17985
		800	800		1625
		49	49		455
		164	164		1465

农　作　物　播　种

	农作物总播种面积	一、粮食作物合计			(一) 夏收粮食	
		播种面积	单产	总产量	播种面积	单产
全市	**1195.77**	**989.99**	**463.2**	**4585496**	**463.09**	**368.3**
淮安区	210.11	190.98	474.4	905957	92.18	369.4
淮阴区	203.51	140.22	449.9	630850	70.40	371.5
清浦区	31.92	21.95	483.3	106057	10.31	372.0
涟水县	251.96	199.40	443.5	884370	92.63	360.5
洪泽县	105.83	88.61	499.0	442148	41.92	382.2
盱眙县	244.11	215.37	454.4	978624	92.92	360.0
金湖县	123.65	111.53	480.2	535561	51.06	377.7
开发区	8.70	6.33	440.6	27889	3.17	369.9
工业园区	4.80	4.60	481.7	22159	2.14	377.6
盐化工	11.33	11.02	471.0	51881	6.38	377.9

	大麦			2. 夏收豆类（蚕豌豆）		
	播种面积	单产	总产量	播种面积	单产	总产量
全市	**2.34**	**385.7**	**9025**	**2.06**	**203.6**	**4185**
淮安区	0.72	382.1	2751	0.41	175.1	709
淮阴区	0.30	380.0	1140	0.35	230.1	794
清浦区	0.05	395.6	178	0.05	204.4	92
涟水县	1.26	388.4	4894	0.47	230.3	1071
洪泽县				0.35	215.4	743
盱眙县	0.02	413.3	62	0.03	193.3	58
金湖县				0.42	171.0	718
开发区						
工业园区						
盐化工						

面　积　和　产　量（一）

单位：万亩、公斤/亩、吨

	1. 夏收谷物			其中：小麦		
总产量	播种面积	单产	总产量	播种面积	单产	总产量
1705690	**461.03**	**369.1**	**1701505**	**458.69**	**369.0**	**1692480**
340466	91.77	370.2	339757	91.05	370.1	337006
261544	70.05	372.2	260750	69.75	372.2	259610
38338	10.26	372.8	38246	10.22	372.7	38068
333872	92.16	361.1	332801	90.90	360.7	327907
160195	41.57	383.6	159452	41.57	383.6	159452
334532	92.89	360.1	334474	92.88	360.1	334412
192846	50.64	379.4	192128	50.64	379.4	192128
11708	3.17	369.9	11708	3.17	369.9	11708
8080	2.14	377.6	8080	2.14	377.6	8080
24109	6.38	377.9	24109	6.38	377.9	24109

（二）秋收粮食			1. 秋收谷物		
播种面积	单产	总产量	播种面积	单产	总产量
526.91	**546.6**	**2879806**	**490.95**	**566.3**	**2780190**
98.81	572.3	565491	95.54	584.0	557896
69.83	528.9	369306	61.05	563.1	343783
11.64	581.8	67719	11.13	597.1	66456
106.77	515.6	550498	93.60	546.7	511734
46.70	603.8	281953	45.72	610.6	279160
122.45	526.0	644092	116.88	538.2	629083
60.47	566.8	342715	57.03	586.6	334553
3.17	511.2	16181	3.02	527.4	15902
2.46	572.3	14079	2.37	585.6	13879
4.64	599.2	27772	4.62	600.5	27744

	(1) 稻谷			#籼稻			
	播种面积	单产	总产量	播种面积	单产	总产量	播种面积
全市	**441.65**	**588.8**	**2600450**	**118.04**	**575.7**	**679553**	**314.88**
淮安区	91.85	592.4	544051	0.06	576.7	346	90.21
淮阴区	47.70	613.0	292383	16.31	611.6	99750	30.84
清浦区	11.01	599.4	65992				10.94
涟水县	79.07	583.5	461370	20.28	571.0	115805	57.60
洪泽县	45.42	612.2	278061	0.48	627.1	3010	44.93
盱眙县	102.56	563.6	578000	57.03	562.1	320587	40.34
金湖县	55.37	592.5	328056	23.88	586.5	140055	31.35
开发区	1.91	609.4	11609				1.91
工业园区	2.19	606.4	13281				2.19
盐化工	4.59	602.3	27647				4.59

	#大豆			#绿豆			
	播种面积	单产	总产量	播种面积	单产	总产量	播种面积
全市	**23.64**	**190.8**	**45104**	**1.11**	**122.4**	**1353**	**0.65**
淮安区	3.03	208.9	6331				0.03
淮阴区	6.41	209.9	13447	0.09	200.0	180	0.14
清浦区	0.44	214.0	931				0.02
涟水县	7.74	166.0	12845	0.09	146.7	132	0.12
洪泽县	0.65	204.7	1320	0.05	213.3	96	0.02
盱眙县	2.40	187.3	4494	0.78	101.8	794	0.29
金湖县	2.78	192.0	5327	0.08	172.0	129	0.03
开发区	0.15	186.0	279				
工业园区	0.05	226.7	102	0.02	66.7	10	0.02
盐化工	0.02	186.7	28				

面　积　和　产　量（二）

单位：万亩、公斤/亩、吨

#粳稻		(2) 玉米			2. 秋收豆类		
单产	总产量	播种面积	单产	总产量	播种面积	单产	总产量
593.8	**1869674**	**49.31**	**364.5**	**179740**	**25.40**	**186.1**	**47393**
592.7	534704	3.69	375.2	13845	3.06	209.6	6386
614.0	189358	13.35	385.0	51400	6.63	207.6	13897
598.7	65469	0.12	386.7	464	0.45	211.5	966
588.4	338925	14.54	346.5	50364	7.95	172.0	13165
612.0	274961	0.30	366.3	1099	0.71	213.2	1448
567.7	228968	14.33	356.6	51083	3.47	167.4	5591
597.2	187220	1.67	390.2	6497	2.90	174.9	5509
479.8	9141	1.11	386.8	4293	0.15	188.3	279
606.4	13281	0.18	332.2	598	0.08	172.4	124
602.3	27647	0.03	323.3	97	0.02	174.9	28

#红小豆		3. 秋收薯类（五折一）			二、油料合计		
单产	总产量	播种面积	单产	总产量	播种面积	单产	总产量
145.1	**936**	**10.56**	**494.5**	**52223**	**43.71**	**201.3**	**87986**
183.3	55	0.21	575.7	1209	4.32	171.7	7420
200.0	270	2.15	542.0	11626	8.45	226.9	19164
233.3	35	0.06	495.0	297	0.12	227.5	273
156.7	188	5.22	490.4	25599	17.61	211.7	37280
213.3	32	0.27	498.1	1345	1.53	209.1	3199
106.3	303	2.10	448.5	9418	6.72	178.9	12019
176.7	53	0.54	491.3	2653	4.82	173.7	8366
					0.06	163.3	98
80.0	12	0.02	506.7	76	0.05	166.7	75
					0.05	204.4	92

	#花生			#油菜籽	
	播种面积	单产	总产量	播种面积	单产
全市	**15.38**	**251.3**	**38641**	**27.57**	**176.3**
淮安区	0.29	165.7	474	4.04	172.1
淮阴区	4.26	275.0	11715	4.19	178.0
清浦区	0.09	247.8	223	0.03	166.7
涟水县	5.91	272.5	16103	11.70	181.0
洪泽县	0.39	300.0	1170	1.07	180.0
盱眙县	4.37	201.2	8782	1.74	156.0
金湖县	0.05	220.0	99	4.70	174.0
开发区				0.06	163.3
工业园区	0.02	200.0	30	0.03	150.0
盐化工	0.02	300.0	45	0.03	156.7

	四、药材类	五、蔬菜瓜类			
	播种面积	播种面积	单产	总产量	播种面积
全市	**2.90**	**155.21**	**2688.8**	**4173175**	**145.65**
淮安区		14.81	3022.5	447476	13.94
淮阴区	0.21	51.51	2770.7	1427188	48.69
清浦区		9.86	2865.6	282406	9.81
涟水县		34.82	2620.1	912192	33.75
洪泽县		15.69	2560.5	401736	15.14
盱眙县	2.67	18.63	2411.0	449164	15.02
金湖县	0.02	7.17	2683.6	192416	6.89
开发区		2.31	2249.0	51951	2.01
工业园区		0.15	2034.7	3052	0.15
盐化工		0.27	2071.9	5594	0.27

面　积　和　产　量（三）

单位：万亩、公斤/亩、吨

	#芝麻			三、棉花		
总产量	播种面积	单产	总产量	播种面积	单产	总产量
48612	**0.77**	**95.8**	**733**	**0.14**	**60.0**	**84**
6946						
7449						
50						
21177						
1917	0.08	149.3	112			
2714	0.62	85.0	523	0.14	60.0	84
8169	0.08	130.7	98			
98						
45						
47						

（一）蔬菜（含菜用瓜）		（二）瓜果类		
单产	总产量	播种面积	单产	总产量
2698.6	**3930522**	**9.56**	**2539.5**	**242653**
2992.9	417056	0.87	3496.6	30420
2771.3	1349356	2.82	2760.0	77832
2859.4	280508	0.045	4217.8	1898
2616.3	882997	1.065	2741.3	29195
2570.1	388983	0.555	2297.8	12753
2486.7	373381	3.615	2096.3	75783
2694.9	185544	0.285	2411.2	6872
2191.6	44051	0.3	2633.3	7900
2034.7	3052			
2071.9	5594			

农　作　物　播　种

	#西瓜			#甜瓜		
	播种面积	单产	总产量	播种面积	单产	总产量
全　市	**7.02**	**2710.8**	**190300**	**1.10**	**1801.6**	**19727**
淮安区	0.86	3514.0	30045	0.02	2500.0	375
淮阴区	1.79	3015.0	53818	0.74	1685.0	12385
清浦区	0.05	4217.8	1898			
涟水县	0.69	3065.2	21150	0.15	2029.3	3044
洪泽县	0.17	4332.1	7148	0.06	2441.7	1465
盱眙县	2.94	2118.9	62297	0.12	1716.7	2060
金湖县	0.24	2518.3	6044	0.02	2653.3	398
开发区	0.30	2633.3	7900			
工业园区						
盐化工						

蚕　茧、　茶　叶、　水

	一、蚕茧产量	二、茶叶产量	三、水果产量	#苹果	#梨	#葡萄
全　市	**111**	**35**	**123005**	**9600**	**41591**	**20911**
淮安区			6300		2611	1956
淮阴区	97		5769		450	3355
清江浦区			739		410	233
洪泽区			737		120	247
涟水县			57660	9600	11000	4120
盱眙县	14	35	50000		27000	10000
金湖县			1800			1000
开发区						

面　积　和　产　量（四）

单位：万亩、公斤/亩、吨

#草莓 播种面积	#草莓 单产	#草莓 总产量	六、其他农作物播种面积	#青饲料	#绿肥	附：常年种蔬菜面积
1.06	**1619.3**	**17237**	**3.83**	**2.54**	**0.90**	**60.21**
						4.50
0.21	1480.5	3109	3.12	1.95	0.90	23.25
						4.74
0.19	1969.7	3831				12.45
0.33	1212.7	4002				3.33
0.30	1955.0	5865	0.585	0.59		7.52
0.03	1433.3	430	0.12			4.41
						0.02

果　生　产　情　况

单位：吨、公顷

#桃子	#柿子	四、年末实有茶园面积（公顷）	五、年末实有果园面积（公顷）	#苹果园	#梨园	六、年末实有桑园面积
24205	**3500**	**315**	**5790**	**420**	**1830**	**153**
1536			498		134	
540			310		15	128
54			85		13	
150			76		5	
8625	3000		2270	420	613	
12500	500	315	2430		1050	25
800			121			

林　　业、　渔

	四旁植树（万株）	造林面积（公顷）	育苗面积（公顷）	农田林网面积（公顷）	年末实有林地面积（公顷）	内陆养殖水面面积（公顷）
全　市	**473**	**1689**	**4516**	**7587**	**213272**	**49505**
淮安区	126	372	240	1073	25814	7058
淮阴区	60	134	230	1000	29567	5733
清江浦区	32	29	36	400	7583	667
洪泽区	42	305	1063	1407	14530	6850
涟水县	90	299	440	1333	39768	5520
盱眙县	80	359	2000	1667	61224	11807
金湖县	43	191	507	707	21818	11480
开发区						390

淡水产品产量（吨）	捕捞产量	养殖产量	在淡水产品产量中 鱼类	虾类	蟹类	农田有效灌溉面积（千公顷）	节水灌溉面积（千公顷）
260977	**39298**	**221679**	**186182**	**40537**	**22164**	**421.22**	**245.93**
56635	4972	51663	49095	2026	2962	70.24	35.05
19390	2100	17290	16190	1880	1320	57.54	54.55
4035	435	3600	2335	1270	405	16.81	4.22
55708	15996	39712	39700	3571	5222	34.69	20.51
18631	1128	17503	17187	623	750	91.74	53.4
58720	7965	50755	27069	25224	5670	102	52.83
47071	6702	40369	33819	5943	5835	44.4	25.37
787		787	787				

牧 业 生

	一、当年出栏					
	1. 大牲畜（万头）	#牛	2. 猪（万头）	3. 羊（万只）	#山 羊	4. 家 禽（万只）
全 市	**2.02**	**2.02**	**255.97**	**36.44**	**36.44**	**7480.94**
淮安区	0.3	0.3	50.8	0.93	0.93	701.7
淮阴区	0.63	0.63	59.1	9	9	2157
清江浦区			6.54	0.71	0.71	101.84
洪泽区			20.48	6.92	6.92	716
涟水县	0.3	0.3	60.14	3.86	3.86	1395
盱眙县	0.77	0.77	43.96	14.27	14.27	1828
金湖县	0.02	0.02	12.09	0.5	0.5	378
开发区			1.28	0.07	0.07	8.03
工业园区			0.53			4.42
盐化新区			1.05	0.18	0.18	190.95

	三、猪年末存栏（万头）	#能繁母猪	四、羊年末存栏（万只）	五、家禽年末存栏（万只）	六、兔年末存栏（万只）	1. 肉类总产量
全 市	**141.4**	**14.75**	**23.58**	**2567.02**	**21.53**	**303937**
淮安区	29.8	3.08	1.5	350	0.9	47383
淮阴区	31.46	2.93	3.9	420	3.82	71060
清江浦区	5.18	0.64	0.69	78.42		7866
洪泽区	15.19	0.9	4.95	321	5.3	22242
涟水县	30.4	2.59	2.6	610	10.1	63411
盱眙县	19.59	4.08	9.26	538	1.09	73004
金湖县	8.28	0.11	0.5	130	0.32	13935
开发区	0.48	0.32		1.51		896
工业园区	0.59	0.04		2.09		
盐化新区	0.43	0.06	0.18	116		4140

产　　　情　　　况

5. 兔（万只）	二、大牲畜年末存栏合计（万头）	#从事农役	其中：牛 合计	#黄牛	#奶牛	#水牛
41.06	**5.7**	**0.24**	**5.7**	**2.20**	**0.84**	**2.66**
	0.11	0.06	0.11	0.02	0.03	0.06
16.52	2.45	0.06	2.45	1.18	0.64	0.63
5.4						
17.4	1.47		1.47	0.66	0.02	0.79
1.47	1.66	0.12	1.66	0.34	0.15	1.17
0.27	0.01		0.01			0.01

七、主要畜禽产品产量（吨）						
#猪肉	#牛肉	#羊肉	#禽肉	2. 牛奶产量	3. 蜂蜜产量	4. 禽蛋产量
184489	3677	6289	108808	37466	369	132396
37966	492	319	8576	1697		21562
44620	1274	2141	22705	28920		26692
6000		116	1750			4641
11956		1165	9090			20467
46178	612	563	15846	715		21818
28050	1299	1874	41731	6134	366	28573
7780		75	6050		3	7512
788		7	101			223
439			89.9			125.8
712		29	2869.1			782.2

农　业　机　械

	一、机耕面积（公顷）	二、机播面积（公顷）	三、机电灌溉面积（公顷）	四、机械植保作业面积（公顷）	五、机械收获面积（公顷）
全　市	**656503**	**526684**	**380175**	**595689**	**619587**
淮安区	121099	106687	92219	126890	122077
淮阴区	83415	65768	50850	75805	88700
清江浦区	14280	11510	7500	13620	13760
洪泽区	64437	60164	48953	60894	63164
涟水县	133850	102690	76500	119300	112400
盱眙县	139358	105240	55870	101500	134660
金湖县	89010	68270	41100	90588	74370
市　直	11054	6355	7183	7092	10456

	九、主要农业机					
	拖拉机（台）	大中型拖拉机	小型拖拉机	旋耕机（台）	播种机（台）	农用排灌动力机械（台）
全　市	**127297**	**25170**	**102127**	**138528**	**38551**	**23169**
淮安区	16640	3940	12700	16500	7200	8300
淮阴区	12481	2889	9592	14324	3705	2776
清江浦区	9216	611	8605	12215	985	350
洪泽区	16717	2207	14510	18437	5655	3541
涟水县	22647	3697	18950	35858	10700	2841
盱眙县	35035	6535	28500	28488	3905	1305
金湖县	14143	5123	9020	12610	6360	3806
市　直	418	168	250	96	41	250

化 情 况

六、单项农机化作业		七、机械脱粒产量（吨）	八、农业机械总动力（千瓦）			
机械化秸秆还田面积（公顷）	精少量播种面积（公顷）		合计	1. 柴油发动机动力	2. 汽油发动机动力	3. 电动机动力
411152	**132067**	**4334447**	**6226002**	**5072797**	**183656**	**956349**
101300	8000	900536	1006304	734634	24691	246979
57096	24600	520750	784980	610346	21710	152924
9150		127200	231185	206200	4705	20280
50433	25297	421894	858299	689476	30321	125302
80000	29620	1051500	1191228	1011607	26101	153520
54600	6050	885237	1235683	1082056	34862	118765
58573	38500	427330	870723	710478	34166	126079
			47600	28000	7100	12500

械 年 末 拥 有 量

农用水泵（台）	节水灌溉机械（套）	机动喷雾喷粉机（部）	联合收获机（台）	水稻插秧机（台）	农田基本建设机械（台）
75783	**4916**	**51467**	**26671**	**24538**	**29651**
16000	1000	8900	3360	4825	4755
3158	205	5380	4091	3352	7561
3350	215	1050	779	571	616
4096	615	4888	3223	3963	5004
15870	243	6938	5963	4516	2996
23200	2450	10511	5733	3931	5000
9743	185	13727	3434	3380	3665
366	3	73	88		54

农村电气化和化学化情况

	农村用电量（万千瓦小时）	农用化肥施用量（折纯）（吨）	氮肥（吨）	磷肥（吨）	钾肥（吨）	复合肥（吨）
全市	**159984**	**388491**	**208087**	**37787**	**17071**	**125546**
淮安区	45086	98640	57800	9200	6310	25330
淮阴区	18945	58188	34353	5726	2486	15623
清江浦区	5015	11698	4008	1219	595	5876
洪泽区	10565	52691	19813	540	514	31824
涟水县	20126	62921	42106	10994	3513	6308
盱眙县	27588	53115	27151	8366	2515	15083
金湖县	24983	25903	13568	628	439	11268
开发区	4694	7900	1240	440	420	5800
工业园区	1345	5350	2690	389	234	2037
盐化新区	1637	12085	5358	285	45	6397

	农用塑料薄膜使用量（吨）	#地膜使用量	地膜覆盖面积（公顷）	农用柴油使用量（吨）	农药使用量（吨）
全市	**8105**	**2959**	**22627**	**86690**	**6680**
淮安区	235	62	1290	14100	1560
淮阴区	858	265	3416	4893	890
清江浦区	1237	606	3904	1498	513
洪泽区	185	49	568	8851	627
涟水县	2721	993	6615	9493	788
盱眙县	2127	780	5335	25234	1561
金湖县	95	24	650	22098	362
开发区	397	101	525	249	244
工业园区	67	35	245	65	26
盐化新区	183	44	79	209	109

5

工业、能源

本篇编辑：

工　业：刘巍巍　杨长峰　冯玉莲　谢江彪

能　源：李志英　何从生　张正北

年主营业务收入2000万元

（分地

	企业单位数	亏损企业	工业总产值（当年价格）	工业销售产值（当年价格）	出口交货值
全　　市	**2609**	**182**	**69513185**	**68667789**	**1597475**
市　　直	7	1	2634743	2622131	70355
淮安区	368	18	8404833	8285946	88571
淮阴区	453	6	14572051	14203532	3378
清江浦区	141	3	4058179	4043447	123653
洪泽区	329	48	7270269	7160426	26297
涟水县	368	17	8081710	8047168	183344
盱眙县	432	36	10380849	10285709	126817
金湖县	328	14	5479726	5393220	399069
开发区	165	36	8512519	8514096	563762
工业园区	17	3	112040	105849	12229

	主营业务收入	主营业务成本	主营业务税金及附加	销售费用	管理费用
全　　市	**70142410**	**60793487**	**1220543**	**1479983**	**2086475**
市　　直	2676595	1508382	815871	31258	92774
淮安区	8424407	7427282	50044	250125	358940
淮阴区	14386139	12000264	126814	494494	426894
清江浦区	3794029	3245265	23287	106055	132284
洪泽区	7176371	6481338	14747	81113	122876
涟水县	7621660	6851940	46172	138024	173589
盱眙县	10857039	9530941	115854	210083	474207
金湖县	5427465	4928882	17677	96988	121014
开发区	9666231	8729944	9215	70244	173965
工业园区	106207	84624	817	1599	8838

及以上工业企业主要指标

区）

单位：个、万元

资产总计	流动资产合计	应收帐款	产成品	固定资产合计	负债合计	应付账款
30714403	**12383114**	**3538272**	**916001**	**13832161**	**13709260**	**2543905**
3167641	1589350	66526	83228	840527	1329268	308444
2189549	1048418	321698	108940	911644	1120311	243374
5254651	1308214	556085	159785	3530209	1782011	425579
1891183	772292	150040	55450	733432	697332	66665
3888030	1120156	308306	87827	2399343	1953645	214947
2593010	1294879	230949	80093	960829	1126327	184828
4440356	1783893	536864	99270	1489363	2174344	249904
2296600	1348783	530488	90424	626326	1274447	252943
4644857	2047535	826098	149590	2219488	2053063	546719
195050	63508	10495	1394	117780	91978	7800

财务费用	利息收入	利息支出	利润总额	亏损企业亏损总额	应交增值税
652598	**-2935**	**495878**	**4048076**	**131776**	**1430040**
333	-13949	15497	250086	11715	198662
50591	573	35382	305270	6293	231430
313017	413	301900	1024881	7161	234846
11253	2230	11052	339893	3050	113246
41680	361	34525	436399	23339	207768
46298	2480	16825	373166	3092	170948
96254	2211	18729	428602	7171	199902
40462	1069	27696	229582	2725	92177
51388	1583	33735	650414	65061	-19382
1370	21	526	9226	2168	223

国有和国有控股工

（分地

	企业单位数	亏损企业	工业总产值（当年价格）	工业销售产值（当年价格）	出口交货值
全　市	**49**	**10**	**3755589**	**3778006**	**38939**
市　直	5		1848633	1853026	25753
淮安区	5		334146	314624	8142
淮阴区	10	3	681758	685838	
清江浦区	5	1	100618	99879	
洪泽区	9	2	163519	164533	
涟水县	2	1	359367	363205	
盱眙县	4	1	75384	106904	449
金湖县	2		8967	8777	
开发区	5	1	162608	160722	4596
工业园区	1	1	14324	14234	

	主营业务收入	主营业务成本	主营业务税金及附加	销售费用	管理费用
全　市	**3733885**	**2221618**	**868435**	**108544**	**155643**
市　直	1859297	767745	813367	20803	69779
淮安区	326100	261419	5062	16853	18843
淮阴区	691621	614390	18362	7261	9069
清江浦区	99078	75665	672	3582	11809
洪泽区	164009	141893	658	7042	3369
涟水县	302419	113843	29889	47126	20917
盱眙县	107155	82094	183	1212	10959
金湖县	4447	2766	22	63	165
开发区	161071	148866	67	4353	4346
工业园区	12420	8312	108	249	5291

业 企 业 主 要 指 标

区）　　　　单位：个、万元

资产总计	流动资产合计	应收帐款	产成品	固定资产合计	负债合计	应付账款
5509078	**2523028**	**214918**	**103093**	**1786821**	**2541111**	**328935**
2347892	1210834	62832	27431	468283	878716	123201
614745	193804	27236	16139	321160	361751	81353
795488	276720	28890	1506	463425	429167	35599
240341	101075	4944	2665	101118	127301	10719
127797	37248	7499	6227	60545	61209	4421
665215	455849	2418	7182	101358	172141	5701
238935	39467	4910	6355	169921	180480	7561
22623	7070	5027		14637	16186	1123
251316	185563	69911	35589	47267	196638	13668
51249	9311	529		35886	10989	2886

财务费用	利息收入	利息支出	利润总额	亏损企业亏损总额	应交增值税
32726	**-10972**	**47090**	**385704**	**13568**	**268320**
-2366	-14181	12212	205715		183602
15011	313	13342	15925		3233
7816	192	7571	33913	3561	19816
1125	116	1212	11431	2314	18339
935	47	911	10421	2424	2763
-1828	2194	342	100632	103	101
6246	100	6337	7485	2068	29508
682	12	691	747		8542
4691	164	4461	880	1097	2146
463			-2002	2002	52

国 有 工 业 企

（分地

	企业单位数	亏损企业	工业总产值（当年价格）	工业销售产值（当年价格）	出口交货值
全　　市	**4**		**378356**	**376930**	
市　　直					
淮 安 区					
淮 阴 区	1		206678	206678	
清江浦区	1		12124	12124	
洪 泽 区					
涟 水 县					
盱 眙 县	1		24182	24182	
金 湖 县					
开 发 区	1		135371	133945	
工业园区					

	主营业务收入	主营业务成本	主营业务税金及附加	销售费用	管理费用
全　　市	**376930**	**341498**	**7521**	**5282**	**5158**
市　　直					
淮 安 区					
淮 阴 区	206678	195717	7167	993	977
清江浦区	12124	8809	354	1160	2735
洪 泽 区					
涟 水 县					
盱 眙 县	24182	10456			
金 湖 县					
开 发 区	133945	126517		3129	1446
工业园区					

业　主　要　指　标

区）

单位：个、万元

资产总计	流动资产合计	应收帐款	产成品	固定资产合计	负债合计	应付账款
496748	**197575**	**65269**	**32898**	**266487**	**351148**	**3794**
67797	1518	672		66279	4806	1798
110190	59148	286		38448	88489	1035
162690	10715	2439		138464	118324	961
156070	126194	61872	32898	23297	139529	

财务费用	利息收入	利息支出	利润总额	亏损企业亏损总额	应交增值税
9718	**276**	**9822**	**14530**		**2952**
69			1756		359
535	52	586	3435		373
4897	64	4960	8829		
4216	160	4277	510		2220

集 体 工 业 企

（分地

	企业单位数	亏损企业	工业总产值（当年价格）	工业销售产值（当年价格）	出口交货值
全　市	**7**	**1**	**172029**	**162735**	
市　直					
淮安区	4	1	130933	122305	
淮阴区					
清江浦区					
洪泽区	1		35411	34787	
涟水县					
盱眙县					
金湖县	2		5686	5643	
开发区					
工业园区					

	主营业务收入	主营业务成本	主营业务税金及附加	销售费用	管理费用
全　市	**165959**	**144061**	**820**	**8544**	**4848**
市　直					
淮安区	125535	108302	748	8078	4037
淮阴区					
清江浦区					
洪泽区	34787	31276	54		407
涟水县					
盱眙县					
金湖县	5637	4483	19	466	404
开发区					
工业园区					

业　　主　　要　　指　　标

区）　　　　　　　　　　　　　　　　　　　　　　　　单位：个、万元

资产总计	流动资产合计	应收帐款	产成品	固定资产合计	负债合计	应付账款
42151	**27535**	**13712**	**2068**	**14213**	**25537**	**6164**
36294	25192	12854	2034	11098	22866	6162
4018	597	230	16	3023	1993	
1839	1746	628	18	92	679	3

财务费用	利息收入	利息支出	利润总额	亏损企业亏损总额	应交增值税
273	**15**	**287**	**7543**	**37**	**8479**
100	15	114	4272	37	6198
162		162	2889		2098
11		11	382		183

私营工业企

（分地

	企业单位数	亏损企业	工业总产值（当年价格）	工业销售产值（当年价格）	出口交货值
全市	**1815**	**89**	**39514391**	**38843698**	**196722**
市直					
淮安区	305	13	6675915	6593627	2516
淮阴区	382	2	10052090	9713300	3378
清江浦区	85	1	2120936	2113394	2508
洪泽区	211	23	4166798	4078224	1947
涟水县	206	5	4096833	4074296	21199
盱眙县	316	24	7933628	7864911	29989
金湖县	260	10	3904519	3831871	128054
开发区	48	9	558183	569499	2556
工业园区	2	2	5489	4577	4577

	主营业务收入	主营业务成本	主营业务税金及附加	销售费用	管理费用
全市	**39222814**	**34643018**	**242868**	**874306**	**1211842**
市直					
淮安区	6757131	5999986	37899	182601	273141
淮阴区	9826529	8321825	70901	308990	265856
清江浦区	2016223	1741279	13317	52794	64769
洪泽区	4050478	3671912	5926	44757	67195
涟水县	3884709	3602033	9312	46958	75113
盱眙县	8247638	7253230	91212	157407	361798
金湖县	3839635	3500710	13333	73682	84702
开发区	596102	547758	909	7080	19214
工业园区	4371	4284	60	37	54

业　主　要　指　标

区）

单位：个、万元

资产总计	流动资产合计	应收帐款	产成品	固定资产合计	负债合计	应付账款
12883499	**4992501**	**1616529**	**465961**	**5953595**	**5518304**	**1011464**
1033281	555944	200579	68442	398851	462082	94049
3103344	761649	344867	121610	1992208	959646	246483
891102	344260	77327	42859	363875	228234	31480
2051881	533226	146054	45104	1332852	948038	97932
919056	398253	100432	38164	360413	451453	39582
2927456	1173164	339519	65373	991162	1380109	173422
1399123	864138	326496	65508	348332	719884	177989
552728	359812	80726	18780	163593	365576	150422
5526	2055	530	122	2311	3284	106

财务费用	利息收入	利息支出	利润总额	亏损企业亏损总额	应交增值税
363446	**3295**	**261326**	**1907445**	**24749**	**814839**
29228	103	16613	237028	4226	186915
190217	218	180466	669110	1212	157265
7335	119	5551	144826	449	65886
21464	65	17684	244476	9125	130533
23418	34	8481	126747	695	59602
62182	1684	9668	319826	3953	146588
22019	1012	16873	148967	2162	66055
7481	59	5990	16632	2761	1996
103			-167	167	

外　商　和　港　澳　台　工

（分地

	企业单位数	亏损企业	工业总产值（当年价格）	工业销售产值（当年价格）	出口交货值
全　市	**207**	**38**	**11927676**	**11897072**	**955304**
市　直					
淮安区	28	3	634548	631014	71004
淮阴区	18	1	1059337	1036661	
清江浦区	14		620960	617008	12526
洪泽区	26	10	735331	732759	14574
涟水县	28	5	746436	745794	139688
盱眙县	20		517396	512448	90020
金湖县	13	1	314398	311973	65023
开发区	57	17	7252533	7264262	554816
工业园区	3	1	46737	45153	7652

	主营业务收入	主营业务成本	主营业务税金及附加	销售费用	管理费用
全　市	**13008735**	**11464733**	**35278**	**196285**	**311832**
市　直					
淮安区	648267	552047	3628	26470	37624
淮阴区	1053865	829247	8670	51012	43875
清江浦区	578940	450927	3278	35059	26838
洪泽区	728264	645549	4254	10582	15456
涟水县	702973	639719	2906	8116	18555
盱眙县	545601	456238	5231	12990	35237
金湖县	320229	292425	651	4998	7203
开发区	8388873	7568465	6513	46634	119508
工业园区	41724	30117	148	424	7538

业 企 业 主 要 指 标

区）　　　　单位：个、万元

资产总计	流动资产合计	应收帐款	产成品	固定资产合计	负债合计	应付账款
5896958	**2279208**	**911792**	**133826**	**2964363**	**2322394**	**559557**
303045	182878	51172	9252	96799	159217	51046
555488	123326	89666	14209	430051	194835	65850
480124	219870	23275	2991	145353	207230	19298
389081	161039	61011	7612	200051	235184	24575
247507	112758	44074	8798	120324	101426	44879
327890	110300	27440	13155	60437	108952	12656
116933	62567	18796	6855	33635	52918	17640
3380970	1278525	593994	70445	1821305	1233777	319765
95920	27944	2363	510	56408	28854	3849

财务费用	利息收入	利息支出	利润总额	亏损企业亏损总额	应交增值税
85454	**3270**	**64417**	**975095**	**67120**	**73552**
3930	134	3388	29359	1893	17229
33957	3	33187	87234	2389	18805
-809	1785	1448	112297		16364
4896	46	4057	40688	5139	19683
2530	43	1156	31263	1542	17915
4379	120	444	30973		12155
869	-62	1126	16555	15	5110
34845	1186	19389	623854	5[illegible]140	-33433
858	16	223	2873	2002	-275

民　营　工　业　企

（分地

	企业单位数	亏损企业	工业总产值（当年价格）	工业销售产值（当年价格）	出口交货值
全　市	**2357**	**135**	**53870052**	**53031716**	**603233**
市　直	2	1	786110	769105	44603
淮安区	335	15	7436139	7340308	9426
淮阴区	425	2	12830957	12481033	3378
清江浦区	122	2	3336601	3326561	111127
洪泽区	295	36	6387811	6279910	11723
涟水县	338	11	6975907	6938169	43656
盱眙县	408	35	9788069	9666357	36349
金湖县	313	13	5156362	5072470	334046
开发区	105	18	1106793	1097107	4351
工业园区	14	2	65303	60695	4577

	主营业务收入	主营业务成本	主营业务税金及附加	销售费用	管理费用
全　市	**53436981**	**47134326**	**317234**	**1178804**	**1625781**
市　直	817298	740638	2504	10455	22996
淮安区	7450041	6613816	41354	206802	302473
淮阴区	12640653	10556627	99783	436222	373950
清江浦区	3116011	2718673	19336	67414	93637
洪泽区	6300873	5706668	10110	66277	104653
涟水县	6616268	6098378	13377	82782	134117
盱眙县	10204283	8992609	110440	195881	428010
金湖县	5102789	4633691	17005	91928	113646
开发区	1124283	1018720	2656	19869	50999
工业园区	64483	54507	669	1175	1301

业　主　要　指　标

区）　　　　单位：万元、个、人

资产总计	流动资产合计	应收帐款	产成品	固定资产合计	负债合计	应付账款
19436097	**7642884**	**2420127**	**679664**	**9135071**	**8912400**	**1658949**
819749	378516	3694	55796	372244	450553	185243
1271759	671737	243289	83550	493685	599343	110975
3903675	908168	437529	144071	2636733	1158009	324130
1170718	451347	121821	49795	486961	362801	36649
3397444	927931	242536	73988	2153911	1673067	185950
1680287	726272	184456	64113	739147	852759	134249
3873530	1634127	504515	79760	1259005	1884912	229687
2157044	1279146	506665	83569	578054	1205343	234180
1062761	630078	167489	44139	353958	662490	213936
99130	35563	8133	884	61372	63123	3951

财务费用	利息收入	利息支出	利润总额	亏损企业亏损总额	应交增值税
535281	**4804**	**384798**	**2685688**	**53091**	**1089490**
2699	233	3285	44370	11715	15060
31650	126	18652	259986	4400	194386
271244	218	261143	903735	1212	197703
10938	330	8392	216166	736	93650
36060	303	29801	385458	15776	180599
45596	243	15326	241272	1448	123525
85629	1991	11948	390144	5104	185602
38911	1119	25879	212280	2710	87015
12042	236	10070	25924	9824	11452
512	5	303	6354	167	497

大　中　型　工　业　企

（分地

	企业单位数		工业总产值（当年价格）	工业销售产值（当年价格）	
		亏损企业			出口交货值
全　市	**269**	**23**	**25362393**	**25261378**	**1201158**
市　直	6	1	2581250	2565965	70355
淮安区	23		1818398	1779102	48932
淮阴区	20	3	3736061	3748203	
清江浦区	30	1	1570185	1565924	110894
洪泽区	20	3	957123	950264	337
涟水县	73	6	3363393	3357400	154679
盱眙县	52	1	2489735	2469130	20356
金湖县	13		1430211	1400180	263440
开发区	32	8	7416036	7425211	532164
工业园区					

	主营业务收入	主营业务成本	主营业务税金及附加	销售费用	管理费用
全　市	**26837296**	**22400336**	**951483**	**605601**	**803370**
市　直	2623101	1454888	815871	31258	92774
淮安区	1921432	1639817	10059	79971	110657
淮阴区	3815665	2957622	30202	181966	150472
清江浦区	1504830	1257680	9532	63779	64225
洪泽区	972609	858278	6456	23070	27549
涟水县	3289642	2854404	32912	79356	82465
盱眙县	2651149	2256718	37095	83529	128987
金湖县	1488510	1356213	3695	15784	25174
开发区	8570359	7764716	5661	46889	121068
工业园区					

业 主 要 指 标

区）

单位：万元、个、人

资产总计	流动资产合计	应收帐款	产成品	固定资产合计	负债合计	应付账款
13364851	**5930752**	**1370670**	**383134**	**5814071**	**5796408**	**1296364**
2691830	1555242	66526	83228	840353	953458	295553
822676	364027	72440	47217	346031	440968	59270
1632801	344092	196741	29922	1230576	719061	195971
1130200	527265	88325	38767	395035	513013	38559
543325	150789	41085	15111	326865	273637	29232
1360936	736998	77967	35209	455691	556707	128745
1389034	561887	100702	34088	386481	663194	42655
482772	346566	140011	24935	80750	315120	61779
3311278	1343888	586873	74657	1752289	1361251	444600

财务费用	利息收入	利息支出	利润总额	亏损企业亏损总额	应交增值税
263304	**-7947**	**215172**	**1934151**	**82530**	**584847**
333	-13949	15497	250086	11715	198104
20708	254	19285	72615		50623
129784	157	129732	364687	3689	69253
4455	2023	6250	168100	2314	51105
6253	8	4748	52108	7589	35258
22750	2428	10708	226882	988	124037
32308	223	3319	112084	2068	57568
11030	82	6276	77989		30270
35682	828	19358	609602	54169	-31372

年主营业务收入2000万元

（分经济

	企业单位数	亏损企业	工业总产值（当年价格）	工业销售产值（当年价格）	出口交货值
总　　计	**2609**	**182**	**69513185**	**68667789**	**1597475**
一、按登记注册类型分组：					
内资企业	2402	144	57585509	56770717	642172
国有企业	4		378356	376930	
中央企业					
地方企业	4		378356	376930	
集体企业	7	1	172029	162735	
股份合作企业	1		32914	32914	
联营企业					
国有联营企业					
集体联营企业					
国有与集体联营企业					
其他联营企业					
有限责任公司	500	46	14489500	14398305	310037
国有独资公司	11	3	2000589	2033329	5045
其他有限责任公司	489	43	12488911	12364976	304992
股份有限公司	68	8	2947582	2905914	135413
私营企业	1815	89	39514391	38843698	196722
私营独资企业	205		3877489	3816742	4
私营合作企业	7		90307	86434	
私营有限责任公司	1519	86	32443981	31860439	194119
私营股份有限公司	84	3	3102614	3080084	2599
其他企业	7		50737	50221	
港、澳、台商投资企业	108	14	8723336	8706878	400046
与港澳台商合资经营企业	42	4	1267639	1256929	138182
与港澳台商合作经营企业	1	1	2820	2447	
港澳台商独资经营企业	64	9	7443413	7438341	261864
港澳台商投资股份有限公司					
其他港澳台投资企业	1		9464	9161	
外商投资企业	99	24	3204340	3190194	555258
中外合资经营企业	36	6	1580171	1576992	239570
中外合作经营企业	3		113321	113288	
外资企业	59	18	1500601	1489667	315688
外商投资股份有限公司	1		10248	10248	
其他外商投资企业					
二、按经济组织类型分组					
独资企业	339	28	13371888	13284414	577555
国有企业	4		378356	376930	
集体企业	7	1	172029	162735	

及以上工业企业主要指标（一）

类型）

单位：万元、个

资产总计	流动资产合计	应收帐款	产成品	固定资产合计	负债合计	应付账款
30714403	**12383114**	**3538272**	**916001**	**13832161**	**13709260**	**2543905**
24817445	10103907	2626480	782174	10867799	11386866	1984348
496748	197575	65269	32898	266487	351148	3794
496748	197575	65269	32898	266487	351148	3794
42151	27535	13712	2068	14213	25537	6164
1165	443	232	175	435	987	
8730629	3583741	811975	185591	3631297	4343171	685794
2670859	1445279	80735	25498	584903	993645	120458
6059770	2138461	731240	160093	3046394	3349526	565336
2650355	1297943	117852	95158	993181	1147245	276997
12883499	4992501	1616529	465961	5953595	5518304	1011464
548437	168340	58021	19488	254064	203749	25348
20649	10435	4176	1183	8556	8429	1624
11187425	4439216	1411853	417221	5064157	4716591	837895
1126987	374511	142480	28070	626818	589535	146597
12899	4169	911	323	8592	474	135
3525498	1284348	481162	73128	1848278	1361131	313759
590183	284323	95974	15875	258668	255873	58012
3156	2024	769		819	1288	
2929162	996815	383708	57232	1588173	1103645	255747
2998	1186	712	21	619	326	
2371460	994860	430630	60698	1116085	961263	245798
1089512	485953	249032	31853	514933	420904	126172
36018	19152	7178	2457	9866	9657	5378
1243335	488085	174419	26388	590361	530690	114247
2595	1670			925	12	
5259833	1878350	695129	138074	2713298	2214769	405300
496748	197575	65269	32898	266487	351148	3794
42151	27535	13712	2068	14213	25537	6164

年主营业务收入2000万元

（分经济

	企业单位数	亏损企业	工业总产值（当年价格）	工业销售产值（当年价格）	出口交货值
私营独资企业	205		3877489	3816742	4
港澳台商独资经营企业	64	9	7443413	7438341	261864
外资企业	59	18	1500601	1489667	315688
合作、合伙企业	20	1	299562	294466	
股份合作企业	1		32914	32914	
国有联营企业					
集体联营企业					
国有与集体联营企业					
其他联营企业					
私营合伙企业	7		90307	86434	
与港澳台商合作经营企业	1	1	2820	2447	
中外合作经营企业	3		113321	113288	
其他企业（内资）	7		50737	50221	
其他港澳台商投资企业	1		9464	9161	
其他外商投资企业					
股份有限公司	153	11	6060444	5996246	138012
股份有限公司（内资）	68	8	2947582	2905914	135413
私营股份有限公司	84	3	3102614	3080084	2599
港澳台商投资股份有限公司					
外商投资股份有限公司	1		10248	10248	
有限责任公司	2097	142	49781291	49092664	881908
国有独资公司	11	3	2000589	2033329	5045
私营有限责任公司	1519	86	32443981	31860439	194119
与港澳台商合资经营企业	42	4	1267639	1256929	138182
中外合资经营企业	36	6	1580171	1576992	239570
其他有限责任公司	489	43	12488911	12364976	304992
三、在总计中：亏损企业	182	182	1385926	1426000	165154
在总计中：国有控股企业	49	10	3755589	3778006	38939
在总计中：轻工业	1201	60	29640685	29288755	861164
重工业	1408	122	39872500	39379034	736312
在总计中：大型企业	36	2	13206641	13204507	812407
中型企业	233	21	12155752	12056871	388751
小型企业	2204	138	43425007	42689765	387625
微型企业	136	21	725785	716647	8693

及以上工业企业主要指标（一）（续）

类型）　　　　单位：万元、个

资产总计	流动资产合计	应收帐款	产成品	固定资产合计	负债合计	应付账款
548437	168340	58021	19488	254064	203749	25348
2929162	996815	383708	57232	1588173	1103645	255747
1243335	488085	174419	26388	590361	530690	114247
76885	37408	13977	4159	28886	21161	7138
1165	443	232	175	435	987	
20649	10435	4176	1183	8556	8429	1624
3156	2024	769		819	1288	
36018	19152	7178	2457	9866	9657	5378
12899	4169	911	323	8592	474	135
2998	1186	712	21	619	326	
3779937	1674124	260332	123228	1620923	1736792	423594
2650355	1297943	117852	95158	993181	1147245	276997
1126987	374511	142480	28070	626818	589535	146597
2595	1670			925	12	
21597748	8793233	2568834	650540	9469054	9736539	1707873
2670859	1445279	80735	25498	584903	993645	120458
11187425	4439216	1411853	417221	5064157	4716591	837895
590183	284323	95974	15875	258668	255873	58012
1089512	485953	249032	31853	514933	420904	126172
6059770	2138461	731240	160093	3046394	3349526	565336
2661408	1010061	303702	73459	1208428	1562969	326910
5509078	2523028	214918	103093	1786821	2541111	328935
11370772	5239439	1175684	379172	4685469	4374142	733433
19343631	7143675	2362588	536829	9146692	9335118	1810471
7095814	3421032	651751	193520	3020292	2544367	699953
6269038	2509720	718919	189614	2793779	3252041	596411
16916063	6182217	2079984	522124	7879526	7632483	1186195
433489	270145	87618	10743	138565	280369	61346

年主营业务收入2000万元

（分经济

	主营业务收入	主营业务成本	主营业务税金及附加	销售费用
总　　计	**70142410**	**60793487**	**1220543**	**1479983**
一、按登记注册类型分组:				
内资企业	57133675	49328754	1185264	1283698
国有企业	376930	341498	7521	5282
中央企业				
地方企业	376930	341498	7521	5282
集体企业	165959	144061	820	8544
股份合作企业	30891	25150	30	1452
联营企业				
国有联营企业				
集体联营企业				
国有与集体联营企业				
其他联营企业				
有限责任公司	14433531	11806331	888706	282633
国有独资公司	2012037	885438	814225	19397
其他有限责任公司	12421493	10920894	74481	263237
股份有限公司	2852859	2326486	44136	110137
私营企业	39222814	34643018	242868	874306
私营独资企业	3774604	3437221	16951	59273
私营合作企业	86739	76524	304	1991
私营有限责任公司	32264492	28472623	205631	735433
私营股份有限公司	3096978	2656650	19981	77608
其他企业	50692	42209	1184	1345
港、澳、台商投资企业	9865545	8861066	14287	102315
与港澳台商合资经营企业	1269653	1063723	8255	57767
与港澳台商合作经营企业	2392	2195	5	24
港澳台商独资经营企业	8584340	7786842	6005	44398
港澳台商投资股份有限公司				
其他港澳台投资企业	9161	8306	22	126
外商投资企业	3143190	2603667	20991	93970
中外合资经营企业	1506297	1263755	11174	42215
中外合作经营企业	108287	90304	381	511
外资企业	1518358	1240591	9436	51232
外商投资股份有限公司	10248	9018		13
其他外商投资企业				
二、按经济组织类型分组				
独资企业	14420191	12950213	40733	168728
国有企业	376930	341498	7521	5282
集体企业	165959	144061	820	8544

及以上工业企业主要指标（二）

类型）

单位：万元、人

管理费用	财务费用	利息收入	利息支出	利润总额	亏损企业亏损总额	应交增值税
2086475	**652598**	**-2935**	**495878**	**4048076**	**131776**	**1430040**
1774642	567143	-6204	431460	3072981	64656	1356488
5158	9718	276	9822	14530		2952
5158	9718	276	9822	14530		2952
4848	273	15	287	7543	37	8479
2891	13		11	1356		589
432749	163838	-12676	131258	887358	30585	439355
70792	-7287	-14144	7234	238187	3268	198229
361957	171125	1468	124025	649172	27317	241126
115710	29462	2886	28472	250639	9284	89738
1211842	363446	3295	261326	1907445	24749	814839
73132	19024	45	7648	167685		83677
3782	476		297	3661		3546
1041453	290067	2551	208572	1540852	23538	668396
93476	53878	700	44809	195248	1212	59221
1444	394		284	4110		537
145930	46180	1137	27271	707394	52526	14039
51035	9638	314	9448	81494	3303	34633
221	-5			-45	45	65
94538	36511	823	17787	625409	49178	-20873
136	36		36	536		214
165903	39275	2132	37146	267701	14594	59513
79625	17997	364	15483	94186	3450	26201
4321	188	33		13136		3420
81946	21084	1736	21664	159333	11144	29585
10	6			1047		307
259622	86610	2894	57208	974499	60359	103820
5158	9718	276	9822	14530		2952
4848	273	15	287	7543	37	8479

年主营业务收入2000万元

（分经济

	主营业务收入	主营业务成本	主营业务税金及附加	销售费用
私营独资企业	3774604	3437221	16951	59273
港澳台商独资经营企业	8584340	7786842	6005	44398
外资企业	1518358	1240591	9436	51232
合作、合伙企业	288161	244688	1927	5449
股份合作企业	30891	25150	30	1452
国有联营企业				
集体联营企业				
国有与集体联营企业				
其他联营企业				
私营合伙企业	86739	76524	304	1991
与港澳台商合作经营企业	2392	2195	5	24
中外合作经营企业	108287	90304	381	511
其他企业（内资）	50692	42209	1184	1345
其他港澳台商投资企业	9161	8306	22	126
其他外商投资企业				
股份有限公司	5960085	4992154	64117	187758
股份有限公司（内资）	2852859	2326486	44136	110137
私营股份有限公司	3096978	2656650	19981	77608
港澳台商投资股份有限公司				
外商投资股份有限公司	10248	9018		13
有限责任公司	49473973	42606432	1113766	1118048
国有独资公司	2012037	885438	814225	19397
私营有限责任公司	32264492	28472623	205631	735433
与港澳台商合资经营企业	1269653	1063723	8255	57767
中外合资经营企业	1506297	1263755	11174	42215
其他有限责任公司	12421493	10920894	74481	263237
三、在总计中：亏损企业	1377065	1311988	6370	41079
在总计中：国有控股企业	3733885	2221618	868435	108544
在总计中：轻工业	29376691	24659418	900472	786258
重工业	40765720	36134069	320070	693725
在总计中：大型企业	14459715	11729212	870565	238211
中型企业	12377581	10671123	80919	367391
小型企业	42632542	37791925	267294	859113
微型企业	672573	601226	1765	15268

及以上工业企业主要指标（二）（续）

类型）

单位：万元、人

管理费用	财务费用			利润总额	亏损企业	应交增值税
		利息收入	利息支出		亏损总额	
73132	19024	45	7648	167685		83677
94538	36511	823	17787	625409	49178	-20873
81946	21084	1736	21664	159333	11144	29585
12795	1102	33	627	22754	45	8370
2891	13		11	1356		589
3782	476		297	3661		3546
221	-5			-45	45	65
4321	188	33		13136		3420
1444	394		284	4110		537
136	36		36	536		214
209196	83347	3586	73281	446934	10496	149266
115710	29462	2886	28472	250639	9284	89738
93476	53878	700	44809	195248	1212	59221
10	6			1047		307
1604862	481539	-9447	364762	2603890	60876	1168584
70792	-7287	-14144	7234	238187	3268	198229
1041453	290067	2551	208572	1540852	23538	668396
51035	9638	314	9448	81494	3303	34633
79625	17997	364	15483	94186	3450	26201
361957	171125	1468	124025	649172	27317	241126
105724	41173	322	25713	-131776	131776	-32932
155643	32726	-10972	47090	385704	13568	268320
1016967	264646	-8519	207796	1840947	16595	755999
1069508	387952	5585	288082	2207129	115181	674041
314930	106650	-10804	95976	1231980	45746	267737
488440	156654	2857	119196	702172	36784	317110
1258089	381357	4774	276224	2092020	45473	839195
25015	7937	238	4482	21904	3773	5999

年主营业务收入2000万元

（分行

	企业单位数	亏损企业	工业总产值（当年价格）	工业销售产值（当年价格）	出口交货值
总　计	**2609**	**182**	**69513185**	**68667789**	**1597475**
采矿业	21	5	909934	894106	10218
煤炭开采和洗选业					
石油和天然气开采业					
黑色金属矿采选业	1	1	17528	17528	
有色金属矿采选业					
非金属矿采选业	20	4	892406	876578	10218
开采辅助活动					
其他采矿业					
制造业	2547	171	67779059	66953579	1587257
农副食品加工业	272	8	7370234	7308067	7996
食品制造业	28	3	577989	567945	4023
酒、饮料和精制茶制造业	5	1	417613	422203	
烟草制品业	2		1198270	1198270	
纺织业	166	8	3222093	3171962	91334
纺织服装、服饰业	185	9	3661425	3564525	240648
皮革、毛皮、羽毛及其制品和制鞋业	119	6	2481369	2437243	31724
木材加工和木、竹、藤、棕、草制品业	126	7	1889500	1861497	2630
家具制造业	9		121012	119718	7652
造纸和纸制品业	55	1	1635033	1625362	4428
印刷和记录媒介复制业	35		1125337	1109825	
文教、工美、体育和娱乐用品制造业	86	7	1911273	1895393	80248
石油加工、炼焦和核燃料加工业	17	1	1103874	1095167	
化学原料和化学制品制造业	196	27	4857770	4832554	112188
医药制造业	28	3	1000559	1004532	36047
化学纤维制造业	20	2	461533	458610	
橡胶和塑料制品业	97	5	2224063	2203126	206222
非金属矿物制品业	163	11	4011222	3923085	42673
黑色金属冶炼和压延加工业	53	3	2767600	2750157	44603
有色金属冶炼和压延加工业	69	4	1799051	1769262	10151
金属制品业	116	7	2334956	2285640	18313
通用设备制造业	151	10	3788451	3736234	20310
专用设备制造业	132	16	2153444	2122884	101018
汽车制造业	64	6	1604335	1551791	91919
铁路、船舶、航空航天和其他运输设备制造业	15	1	285711	278648	
电气机械和器材制造业	171	13	4614307	4555687	267259
计算机、通信和其他电子设备制造业	80	6	7759537	7722032	147002
仪器仪表制造业	43	4	616118	609816	2539
其他制造业	31	1	489383	490125	16331
废弃资源综合利用业	13	1	296000	282220	
金属制品、机械和设备修理业					
电力、热力、燃气及水生产和供应业	41	6	824192	820104	
电力、热力生产和供应业	26	4	620181	617613	
燃气生产和供应业	3		129562	129555	
水的生产和供应业	12	2	74449	72936	

及以上工业企业主要指标（一）

业）　　　　　　　　　　　　　　　　　　　　单位：万元、个

资产总计	流动资产合计	应收帐款	产成品	固定资产合计	负债合计	应付账款
30714403	**12383114**	**3538272**	**916001**	**13832161**	**13709260**	**2543905**
941557	247390	49351	16265	507211	484588	75472
10679	5143			5417	1897	1767
930877	242247	49351	16265	501795	482690	73705
27425824	11461800	3376489	893709	12081956	11684257	2334636
1826019	627432	187081	75785	956632	722422	97411
357678	188226	21774	12337	131339	165145	28084
641332	443715	3423	8077	86029	168531	7453
1369465	1062911	44306	10837	161294	152626	64669
1141818	453387	132775	66949	532114	553159	77688
953396	296243	99885	34121	509571	369973	86846
687969	263397	99416	27432	256819	276333	44334
510838	228548	45092	12543	209121	239754	23958
45214	13861	3589	1421	27851	16242	220
592455	199890	70306	15904	324607	248420	39597
438219	116065	38763	10700	310722	136209	24266
454673	192515	69694	22520	235791	198339	42782
433506	258525	22750	12385	157038	277940	131186
3401518	1003285	300299	92293	1998700	1587189	325881
425563	184524	51547	17432	158209	175343	24416
174684	76901	20273	2490	71197	90301	23322
1091906	460688	217139	35879	535937	344090	55502
1508407	552681	224703	28856	657625	703887	149013
1960322	584780	79838	82537	783659	1141859	274157
400401	190058	63455	9438	185852	219058	32081
831826	337649	125115	30114	412583	303494	49754
1451014	584120	212962	51593	599712	736651	136981
858509	426779	144954	36426	319926	344427	82944
754640	347971	124512	30737	270969	333088	88610
159067	41314	16298	3866	64767	39719	6534
2317401	1287096	543209	104593	827079	1141852	211945
2056232	770748	292155	42655	1102957	742291	143176
308650	190632	99987	9271	65122	151847	54401
129344	41095	9700	2233	36015	50256	5691
143759	36763	11491	2288	92724	53813	1737
2347022	673925	112432	6026	1242994	1540415	133796
1712114	373648	100947	5456	1046827	1097411	105575
154277	33161	1288	107	62691	108438	7531
480631	267116	10197	463	133476	334566	20691

国有和国有控股工

（分行

	主营业务收入	主营业务成本	主营业务税金及附加	销售费用
总　计	**70142410**	**60793487**	**1220543**	**1479983**
采矿业	912532	806214	21673	29038
煤炭开采和洗选业				
石油和天然气开采业				
黑色金属矿采选业	17528	16853	1	
有色金属矿采选业				
非金属矿采选业	895004	789361	21673	29038
开采辅助活动				
其他采矿业				
制造业	68410929	59341376	1191804	1442669
农副食品加工业	7227000	6335505	43246	190833
食品制造业	567240	484639	3304	10825
酒、饮料和精制茶制造业	362803	163270	30563	50925
烟草制品业	1178103	242499	708857	14081
纺织业	3193780	2913238	15052	50034
纺织服装、服饰业	3609130	3194949	22950	73091
皮革、毛皮、羽毛及其制品和制鞋业	2472686	2184803	16618	53108
木材加工和木、竹、藤、棕、草制品业	1892081	1739440	8152	23093
家具制造业	119786	103943	186	2566
造纸和纸制品业	1595700	1428554	6133	24461
印刷和记录媒介复制业	1118493	929866	5557	30091
文教、工美、体育和娱乐用品制造业	2024554	1620862	11819	107983
石油加工、炼焦和核燃料加工业	1111024	942094	105140	6872
化学原料和化学制品制造业	4803015	4238794	20517	110028
医药制造业	935425	752906	7829	51754
化学纤维制造业	485061	412937	3279	16123
橡胶和塑料制品业	2258534	1925373	16500	58033
非金属矿物制品业	3840626	3470834	21769	65100
黑色金属冶炼和压延加工业	2854132	2465149	16289	63787
有色金属冶炼和压延加工业	1792359	1654003	8286	17150
金属制品业	2250138	1974312	12644	51441
通用设备制造业	3802411	3324733	37844	83838
专用设备制造业	2125656	1850263	11873	53571
汽车制造业	1563519	1386097	5724	33367
铁路、船舶、航空航天和其他运输设备制造业	285219	237616	1772	8508
电气机械和器材制造业	4662456	4121045	29248	99663
计算机、通信和其他电子设备制造业	8875132	8026020	12468	46287
仪器仪表制造业	616964	513108	3707	35354
其他制造业	491371	443405	1548	7589
废弃资源综合利用业	296535	261120	2931	3115
金属制品、机械和设备修理业				
电力、热力、燃气及水生产和供应业	818949	645897	7065	8276
电力、热力生产和供应业	623486	497019	5038	365
燃气生产和供应业	123713	98971	1093	4883
水的生产和供应业	71751	49907	934	3028

业企业主要指标（二）

业）　　　　　　　　　　　　　　　　　　　　　　　　　　　　　单位：万元、人

管理费用	财务费用			利润总额	亏损企业	应交增值税
		利息收入	利息支出		亏损总额	
2086475	**652598**	**-2935**	**495878**	**4048076**	**131776**	**1430040**
26438	13779	300	10530	21722	4761	20604
963				-81	81	4
25475	13779	300	10530	21803	4680	20599
2025641	596196	-4317	449778	3930122	122153	1375158
195925	90790	629	73759	373194	1407	97857
20444	4271	1611	5246	89466	654	16630
22686	-934	2194	622	103724	397	31029
45048	-14647	-14558	6	189862		151877
63929	22333	686	11546	137794	1225	66565
102514	32202	160	21960	183529	1395	86892
79875	20284	212	11778	117722	704	56860
33018	10277	30	4542	82574	1939	40899
2997	864		182	9222		3273
29446	14567	48	9115	95078	25	31576
44102	14195	116	13096	95508		38374
193341	13565	25	7582	76233	3452	50388
23561	6462	257	4985	31261	355	32620
194357	70472	424	56339	169596	57632	56945
38204	5218	-20	4218	85409	2884	35293
25420	2940		1519	24317	550	9268
89030	25651	235	19516	145788	879	38011
90471	27732	133	19198	166099	4372	82762
81034	35596	299	33240	198490	406	49624
39306	9142	18	3950	64532	193	24857
69700	22428	100	19843	121338	1550	44468
128586	40987	411	26233	189577	3974	88416
75631	20598	946	17755	115353	5545	38974
43617	12764	689	12103	84103	4804	34678
8100	5555	1	5448	23669	7	5396
130700	59768	433	46617	224483	5985	77769
100512	30978	449	15620	664029	20674	43288
33909	6168	86	3009	26218	819	19003
10808	3592	2	443	24303	283	12487
9371	2381	66	311	17652	44	9079
34395	42623	1082	35570	96233	4862	34278
16528	38196	671	32355	71628	4715	29076
7110	-757	17	50	15802		1975
10758	5184	393	3165	8803	147	3227

国有和国有控股工

（分行

	企业单位数	亏损企业	工业总产值（当年价格）	工业销售产值（当年价格）	出口交货值
总　计	**49**	**10**	**3755589**	**3778006**	**38939**
采矿业	7	2	619646	602438	8142
煤炭开采和洗选业					
石油和天然气开采业					
黑色金属矿采选业					
有色金属矿采选业					
非金属矿采选业	7	2	619646	602438	8142
开采辅助活动					
其他采矿业					
制造业	26	7	2557120	2599910	30797
农副食品加工业	3	1	111220	112021	
食品制造业					
酒、饮料和精制茶制造业	1		356440	361155	
烟草制品业	2		1198270	1198270	
纺织业					
纺织服装、服饰业					
皮革、毛皮、羽毛及其制品和制鞋业	1		5721	5721	
木材加工和木、竹、藤、棕、草制品业					
家具制造业					
造纸和纸制品业					
印刷和记录媒介复制业					
文教、工美、体育和娱乐用品制造业					
石油加工、炼焦和核燃料加工业	1		378553	380339	
化学原料和化学制品制造业	6	4	211186	247377	30797
医药制造业	1		4111	3987	
化学纤维制造业					
橡胶和塑料制品业	2		12783	12538	
非金属矿物制品业	1		48776	48815	
黑色金属冶炼和压延加工业	1		53494	56166	
有色金属冶炼和压延加工业					
金属制品业					
通用设备制造业	1		8470	8181	
专用设备制造业					
汽车制造业					
铁路、船舶、航空航天和其他运输设备制造业					
电气机械和器材制造业	3	1	144728	142252	
计算机、通信和其他电子设备制造业	2	1	16837	16747	
仪器仪表制造业	1		6531	6341	
其他制造业					
废弃资源综合利用业					
金属制品、机械和设备修理业					
电力、热力、燃气及水生产和供应业	16	1	578823	575658	
电力、热力生产和供应业	10		476675	475030	
燃气生产和供应业	1		55400	55393	
水的生产和供应业	5	1	46749	45236	

业 企 业 主 要 指 标（一）

业）　　　　单位：万元、个

资产总计	流动资产合计	应收帐款	产成品	固定资产合计	负债合计	应付账款
5509078	**2523028**	**214918**	**103093**	**1786821**	**2541111**	**328935**
668992	177791	16075	15050	365242	335515	44665
668992	177791	16075	15050	365242	335515	44665
3313849	1924589	147785	87648	590355	1212855	199451
25630	7333	412	5637	18141	8244	
614703	438873	2249	7182	70586	152436	5701
1369465	1062911	44306	10837	161294	152626	64669
4537	623	215	36	631	529	
112365	50708	7314	7338	53297	41444	17625
332765	100673	11897	17433	164760	198353	34753
3358	383	162	53	2975	208	
49971	46087	2607	1704	3221	38924	525
65344	23520	6803	1845	37912	56154	54109
475811	34109			174	375811	12891
12859	6549	460	120	3277	8988	2399
188994	139815	68331	35464	35433	162810	3894
54896	10187	864		38657	14205	2886
3152	2820	2165			2124	
1526237	420648	51058	394	831224	992742	84820
1186927	193250	48341		743192	745555	77816
14194	7698	759	107	1474	5761	5133
325116	219700	1957	287	86558	241427	1871

国有和国有控股工

（分行

	主营业务收入	主营业务成本	主营业务税金及附加	销售费用
总计	**3733885**	**2221618**	**868435**	**108544**
采矿业	612674	541135	18589	23076
煤炭开采和洗选业				
石油和天然气开采业				
黑色金属矿采选业				
有色金属矿采选业				
非金属矿采选业	612674	541135	18589	23076
开采辅助活动				
其他采矿业				
制造业	2549588	1223160	844591	81050
农副食品加工业	112021	99254		1807
食品制造业				
酒、饮料和精制茶制造业	300371	113001	29849	47126
烟草制品业	1178103	242499	708857	14081
纺织业				
纺织服装、服饰业				
皮革、毛皮、羽毛及其制品和制鞋业	4920	4012	29	15
木材加工和木、竹、藤、棕、草制品业				
家具制造业				
造纸和纸制品业				
印刷和记录媒介复制业				
文教、工美、体育和娱乐用品制造业				
石油加工、炼焦和核燃料加工业	379446	250908	102921	2001
化学原料和化学制品制造业	288223	252700	2479	9019
医药制造业	3987	3620		20
化学纤维制造业				
橡胶和塑料制品业	11550	8013	59	531
非金属矿物制品业	49846	44660	159	2134
黑色金属冶炼和压延加工业	53494	53494		
有色金属冶炼和压延加工业				
金属制品业				
通用设备制造业	8179	5295	6	
专用设备制造业				
汽车制造业				
铁路、船舶、航空航天和其他运输设备制造业				
电气机械和器材制造业	142252	133451	63	3941
计算机、通信和其他电子设备制造业	15186	10580	161	314
仪器仪表制造业	2012	1672	7	63
其他制造业				
废弃资源综合利用业				
金属制品、机械和设备修理业				
电力、热力、燃气及水生产和供应业	571622	457324	5255	4417
电力、热力生产和供应业	470559	379658	4321	293
燃气生产和供应业	55393	47012	234	1669
水的生产和供应业	45671	30654	700	2456

业 企 业 主 要 指 标（二）

业）　　　　单位：万元、人

管理费用	财务费用			利润总额	亏损企业	应交增值税
		利息收入	利息支出		亏损总额	
155643	**32726**	**-10972**	**47090**	**385704**	**13568**	**268320**
18786	10880	286	10482	5881	2608	13396
18786	10880	286	10482	5881	2608	13396
116181	-4775	-11814	11093	310955	10856	223744
780	106		47	10075	653	6043
19573	-1835	2194	342	100735		29450
45048	-14647	-14558	6	189862		151877
26	17			820		52
13668	-245	249	-249	11025		23791
21717	5993	113	5512	-2302	5888	6402
51	49		38	247		187
1506	113	1	113	1448		494
1409	161		160	1897		1575
						559
3131	167	20	185	431		44
3836	4882	167	4938	-1784	2314	2715
5375	466			-1709	2002	505
61				209		52
20676	26621	557	25515	68869	103	31180
11168	23795	505	24158	57878		27784
1819	42		36	4617		1960
7688	2785	52	1321	6373	103	1437

国 有 工 业 企

（分行

	企业单位数	亏损企业	工业总产值（当年价格）	工业销售产值（当年价格）
总　计	**4**		**378356**	**376930**
采矿业	1		206678	206678
煤炭开采和洗选业				
石油和天然气开采业				
黑色金属矿采选业				
有色金属矿采选业				
非金属矿采选业	1		206678	206678
开采辅助活动				
其他采矿业				
制造业	1		135371	133945
农副食品加工业				
食品制造业				
酒、饮料和精制茶制造业				
烟草制品业				
纺织业				
纺织服装、服饰业				
皮革、毛皮、羽毛及其制品和制鞋业				
木材加工和木、竹、藤、棕、草制品业				
家具制造业				
造纸和纸制品业				
印刷和记录媒介复制业				
文教、工美、体育和娱乐用品制造业				
石油加工、炼焦和核燃料加工业				
化学原料和化学制品制造业				
医药制造业				
化学纤维制造业				
橡胶和塑料制品业				
非金属矿物制品业				
黑色金属冶炼和压延加工业				
有色金属冶炼和压延加工业				
金属制品业				
通用设备制造业				
专用设备制造业				
汽车制造业				
铁路、船舶、航空航天和其他运输设备制造业				
电气机械和器材制造业	1		135371	133945
计算机、通信和其他电子设备制造业				
仪器仪表制造业				
其他制造业				
废弃资源综合利用业				
金属制品、机械和设备修理业				
电力、热力、燃气及水生产和供应业	2		36307	36307
电力、热力生产和供应业	1		24182	24182
燃气生产和供应业				
水的生产和供应业	1		12124	12124

业　主　要　指　标（一）

业）　　　　　　　　　　　　　　　　　　　　　　　　单位：万元、个

资产总计	流动资产合计	应收帐款	产成品	固定资产合计	负债合计	应付账款
496748	**197575**	**65269**	**32898**	**266487**	**351148**	**3794**
67797	1518	672		66279	4806	1798
67797	1518	672		66279	4806	1798
156070	126194	61872	32898	23297	139529	
156070	126194	61872	32898	23297	139529	
272880	69863	2725		176912	206812	1996
162690	10715	2439		138464	118324	961
110190	59148	286		38448	88489	1035

国　有　工　业　企

（分行

	主营业务收入	主营业务成本	主营业务税金及附加	销售费用
总　计	**376930**	**341498**	**7521**	**5282**
采矿业	206678	195717	7167	993
煤炭开采和洗选业				
石油和天然气开采业				
黑色金属矿采选业				
有色金属矿采选业				
非金属矿采选业	206678	195717	7167	993
开采辅助活动				
其他采矿业				
制造业	133945	126517		3129
农副食品加工业				
食品制造业				
酒、饮料和精制茶制造业				
烟草制品业				
纺织业				
纺织服装、服饰业				
皮革、毛皮、羽毛及其制品和制鞋业				
木材加工和木、竹、藤、棕、草制品业				
家具制造业				
造纸和纸制品业				
印刷和记录媒介复制业				
文教、工美、体育和娱乐用品制造业				
石油加工、炼焦和核燃料加工业				
化学原料和化学制品制造业				
医药制造业				
化学纤维制造业				
橡胶和塑料制品业				
非金属矿物制品业				
黑色金属冶炼和压延加工业				
有色金属冶炼和压延加工业				
金属制品业				
通用设备制造业				
专用设备制造业				
汽车制造业				
铁路、船舶、航空航天和其他运输设备制造业				
电气机械和器材制造业	133945	126517		3129
计算机、通信和其他电子设备制造业				
仪器仪表制造业				
其他制造业				
废弃资源综合利用业				
金属制品、机械和设备修理业				
电力、热力、燃气及水生产和供应业	36307	19265	354	1160
电力、热力生产和供应业	24182	10456		
燃气生产和供应业				
水的生产和供应业	12124	8809	354	1160

业　主　要　指　标（二）

业）　　　　　　　　　　　　　　　　　　　　　　　　　　　　　　　单位：万元、人

管理费用	财务费用	利息收入	利息支出	利润总额	亏损企业亏损总额	应交增值税
5158	**9718**	**276**	**9822**	**14530**		**2952**
977	69			1756		359
977	69			1756		359
1446	4216	160	4277	510		2220
1446	4216	160	4277	510		2220
2735	5433	116	5546	12264		373
	4897	64	4960	8829		
2735	535	52	586	3435		373

集　体　工　业　企

（分行

	企业单位数	亏损企业	工业总产值（当年价格）	工业销售产值（当年价格）
总　计	**7**	**1**	**172029**	**162735**
采矿业				
煤炭开采和洗选业				
石油和天然气开采业				
黑色金属矿采选业				
有色金属矿采选业				
非金属矿采选业				
开采辅助活动				
其他采矿业				
制造业	7	1	172029	162735
农副食品加工业				
食品制造业				
酒、饮料和精制茶制造业				
烟草制品业				
纺织业	1		79723	73047
纺织服装、服饰业				
皮革、毛皮、羽毛及其制品和制鞋业				
木材加工和木、竹、藤、棕、草制品业	1		2209	2166
家具制造业				
造纸和纸制品业				
印刷和记录媒介复制业				
文教、工美、体育和娱乐用品制造业				
石油加工、炼焦和核燃料加工业				
化学原料和化学制品制造业				
医药制造业				
化学纤维制造业				
橡胶和塑料制品业				
非金属矿物制品业	1	1	2569	2103
黑色金属冶炼和压延加工业	1		35411	34787
有色金属冶炼和压延加工业				
金属制品业				
通用设备制造业				
专用设备制造业				
汽车制造业	1		46640	45155
铁路、船舶、航空航天和其他运输设备制造业				
电气机械和器材制造业	1		2000	2000
计算机、通信和其他电子设备制造业				
仪器仪表制造业	1		3477	3477
其他制造业				
废弃资源综合利用业				
金属制品、机械和设备修理业				
电力、热力、燃气及水生产和供应业				
电力、热力生产和供应业				
燃气生产和供应业				
水的生产和供应业				

业　主　要　指　标（一）

业）

单位：万元、个

资产总计	流动资产合计	应收帐款	产成品	固定资产合计	负债合计	应付账款
42151	**27535**	**13712**	**2068**	**14213**	**25537**	**6164**
42151	27535	13712	2068	14213	25537	6164
2060	1793	609	391	267	2030	17
492	491	405	18	1	209	3
5679	5279	3068	414	395	3333	1976
4018	597	230	16	3023	1993	
11752	11095	6938	1229	657	4779	4168
16803	7025	2240		9779	12724	
1347	1255	223		92	470	

集　体　工　业　企

（分行

	主营业务收入	主营业务成本	主营业务税金及附加	销售费用
总　计	**165959**	**144061**	**820**	**8544**
采矿业				
煤炭开采和洗选业				
石油和天然气开采业				
黑色金属矿采选业				
有色金属矿采选业				
非金属矿采选业				
开采辅助活动				
其他采矿业				
制造业	165959	144061	820	8544
农副食品加工业				
食品制造业				
酒、饮料和精制茶制造业				
烟草制品业				
纺织业	76286	69844	429	2823
纺织服装、服饰业				
皮革、毛皮、羽毛及其制品和制鞋业				
木材加工和木、竹、藤、棕、草制品业	2161	2006	9	53
家具制造业				
造纸和纸制品业				
印刷和记录媒介复制业				
文教、工美、体育和娱乐用品制造业				
石油加工、炼焦和核燃料加工业				
化学原料和化学制品制造业				
医药制造业				
化学纤维制造业				
橡胶和塑料制品业				
非金属矿物制品业	2093	1549	17	288
黑色金属冶炼和压延加工业	34787	31276	54	
有色金属冶炼和压延加工业				
金属制品业				
通用设备制造业				
专用设备制造业				
汽车制造业	45155	34923	298	4967
铁路、船舶、航空航天和其他运输设备制造业				
电气机械和器材制造业	2000	1986	4	
计算机、通信和其他电子设备制造业				
仪器仪表制造业	3477	2477	10	413
其他制造业				
废弃资源综合利用业				
金属制品、机械和设备修理业				
电力、热力、燃气及水生产和供应业				
电力、热力生产和供应业				
燃气生产和供应业				
水的生产和供应业				

业　主　要　指　标（二）

业）　　　　单位：万元、人

管理费用	财务费用	利息收入	利息支出	利润总额	亏损企业亏损总额	应交增值税
4848	**273**	**15**	**287**	**7543**	**37**	**8479**
4848	273	15	287	7543	37	8479
226	11		11	2954		3577
63	10		10	76		54
189	89	15	103	-37	37	137
407	162		162	2889		2098
3612				1355		2483
10						
341			1	306		129

私营工业企

（分行

	企业单位数	亏损企业	工业总产值（当年价格）	工业销售产值（当年价格）	出口交货值
总　　计	**1815**	**89**	**39514391**	**38843698**	**196722**
采矿业	7	1	142591	142150	1986
煤炭开采和洗选业					
石油和天然气开采业					
黑色金属矿采选业					
有色金属矿采选业					
非金属矿采选业	7	1	142591	142150	1986
开采辅助活动					
其他采矿业					
制造业	1800	87	39346779	38676527	194736
农副食品加工业	223	3	4527502	4448582	7996
食品制造业	16	2	212097	206059	
酒、饮料和精制茶制造业	2		31406	31280	
烟草制品业					
纺织业	115	5	2023348	1990113	11341
纺织服装、服饰业	125	5	2292032	2204219	10690
皮革、毛皮、羽毛及其制品和制鞋业	83	1	1592807	1548337	813
木材加工和木、竹、藤、棕、草制品业	97	4	1466831	1446955	2603
家具制造业	5		44293	43172	
造纸和纸制品业	39		1101115	1090274	4428
印刷和记录媒介复制业	25		781041	770686	
文教、工美、体育和娱乐用品制造业	61	4	1619777	1608565	28673
石油加工、炼焦和核燃料加工业	15	1	621716	630763	
化学原料和化学制品制造业	129	11	2734942	2695054	2626
医药制造业	16	2	558386	567002	2166
化学纤维制造业	16	1	329440	326648	
橡胶和塑料制品业	63	2	1121381	1103065	
非金属矿物制品业	116	9	2953459	2872866	2566
黑色金属冶炼和压延加工业	41	3	1712498	1710238	
有色金属冶炼和压延加工业	50	1	1181994	1166316	
金属制品业	79	2	1723677	1687072	77
通用设备制造业	107	7	2757320	2719606	10177
专用设备制造业	96	10	1729653	1706362	100353
汽车制造业	45	2	1129612	1082308	1660
铁路、船舶、航空航天和其他运输设备制造业	9	1	190547	183558	
电气机械和器材制造业	118	6	2725098	2683794	5483
计算机、通信和其他电子设备制造业	44	1	1094953	1076205	1510
仪器仪表制造业	32	3	480733	480624	1575
其他制造业	24	1	386695	384687	
废弃资源综合利用业	9		222428	212118	
金属制品、机械和设备修理业					
电力、热力、燃气及水生产和供应业	8	1	25021	25021	
电力、热力生产和供应业	5	1	16349	16349	
燃气生产和供应业					
水的生产和供应业	3		8672	8672	

业　主　要　指　标（一）

业）　　　　　　　　　　　　　　　　　　　　　　　　　　单位：万元、个

资产总计	流动资产			固定资产合计	负债合计	
	合计	应收帐款	产成品			应付账款
12883499	**4992501**	**1616529**	**465961**	**5953595**	**5518304**	**1011464**
36932	13241	7298	909	13479	19391	1514
36932	13241	7298	909	13479	19391	1514
12728053	4934661	1602863	465052	5870109	5416142	995511
1172095	453070	109525	52615	560083	446668	58664
70077	32938	5585	8171	32748	46626	8389
11442	1575	531	257	7602	6996	1695
613490	229099	69321	33739	280110	236144	27688
505690	149980	53362	21101	260910	160765	23645
319446	131691	50716	13733	144887	159065	29799
323054	144893	34204	9685	137723	150238	9033
15002	2913	1275	680	11845	2222	122
424376	118668	29592	11437	247403	174496	24808
220860	51205	17963	4746	160915	92710	11226
360691	154422	56182	20459	185234	134890	37950
280824	197551	14586	1722	76657	213946	111754
1159270	413586	126343	37589	594803	518623	83275
279485	112817	32513	9616	100945	83074	5862
81446	28038	5776	1643	47444	25479	1188
374583	132555	46738	12263	190834	138653	19135
1101566	364863	169437	19181	491201	470135	59012
699644	190705	70416	27900	433056	420131	106470
226553	111703	39483	6277	98237	115116	20026
481570	162279	58716	19959	266051	180734	24228
834927	277574	107142	26589	376728	399456	63268
638484	312932	113600	27675	247844	229275	62884
410607	209833	65277	26982	126566	174410	49889
129695	29364	12943	3066	48922	22405	6140
981010	473018	160530	35979	387405	403148	56762
574599	236482	54043	23851	221422	224417	39584
247066	155686	83256	5548	48825	125526	49187
94137	28397	6651	981	27094	30473	2839
96367	26826	7158	1608	56617	30322	991
118513	44600	6369		70006	82771	14439
93536	39610	5381		52597	64371	12030
24977	4989	988		17409	18400	2409

私　营　工　业　企

（分行

	主营业务收入	主营业务成本	主营业务税金及附加	销售费用
总　计	**39222814**	**34643018**	**242868**	**874306**
采矿业	146124	131608	1543	1489
煤炭开采和洗选业				
石油和天然气开采业				
黑色金属矿采选业				
有色金属矿采选业				
非金属矿采选业	146124	131608	1543	1489
开采辅助活动				
其他采矿业				
制造业	39053681	34496078	241133	872279
农副食品加工业	4388026	3963682	28064	88311
食品制造业	208240	184083	2131	4170
酒、饮料和精制茶制造业	32969	24999	535	1235
烟草制品业				
纺织业	2007297	1816869	11351	32967
纺织服装、服饰业	2247024	2008772	16872	42127
皮革、毛皮、羽毛及其制品和制鞋业	1571737	1397153	10369	32336
木材加工和木、竹、藤、棕、草制品业	1471396	1359013	6176	17886
家具制造业	43308	39129	163	504
造纸和纸制品业	1108433	987155	4913	14904
印刷和记录媒介复制业	777610	666622	3363	19373
文教、工美、体育和娱乐用品制造业	1734226	1383104	10182	94962
石油加工、炼焦和核燃料加工业	647486	612127	1805	3661
化学原料和化学制品制造业	2686452	2370329	11808	63165
医药制造业	540182	441358	5630	20872
化学纤维制造业	343649	308692	2878	6431
橡胶和塑料制品业	1146900	999749	8816	24468
非金属矿物制品业	2843429	2569855	16288	47231
黑色金属冶炼和压延加工业	1732778	1464571	11530	46990
有色金属冶炼和压延加工业	1171277	1076128	7707	11882
金属制品业	1655273	1447157	8790	40599
通用设备制造业	2759754	2417545	23227	60995
专用设备制造业	1708725	1482954	9041	44173
汽车制造业	1099569	993165	3524	19743
铁路、船舶、航空航天和其他运输设备制造业	192346	159948	1179	7067
电气机械和器材制造业	2753391	2429638	21686	61224
计算机、通信和其他电子设备制造业	1085672	938772	7121	27715
仪器仪表制造业	483733	402335	2609	29395
其他制造业	390297	356096	1319	5392
废弃资源综合利用业	222504	195080	2057	2499
金属制品、机械和设备修理业				
电力、热力、燃气及水生产和供应业	23009	15331	192	538
电力、热力生产和供应业	16349	11032	119	8
燃气生产和供应业				
水的生产和供应业	6660	4300	73	530

业　　主　　要　　指　　标（二）

业）

单位：万元、人

管理费用	财务费用			利润总额	亏损企业亏损总额	应交增值税
		利息收入	利息支出			
1211842	**363446**	**3295**	**261326**	**1907445**	**24749**	**814839**
3971	1111	14	15	6381	49	3044
3971	1111	14	15	6381	49	3044
1206482	358537	2969	259948	1898609	24492	811426
105556	30320	481	15877	173120	75	62142
7809	4362	27	3768	5693	535	3011
2165	721		279	3313		1547
40763	13736	134	7055	92702	513	38908
52764	17360	130	12234	108917	1060	47591
47295	9861	58	5461	74389	104	36677
25284	7237	4	2937	58600	1153	30895
1050	340		178	2122		1424
20236	9575	41	6348	73326		26602
28336	8195	3	7126	51712		25721
168610	11459	23	7054	66074	493	42279
8057	6437	2	4957	18171	355	5354
92457	28931	102	23135	120403	7580	57458
22228	2833	-37	1718	49812	1430	26236
9874	2263		1058	13517	1	6834
35799	11420	62	7434	66786	788	22963
65325	20618	101	15628	123593	1945	57747
49239	32617	41	29956	127856	406	28791
31129	6304	2	2311	38110	13	19350
51307	16441	50	15295	90993	147	35092
88594	33024	221	23020	137301	2325	65031
59776	15138	825	14127	99003	2298	31586
24067	7840	44	6928	51739	1494	27022
6107	5348	1	5350	12697	7	2978
77020	32922	193	25305	129953	982	51054
42507	14406	330	12390	59668	20	24617
27482	3281	66	2623	19944	484	15659
7017	3381	2	161	17024	283	10640
8630	2165	62	237	12073		6217
1389	3798	312	1363	2456	209	370
196	3472	-7	1363	1509	209	
1193	326	320		947		370

外　商　和　港　澳　台　工

（分行

	企业单位数	亏损企业	工业总产值（当年价格）	工业销售产值（当年价格）	出口交货值
总　　计	**207**	**38**	**11927676**	**11897072**	**955304**
采矿业	3	1	44542	44924	
煤炭开采和洗选业					
石油和天然气开采业					
黑色金属矿采选业	1	1	17528	17528	
有色金属矿采选业					
非金属矿采选业	2		27014	27397	
开采辅助活动					
其他采矿业					
制造业	195	34	11778464	11747478	955304
农副食品加工业	6	1	150032	150661	
食品制造业	4		230473	228115	4023
酒、饮料和精制茶制造业	2	1	29768	29768	
烟草制品业					
纺织业	12	1	377758	380685	59873
纺织服装、服饰业	24	2	749662	747945	198623
皮革、毛皮、羽毛及其制品和制鞋业	14	3	392376	384754	30912
木材加工和木、竹、藤、棕、草制品业	5	2	143660	143718	27
家具制造业	3		46510	46337	7652
造纸和纸制品业	2	1	52383	53723	
印刷和记录媒介复制业	5		238414	234584	
文教、工美、体育和娱乐用品制造业	6	3	56320	55183	47923
石油加工、炼焦和核燃料加工业					
化学原料和化学制品制造业	16	8	814653	805770	
医药制造业	3		160760	157472	33881
化学纤维制造业	1		112966	112966	
橡胶和塑料制品业	10	1	520426	518218	200368
非金属矿物制品业	12	1	348629	345129	32018
黑色金属冶炼和压延加工业	1		39429	39354	
有色金属冶炼和压延加工业	2	1	22962	23235	10151
金属制品业	8		165715	167009	11547
通用设备制造业	12		210415	206908	2870
专用设备制造业	4	1	6884	6966	
汽车制造业	8	3	176348	173875	90259
铁路、船舶、航空航天和其他运输设备制造业	1		7829	7754	
电气机械和器材制造业	14	2	434106	436127	63355
计算机、通信和其他电子设备制造业	16	2	6255622	6253264	145493
仪器仪表制造业	1	1	2392	2392	
其他制造业	3		31973	35568	16331
废弃资源综合利用业					
金属制品、机械和设备修理业					
电力、热力、燃气及水生产和供应业	9	3	104670	104670	
电力、热力生产和供应业	3	2	11479	11479	
燃气生产和供应业	2		74163	74163	
水的生产和供应业	4	1	19028	19028	

业　企　业　主　要　指　标（一）

业）　　　　单位：万元、个

资产总计	流动资产合计	应收帐款	产成品	固定资产合计	负债合计	应付账款
5896958	**2279208**	**911792**	**133826**	**2964363**	**2322394**	**559557**
72559	23342	13496		43118	24313	2783
10679	5143			5417	1897	1767
61880	18199	13496		37701	22416	1015
5521262	2167565	885169	133650	2821817	2088081	532832
52254	23214	5066	327	15587	19738	6694
221558	143553	14683	1674	49538	73226	17884
15188	3267	643	638	7842	9098	57
212485	105586	18321	20430	89367	124117	24986
261500	88200	34869	7904	158273	105788	47407
254904	98775	34819	11026	49268	82855	11296
66193	25190	786	1053	35153	21515	1354
27512	10592	2171	740	15563	12817	98
26105	13534	5203	203	5375	14931	1861
163111	55271	16547	4699	105401	28622	11736
38204	12263	4879	823	22286	38841	2669
1187024	243386	118253	18619	839842	419824	107911
56755	33968	9214	1781	14815	26675	3924
29986	18620	6066		11366	9965	
524230	250809	137620	16728	261163	155527	31481
134842	60870	19431	2286	49037	80746	12884
12105	5315	2010	1002	6791	5199	
13146	9781	4830	600	1852	8710	
132119	42566	16125	7466	84041	33748	7037
129883	76249	18934	5263	31478	67036	26668
21963	10840	1197	820	1375	11942	85
212201	102436	44822	1153	65162	89514	28550
6942	502	255		6440	426	
379304	259866	146210	11099	90343	207567	89447
1312622	461874	219488	16277	799849	423329	96087
4347	2156	327		2191	363	363
24782	8885	2403	1042	2421	15965	2353
303137	88301	13127	176	99429	210000	23943
32515	20411	5346		8703	32583	5134
140083	25462	529		61217	102677	2398
130539	42427	7251	176	29509	74739	16410

外　商　和　港　澳　台　工

（分行

	主营业务收入	主营业务成本	主营业务税金及附加	销售费用
总　计	**13008735**	**11464733**	**35278**	**196285**
采矿业	44924	34056	1066	2788
煤炭开采和洗选业				
石油和天然气开采业				
黑色金属矿采选业	17528	16853	1	
有色金属矿采选业				
非金属矿采选业	27397	17203	1065	2788
开采辅助活动				
其他采矿业				
制造业	12864592	11351815	33078	190240
农副食品加工业	148217	130718	530	5153
食品制造业	228367	184745	925	5360
酒、饮料和精制茶制造业	29463	25269	179	2563
烟草制品业				
纺织业	382877	359241	815	5136
纺织服装、服饰业	759763	659708	3939	17253
皮革、毛皮、羽毛及其制品和制鞋业	399022	330294	3354	14316
木材加工和木、竹、藤、棕、草制品业	143705	124324	1179	540
家具制造业	46269	37622	23	1512
造纸和纸制品业	53723	48615	68	2381
印刷和记录媒介复制业	236922	170432	1815	9816
文教、工美、体育和娱乐用品制造业	56069	46682	690	1662
石油加工、炼焦和核燃料加工业				
化学原料和化学制品制造业	759548	665091	1999	19432
医药制造业	154771	111898	930	26817
化学纤维制造业	124404	88771	394	9585
橡胶和塑料制品业	520911	408774	4208	23302
非金属矿物制品业	301630	267131	2668	7567
黑色金属冶炼和压延加工业	39354	26547	1574	1943
有色金属冶炼和压延加工业	24242	23016	109	340
金属制品业	167831	141046	850	3367
通用设备制造业	211712	162285	1288	8016
专用设备制造业	8118	7369	44	85
汽车制造业	176683	144456	1180	4058
铁路、船舶、航空航天和其他运输设备制造业	7754	6432	304	188
电气机械和器材制造业	452137	417769	1402	5190
计算机、通信和其他电子设备制造业	7388158	6726759	2438	13609
仪器仪表制造业	2392	2477		33
其他制造业	40551	34347	174	1017
废弃资源综合利用业				
金属制品、机械和设备修理业				
电力、热力、燃气及水生产和供应业	99219	78863	1135	3256
电力、热力生产和供应业	11479	11950	115	
燃气生产和供应业	68320	51959	859	3213
水的生产和供应业	19420	14954	161	43

业　企　业　主　要　指　标（二）

业）　　　　　　　　　　　　　　　　　　　　　　　　　　单位：万元、人

管理费用	财务费用	利息收入	利息支出	利润总额	亏损企业亏损总额	应交增值税
311832	**85454**	**3270**	**64417**	**975095**	**67120**	**73552**
2040	890	35	243	4435	81	2285
963				-81	81	4
1077	890	35	243	4516		2280
302623	82449	3196	61990	961367	62514	69325
4598		140	5	7123	357	2570
10010	-607	1583	886	73384		9869
948	180			-324	397	33
7230	2272	114	1058	13808	683	7925
27585	8310	26	8477	43266	268	19948
21892	7245	134	5696	21981	343	8004
2845	827	26	775	14080	334	5361
1396	132		4	5578		712
1251	283			1639	25	6
12933	5737	113	5744	36982		7991
4654	1084		95	365	2959	1061
31667	23663	18	19066	15254	28626	-34688
8018	-81	7	153	8715		3277
14516	561		460	10578		3051
37764	6833	148	6957	41938	8	4761
11101	2476		2450	11534	2389	6234
5112	1367		1226	2811		230
580	-74			272	165	152
7261	1824	46	2319	15275		3522
16714	1685	80	221	21271		5232
460	106		106	76	19	
11010	2557	645	2886	15152	3033	231
437	78			316		310
13394	2473	10	2519	12607	2114	2976
47680	13370	105	613	584565	20460	10714
234	-16	2		-336	336	-406
1335	163		272	3458		250
7169	2116	39	2185	9293	4525	1942
3	842		327	-3375	4481	506
5290	-799	17	14	11185		15
1876	2073	22	1844	1482	44	1421

民 营 工 业 企

（分行

	企业单位数	亏损企业	工业总产值（当年价格）	工业销售产值（当年价格）	出口交货值
总 计	**2357**	**135**	**53870052**	**53031716**	**603233**
采矿业	12	2	262138	263519	2077
煤炭开采和洗选业					
石油和天然气开采业					
黑色金属矿采选业					
有色金属矿采选业					
非金属矿采选业	12	2	262138	263519	2077
开采辅助活动					
其他采矿业					
制造业	2329	131	53467215	52628421	601156
农副食品加工业	263	6	7108982	7045386	7996
食品制造业	24	3	347516	339831	
酒、饮料和精制茶制造业	2		31406	31280	
烟草制品业					
纺织业	154	7	2844335	2791278	31461
纺织服装、服饰业	161	7	2911762	2816581	42025
皮革、毛皮、羽毛及其制品和制鞋业	104	3	2083272	2046768	813
木材加工和木、竹、藤、棕、草制品业	121	5	1745840	1717779	2603
家具制造业	6		74502	73381	
造纸和纸制品业	53		1582650	1571640	4428
印刷和记录媒介复制业	30		886923	875241	
文教、工美、体育和娱乐用品制造业	80	4	1854953	1840210	32325
石油加工、炼焦和核燃料加工业	16	1	725321	714828	
化学原料和化学制品制造业	174	15	3831930	3779407	81391
医药制造业	24	3	835689	843073	2166
化学纤维制造业	19	2	348567	345644	
橡胶和塑料制品业	86	4	1697653	1678066	5854
非金属矿物制品业	150	10	3613817	3529141	10655
黑色金属冶炼和压延加工业	51	3	2674678	2654637	44603
有色金属冶炼和压延加工业	67	3	1776089	1746027	
金属制品业	108	7	2169241	2118631	6766
通用设备制造业	138	10	3569566	3521145	17440
专用设备制造业	128	15	2146560	2115918	101018
汽车制造业	56	3	1427987	1377916	1660
铁路、船舶、航空航天和其他运输设备制造业	14	1	277883	270893	
电气机械和器材制造业	155	10	4038090	3979608	203904
计算机、通信和其他电子设备制造业	63	4	1501401	1466254	1510
仪器仪表制造业	41	3	607195	601082	2539
其他制造业	28	1	457410	454558	
废弃资源综合利用业	13	1	296000	282220	
金属制品、机械和设备修理业					
电力、热力、燃气及水生产和供应业	16	2	140699	139776	
电力、热力生产和供应业	13	2	132027	131104	
燃气生产和供应业					
水的生产和供应业	3		8672	8672	

业 主 要 指 标（一）

业）　　　　单位：万元、个

资产总计	流动资产合计	应收帐款	产成品	固定资产合计	负债合计	应付账款
19436097	**7642884**	**2420127**	**679664**	**9135071**	**8912400**	**1658949**
226296	52320	22520	1215	114017	140575	28025
226296	52320	22520	1215	114017	140575	28025
18692153	7425588	2349359	672993	8708713	8434151	1605891
1748135	596885	181603	69821	922904	694441	90717
136120	44673	7091	10663	81800	91919	10200
11442	1575	531	257	7602	6996	1695
929333	347802	114454	46519	442747	429042	52703
691897	208043	65016	26217	351297	264185	39439
428529	163999	64382	16370	206921	192948	33038
444645	203358	44306	11490	173969	218238	22604
17702	3269	1418	680	12288	3425	122
566350	186356	65104	15701	319232	233489	37736
275109	60794	22217	6001	205321	107587	12530
416469	180252	64815	21697	213505	159498	40113
321141	207817	15436	5047	103741	236496	113561
1881729	659227	170149	56242	994099	969013	183217
365451	150173	42171	15599	140419	148460	20492
144697	58280	14206	2490	59831	80337	23322
563214	206356	79432	17979	274012	186768	23496
1308221	468291	198469	24725	570676	566987	82020
1472405	545357	77828	81536	776694	760848	261266
387255	180277	58626	8838	184000	210349	32081
699707	295084	108990	22647	328542	269746	42717
1308272	501322	193568	46211	564957	660628	107914
836546	415939	143758	35606	318551	332484	82859
542439	245536	79690	29584	205807	243574	60060
152126	40813	16043	3866	58327	39293	6534
1753786	891484	331444	58081	701885	774189	119254
739963	307998	72331	26378	300338	315747	47089
301152	185656	97495	9271	62931	149360	54039
104562	32210	7297	1192	33594	34291	3338
143759	36763	11491	2288	92724	53813	1737
517649	164976	48248	5456	312341	337674	25034
492672	159986	47260	5456	294932	319273	22625
24977	4989	988		17409	18400	2409

（分行

	主营业务收入	主营业务成本	主营业务税金及附加	销售费用
总　　计	**53436981**	**47134326**	**317234**	**1178804**
采矿业	271709	243795	2293	5962
煤炭开采和洗选业				
石油和天然气开采业				
黑色金属矿采选业				
有色金属矿采选业				
非金属矿采选业	271709	243795	2293	5962
开采辅助活动				
其他采矿业				
制造业	53017164	46780820	314265	1172240
农副食品加工业	6966762	6105533	42716	183873
食品制造业	338873	299894	2379	5465
酒、饮料和精制茶制造业	32969	24999	535	1235
烟草制品业				
纺织业	2810903	2553997	14236	44899
纺织服装、服饰业	2849367	2535241	19011	55838
皮革、毛皮、羽毛及其制品和制鞋业	2068745	1850497	13234	38778
木材加工和木、竹、藤、棕、草制品业	1748376	1615116	6974	22553
家具制造业	73517	66321	163	1055
造纸和纸制品业	1541977	1379939	6064	22080
印刷和记录媒介复制业	881571	759434	3742	20276
文教、工美、体育和娱乐用品制造业	1968485	1574181	11129	106321
石油加工、炼焦和核燃料加工业	731578	691186	2219	4871
化学原料和化学制品制造业	3755244	3321003	16039	81577
医药制造业	776666	637388	6899	24918
化学纤维制造业	360657	324167	2886	6538
橡胶和塑料制品业	1731769	1513021	12247	34643
非金属矿物制品业	3489150	3159044	18942	55399
黑色金属冶炼和压延加工业	2761284	2385108	14715	61844
有色金属冶炼和压延加工业	1768117	1630987	8177	16810
金属制品业	2082307	1833267	11794	48073
通用设备制造业	3582519	3157153	36550	75822
专用设备制造业	2117538	1842894	11829	53486
汽车制造业	1386836	1241642	4544	29309
铁路、船舶、航空航天和其他运输设备制造业	277465	231185	1468	8320
电气机械和器材制造业	4070367	3571498	27792	90700
计算机、通信和其他电子设备制造业	1484208	1296992	9977	32613
仪器仪表制造业	612560	508958	3699	35259
其他制造业	450820	409058	1375	6572
废弃资源综合利用业	296535	261120	2931	3115
金属制品、机械和设备修理业				
电力、热力、燃气及水生产和供应业	148109	109710	676	603
电力、热力生产和供应业	141448	105411	602	73
燃气生产和供应业				
水的生产和供应业	6660	4300	73	530

业　主　要　指　标（二）

业）　　　　　　　　　　　　　　　　　　　　单位：万元、人

管理费用	财务费用	利息收入	利息支出	利润总额	亏损企业亏损总额	应交增值税
1625781	**535281**	**4804**	**384798**	**2685688**	**53091**	**1089490**
6215	2221	14	47	11574	2071	5979
6215	2221	14	47	11574	2071	5979
1613017	519174	4304	376881	2656043	50785	1082355
190548	90684	490	73707	355996	396	89245
10434	4878	27	4359	16082	654	6761
2165	721		279	3313		1547
56699	20061	572	10488	123986	542	58640
74929	23892	134	13483	140263	1128	66944
57957	13022	78	6083	94921	361	48803
30173	9450	4	3767	68494	1605	35538
1601	732		178	3644		2560
28194	14284	48	9115	93439		31569
31170	8457	4	7353	58526		30384
188687	12481	25	7486	75868	493	49327
9893	6707	9	5233	20236	355	8829
140974	40816	293	31761	156643	23118	85231
30136	5251	-27	4027	76447	2884	31829
10904	2380		1058	13738	550	6217
50279	18818	85	12560	102627	872	32871
77960	25095	134	16587	152668	1982	74953
75921	34229	299	32014	195679	406	48836
38727	9215	18	3950	64260	29	24705
62439	20604	54	17524	106063	1550	40946
108741	39136	310	25827	167876	3974	83141
75171	20492	946	17649	115277	5526	38974
32607	10207	45	9217	68952	1771	34447
7663	5477	1	5448	23354	7	5086
113841	52490	259	39230	213680	1558	72128
52746	17605	344	15007	79171	215	32170
33614	6184	85	3009	26345	484	19357
9473	3429	2	171	20844	283	12237
9371	2381	66	311	17652	44	9079
6550	13886	486	7870	18071	234	1156
5357	13560	166	7870	17125	234	786
1193	326	320		947		370

大　中　型　工　业　企

（分行

	企业单位数	亏损企业	工业总产值（当年价格）	工业销售产值（当年价格）	出口交货值
总　计	**269**	**23**	**25362393**	**25261378**	**1201158**
采矿业	4	2	239368	223538	8142
煤炭开采和洗选业					
石油和天然气开采业					
黑色金属矿采选业					
有色金属矿采选业					
非金属矿采选业	4	2	239368	223538	8142
开采辅助活动					
其他采矿业					
制造业	261	21	24727336	24642152	1193016
农副食品加工业	13		2066701	2087052	
食品制造业	2		246942	244711	108
酒、饮料和精制茶制造业	1		356440	361155	
烟草制品业	1		1177636	1177636	
纺织业	25	2	1258879	1244032	76344
纺织服装、服饰业	37	2	1249200	1234522	194190
皮革、毛皮、羽毛及其制品和制鞋业	17	1	606470	595398	28396
木材加工和木、竹、藤、棕、草制品业	3		182470	182114	
家具制造业	2		55160	55160	
造纸和纸制品业	4		313864	314143	
印刷和记录媒介复制业	7		520589	512076	
文教、工美、体育和娱乐用品制造业	6	1	549879	547466	1400
石油加工、炼焦和核燃料加工业	3		696327	693355	
化学原料和化学制品制造业	17	7	1205146	1232126	104553
医药制造业	4		282478	286358	36047
化学纤维制造业	1		19346	19346	
橡胶和塑料制品业	13	1	694654	692152	204472
非金属矿物制品业	7		498665	495776	
黑色金属冶炼和压延加工业	9		1675702	1672678	44603
有色金属冶炼和压延加工业	5		217551	220614	
金属制品业	6		222808	220835	
通用设备制造业	21		1197860	1177745	8074
专用设备制造业	6	1	356637	349504	
汽车制造业	7	1	704281	679757	90259
铁路、船舶、航空航天和其他运输设备制造业	1		2710	2710	
电气机械和器材制造业	22	3	1639260	1625760	248372
计算机、通信和其他电子设备制造业	16	2	6521004	6513372	142015
仪器仪表制造业	2		85649	77816	
其他制造业	3		123030	126785	14186
废弃资源综合利用业					
金属制品、机械和设备修理业					
电力、热力、燃气及水生产和供应业	4		395688	395688	
电力、热力生产和供应业	2		312052	312052	
燃气生产和供应业	1		71512	71512	
水的生产和供应业	1		12124	12124	

业　主　要　指　标（一）

业）　　　　　　　　　　　　　　　　　　　　　　　　　　单位：万元、个

资产总计	流动资产合计	应收帐款	产成品	固定资产合计	负债合计	应付账款
13364851	**5930752**	**1370670**	**383134**	**5814071**	**5796408**	**1296364**
603575	180228	19367	14829	268497	330475	42690
603575	180228	19367	14829	268497	330475	42690
11827212	5534484	1322030	368305	4975356	4873375	1224873
335791	110088	42407	11672	204347	144967	19551
229447	141302	7262	2493	60826	89325	15131
614703	438873	2249	7182	70586	152436	5701
1286287	1038858	44306	10831	112281	140671	63362
557920	219903	58867	32987	298468	322533	46325
315965	131998	36892	9946	154087	156182	61298
291266	102442	34250	12017	72330	97321	11582
52059	23482	60	1113	24577	29200	5007
15248	5709	941		7465	10201	
109739	43966	8332	3089	33781	75230	8633
183725	48986	17679	6318	133911	52641	13381
113131	48798	17388	8108	62117	67078	9581
379519	230354	16549	10663	137838	246595	134769
1467802	337516	96910	42163	938613	765181	199013
192752	109095	31356	7149	45137	53750	5564
3794	980	200	27	2814	3414	
565557	233475	145114	16852	295164	142209	31723
141498	72234	23494	2690	45706	82384	3421
1178889	443140	55068	74969	633909	624738	244108
45498	18560	3394	1624	22251	23118	470
78301	36266	10294	5989	36567	38400	3876
549534	209598	65934	24542	208470	294214	45659
94800	37786	12816	5240	54225	35773	8709
270558	175571	70395	15436	68218	138806	46561
690	586	361		74	279	
1195711	710103	278384	27982	368180	572139	131620
1484319	531910	227373	25837	867303	482859	106471
44399	25006	11240	327	10543	16836	1635
28313	7900	2515	1060	5572	14897	1722
934065	216040	29274		570218	592558	28800
697625	135693	28858		478214	406615	26383
126250	21200	130		53556	97455	1382
110190	59148	286		38448	88489	1035

大 中 型 工 业 企

（分行

	主营业务收入	主营业务成本	主营业务税金及附加	销售费用
总　计	**26837296**	**22400336**	**951483**	**605601**
采矿业	236907	189804	4634	20495
煤炭开采和洗选业				
石油和天然气开采业				
黑色金属矿采选业				
有色金属矿采选业				
非金属矿采选业	236907	189804	4634	20495
开采辅助活动				
其他采矿业				
制造业	26212445	21898236	942416	581841
农副食品加工业	2127588	1725035	15481	101226
食品制造业	244632	194822	1275	6785
酒、饮料和精制茶制造业	300371	113001	29849	47126
烟草制品业	1157469	231928	708857	13987
纺织业	1261209	1158622	2952	17015
纺织服装、服饰业	1254344	1120589	6268	25251
皮革、毛皮、羽毛及其制品和制鞋业	611121	526751	4504	15122
木材加工和木、竹、藤、棕、草制品业	187135	169851	1643	563
家具制造业	55160	45138		1490
造纸和纸制品业	319894	298696	350	3496
印刷和记录媒介复制业	506019	409455	2559	15219
文教、工美、体育和娱乐用品制造业	652586	503035	2687	44841
石油加工、炼焦和核燃料加工业	711531	562660	103355	4186
化学原料和化学制品制造业	1257385	1123142	6286	36367
医药制造业	274811	170309	2909	42558
化学纤维制造业	18400	17517	47	123
橡胶和塑料制品业	702948	572586	6285	25702
非金属矿物制品业	501612	462258	2353	6045
黑色金属冶炼和压延加工业	1767524	1480659	9465	48668
有色金属冶炼和压延加工业	220052	196766	843	4074
金属制品业	211620	185313	799	3628
通用设备制造业	1208967	1047596	12810	26007
专用设备制造业	354387	288805	2613	13437
汽车制造业	729949	647585	1952	16863
铁路、船舶、航空航天和其他运输设备制造业	2569	2347	38	
电气机械和器材制造业	1715866	1536044	10134	27581
计算机、通信和其他电子设备制造业	7641302	6920930	5114	28911
仪器仪表制造业	84225	65908	646	4468
其他制造业	131771	120889	343	1103
废弃资源综合利用业				
金属制品、机械和设备修理业				
电力、热力、燃气及水生产和供应业	387945	312296	4434	3265
电力、热力生产和供应业	310151	253234	3292	24
燃气生产和供应业	65669	50254	788	2080
水的生产和供应业	12124	8809	354	1160

业 主 要 指 标（二）

业）　　　　　　　　　　　　　　　　　　　　　单位：万元、人

管理费用	财务费用	利息收入	利息支出	利润总额	亏损企业亏损总额	应交增值税
803370	**263304**	**-7947**	**215172**	**1934151**	**82530**	**584847**
15605	10728	245	9690	1298	3794	11841
15605	10728	245	9690	1298	3794	11841
772242	238478	-8523	190389	1881955	78737	552812
77216	51997		49446	157927		24429
12758	2733	1583	4289	71508		9164
19573	-1835	2194	342	100735		29450
39840	-14589	-14617	6	184990		151475
24738	10290	503	5288	55144	726	33016
40946	10246	50	4010	51389	268	37287
24476	7636	98	4102	32692	219	14531
704	433		433	14655		9250
1304	392			6814		1477
4023	2616		868	10712		8463
23634	7678	33	7699	48028		18051
75230	4601		2294	21239	2881	12150
19333	5010	256	4901	21082		27093
62518	31489	108	25146	-2500	48556	-16181
20331	1288	149	1432	40748		20642
255				458		487
40381	8946	152	7223	50963	55	7252
7285	2930	3	875	21398		13111
51775	30803	234	29363	152332		26772
8878	1102		292	8390		4062
14081	621	41	589	8631		3037
45249	13005	147	5527	66094		35667
22256	6069	118	5649	21200	2591	7075
21427	7892	290	8082	36855	549	17550
33	5			146		129
43219	20078	12	11091	83760	4427	32303
63807	23837	125	11051	603934	18465	17925
5681	2688		207	5062		2567
1294	518		183	7570		4577
15523	14098	331	15093	50899		20194
7695	14357	278	14507	37013		19821
5093	-795			10450		
2735	535	52	586	3435		373

年主营业务收入2000万元及以上工业企业主要工业产品生产量（一）

	单　位	生产量		单　位	生产量
原盐	吨	3321413	刨花板	立方米	20518
小麦粉	吨	759788	细木工板	立方米	982274
大米	吨	3405662	机制纸及纸板(外购原纸加工除外)	吨	256243
饲料	吨	2691988	纸制品	吨	396680.12
其中：配合饲料	吨	1827579	其中：瓦楞纸箱	吨	85089
混合饲料	吨	660935	单色印刷品	令	1670
精制食用植物油	吨	23398	多色印刷品	对开色令	209129
鲜、冷藏肉	吨	196908	盐酸（氯化氢，含量31%）	吨	72236
糖果	吨	2708	浓硝酸（折100%）	吨	203745
方便面	吨	22181	烧碱（折100%）	吨	185093
乳制品	吨	11944	其中：离子膜法烧碱（折100%）	吨	157134
液体乳	吨	11944	纯碱（碳酸钠）	吨	894832.51
酱油	吨	68124	精甲醇	吨	3856
食品添加剂	吨	719	合成氨（无水氨）	吨	219778.58
饮料酒	千升	28112	农用氮、磷、钾化学肥料（折纯）	吨	103785
其中：白酒（折65度，商品量）	千升	19044	氮肥（折含氮100%）	吨	103785
精制茶	吨	576	化学农药原药（折有效成分100%）	吨	5626
卷烟	万支	3561700	其中：杀虫剂（杀螨剂）原药	吨	927
纱	吨	57957	涂料	吨	14653.02
棉纱	吨	45512	初级形态塑料	吨	156593
棉混纺纱	吨	9358	高密度聚乙烯树脂（HDPE）	吨	84296
化学纤维纱	吨	3086	化学试剂	吨	25140
布	万米	12355	合成洗涤剂	吨	11366.38
其中：棉布	万米	5057	化学药品原药	吨	12437.41
棉混纺布	万米	4425	化学纤维	吨	14672.7
化学纤维短纤布	万米	2873	合成纤维	吨	14672.7
绒线（俗称毛线）	吨	26514	其中：锦纶纤维	吨	9961
亚麻布（含亚麻≥55%）	万米	1438	氨纶纤维	吨	4711.7
蚕丝	吨	4423	橡胶轮胎外胎	条	7640124
无纺布（无纺织物）	吨	80072	其中：子午线轮胎外胎	条	7592520
服装	万件	79841	塑料制品	吨	262020.26
梭织服装	万件	76887	其中：塑料薄膜	吨	98014
其中：羽绒服装	万件	1	日用塑料制品	吨	6936.26
衬衫	万件	2177	水泥	吨	5872230.12
针织服装	万件	2954	其中:强度等级42.5水泥(含R型)	吨	2748971
轻革	平方米	19599941	强度等级52.5水泥（含R型）	吨	283493
皮革服装	万件	269	商品混凝土	立方米	20933573
鞋	万双	1025	水泥混凝土电杆	根	118452
皮革鞋靴	万双	592	预应力混凝土桩	米	7485202
塑料鞋	万双	433	砖	万块	186128
人造板	立方米	2881296	钢化玻璃	平方米	155177
其中：胶合板	立方米	1643713	耐火材料制品	吨	305510
纤维板	立方米	202414	复合木地板	平方米	1589345.89

年主营业务收入2000万元及以上工业企业主要工业产品生产量（二）

	单　位	生产量		单　位	生产量
生铁	吨	3042946	模具	套	44
粗钢	吨	3256708	农产品加工专用设备	台	11886
铸铁件	吨	212579	大型拖拉机	台	741
铸钢件	吨	19515	中型拖拉机	台	783
钢材	吨	4519308	小型拖拉机	台	25
棒材	吨	2514809	改装汽车	辆	72
钢筋	吨	416253	电动机	千瓦	2686253
无缝钢管	吨	794052	交流电动机	千瓦	2686253
焊接钢管	吨	7248	互感器	台	17667
其他钢材	吨	786946	电力电容器	千乏	8188
用外购国产钢材再加工生产钢材	吨	606506	通信及电子网络用电缆	对千米	32983
用外购钢材再加工生产钢材	吨	606506	电力电缆	千米	289410
铁合金	吨	63913	铅酸蓄电池	千伏安时	7630601
十种有色金属	吨	41983	太阳能电池（光伏电池）	千瓦	62965
精炼铜（电解铜）	吨	3746	灯具及照明装置	套（台、个）	4385622
锌	吨	38237	光电子器件	万只(片、套)	1187.89
铜材	吨	81302	电子元件	万只	415242
铝材	吨	99873	射频元器件	万只	507
钢结构	吨	6794	印制电路板	平方米	158440
锻件	吨	93739	工业自动调节仪表与控制系统	台（套）	258119
工业锅炉	蒸发量吨	17640	电工仪器仪表	台	34710
金属切削机床	台	8850	工业仪表	台（个）	132423
其中：数控金属切削机床	台	2211	分析仪器及装置	台（套）	3255
金属成形机床	台	14870	光学仪器	台（个）	4143572
铸造机械	台	20	原油加工量	吨	847212
起重机	吨	1085	汽油	吨	295123
输送机械（输送机和提升机）	吨	38106	煤油	吨	6353
泵	台	116486	柴油	吨	139005
其中：真空泵	台	42489	润滑油	吨	14016
阀门	吨	116170	燃料油	吨	24180
液压元件	件	326295	石脑油	吨	95355
气动元件	件	10569	溶剂油	吨	14518
滚动轴承	万套	9199	液化石油气	吨	54335
齿轮	吨	1340	焦炭	吨	507122
包装专用设备	台	352	其中：机焦	吨	
金属紧固件	吨	12744	发电量	万千瓦时	1325405
弹簧	吨	6586	其中：火力发电量	万千瓦时	1201063
减速机	台	1580	风力发电量	万千瓦时	47823
矿山专用设备	吨	174332	太阳能发电量	万千瓦时	76519
石油钻井设备	台（套）	42294	垃圾发电量	万千瓦时	16408
金属冶炼设备	吨	211	竹木生物质燃料发电量	万千瓦时	25443
炼油、化工生产专用设备	吨	2697	自来水生产量	万立方米	5108.6
塑料加工专用设备	台	427			

年 主 营 业 务 收 入 2000 万 元

（分行业、

行　业　名　称	工业增加值（现价）	1. 总 计 中:		2. 按 登 记	
		轻 工 业	重 工 业	国有企业	集体企业
总　　计	**16261838**	**7094825**	**9167013**	**81947**	**31354**
采矿业	200346		200346	51608	
煤炭开采和洗选业					
石油和天然气开采业					
黑色金属矿采选业	4375		4375		
有色金属矿采选业					
非金属矿采选业	195971		195971	51608	
开采辅助活动					
其他采矿业					
制造业	15770617	7081534	8689083	13085	31354
农副食品加工业	1347472	1342715	4757	1485	
食品制造业	137319	136216	1103		
酒、饮料和精制茶制造业	209827	209827			
烟草制品业	1116902	1116902			
纺织业	640162	636964	3198		15467
纺织服装、服饰业	805056	801642	3414		
皮革、毛皮、羽毛及其制品和制鞋业	480963	480963			
木材加工和木、竹、藤、棕、草制品业	301913	22441	279472		327
家具制造业	26029	26029			
造纸和纸制品业	363322	360718	2605		
印刷和记录媒介复制业	150483	150483			195
文教、工美、体育和娱乐用品制造业	451273	435216	16057		
石油加工、炼焦和核燃料加工业	372475		372475		
化学原料和化学制品制造业	800491	99756	700735		
医药制造业	1220573	252911	967662		
化学纤维制造业	83634	83634			
橡胶和塑料制品业	490264	215554	274710		
非金属矿物制品业	627726	17424	610302		358
黑色金属冶炼和压延加工业	488391		488391		5092
有色金属冶炼和压延加工业	314921	8784	306138		
金属制品业	388224	39378	348846		
通用设备制造业	750831	5115	745716		
专用设备制造业	426312	83516	342796		
汽车制造业	321141	864	320277		8796
铁路、船舶、航空航天和其他运输设备制造业	58592	11595	46997		
电气机械和器材制造业	839331	384424	454907	11599	142
计算机、通信和其他电子设备制造业	2245330	55384	2189946		
仪器仪表制造业	176096	15556	160540		978
其他制造业	89492	87528	1964		
废弃资源综合利用业	45916		45916		
金属制品、机械和设备修理业	159		159		
电力、热力、燃气及水生产和供应业	290875	13291	277584	17255	
电力、热力的生产和供应业	225839		225839	8807	
燃气生产和供应业	38648		38648		
水的生产和供应业	26387	13291	13097	8448	

及以上工业企业增加值

分类型）

单位：万元

注册类型分组：			3. 总计中：	4. 总计中：		5. 总计中：
股份合作企业	股份制企业	外商及港澳台商投资企业	国有控股企业	民营工业	#私营企业	大中型企业
7007	**11083111**	**3131338**	**1859042**	**11281838**	**8589325**	**6780248**
	136516	10868	130768	62234	46427	32457
		4375				
	136516	6493	130768	62234	46427	32457
7007	10704728	3088716	1517915	11170841	8536798	6599025
	1156614	23604	18676	1305191	791701	385566
	70059	53505		83814	59603	54333
	190085	13250	171733	24843	24843	171733
	6155		1116902			1110746
	504149	75306		564856	407832	254629
7007	524343	163903		641152	517634	261821
	302495	77219	1196	402548	300123	115437
	183128	38048		263865	225420	39502
	14352	11676		14352	8359	11198
	317471	9645		353677	270890	96403
	133220	16217		134266	104554	79397
	426735	18855		432418	382788	136522
	372475		122265	250210	214001	200458
	627703	130118	44861	625512	420284	238244
	1173975	46598	1098	1172877	1115757	80738
	52244	31390		52244	50360	32692
	333816	144544	2360	344502	231503	146459
	553501	48588	6453	572685	474512	83689
	476422	6876	9060	472454	311031	272063
	269660	7257		307664	211948	28014
	348378	20963		367262	274750	40881
	697094	50265	3530	697036	579231	184095
	409795	2813		423498	306053	116098
	259449	26971		294170	219870	162882
	57098	1127		57465	42773	466
	626465	189855	11599	637877	507835	330185
	375736	1854867	6346	389832	252642	1912630
	155195	18251	1837	156008	120533	23839
	41002	6845		82647	65823	28305
	45916			45916	44142	
		159				
	241867	31753	210359	48763	6100	148766
	213963	3069	176437	46333	3671	121567
	16526	22123	16526			21332
	11378	6562	17396	2429	2429	5867

年销售收入2000万元及以上工

	计量单位	年初库存	本期购进量
合计	**吨标准煤**		
原煤	吨	420506	9157995
洗精煤	吨	21960	780932
焦炭	吨	26192	752882
其它焦化产品	吨	460	
焦炉煤气	万立方米		
高炉煤气	万立方米		8588
转炉煤气	万立方米		
天然气（气态）	万立方米		54196
液化天然气（液态）	吨	0	264
原油	吨	37998	879375
汽油	吨	1	4069
煤油	吨	3	99
柴油	吨	845	10960
燃料油	吨	22	906
液化石油气	吨		383
其它石油制品	吨	2008	77265
热力	百万千焦		9260589
电力	万千瓦时		939234

业企业能源购进、消费及库存

本期消费量					期末库存
合计	1. 工业生产消费	用于原材料	2. 非工业生产消费	合计中：运输工具消费	
14361574	**14308874**		**52700**		
9131995	9119535	859284	12460		442015
727581	727581				75311
1254972	1254972				30626
19154	19154				1761
14643	14606		37		
468573	468573				
8912	8912				
54190	54140	79	49		
263	261	146	3		1
848732	848732				68641
4073	2801	23	1272	793	1
882	882				7
11366	10066	81	1300	571	699
908	908				30
383	383	383			
122328	122328				3215
41594569	40847772		746797		
1136530	1129416		7125	451	

年销售收入2000万元及以上

	原煤（吨）	洗精煤（吨）	焦炭（吨）	其他焦化产品（吨）
全市	**9131995**	**727581**	**1254972**	**19154**
市直	2521071	727581	1217759	19154
淮安区	1857955		68	
淮阴区				
清江浦区				
洪泽区	107525			
涟水县	102574			
盱眙县	657476		2089	
金湖县	91466		45	
开发区	75985		23806	
工业园区	1556832			

	原油（吨）	汽油（吨）	煤油（吨）	柴油（吨）
全市	**848732**	**4073**	**882**	**11366**
市直	848732	115	791	1758
淮安区		250	9	2574
淮阴区				12
清江浦区				
洪泽区		282		25
涟水县		1337		609
盱眙县		11	18	1837
金湖县		152		434
开发区		552	54	764
工业园区		28		2478

工业企业主要能源年消费量

焦炉煤气（万立方米）	高炉煤气（万立方米）	转炉煤气（万立方米）	天然气（万立方米）	液化天然气（吨）
14643	**468573**	**8912**	**54190**	**263**
14643	462057	8912	3717	
			1393	3
			56	
	6516		294	
				20
			715	85
			75	10
			1080	146
			1152	3

燃料油（吨）	液化石油气（吨）	其他石油制品（吨）	热力（百万千焦）	电力（万千瓦时）
908	**383**	**122328**	**41594569**	**1136530**
		122328	8475835	249999
			11084917	161639
			53360	5010
			231010	17079
			47285	56119
				95910
907			7151985	135845
1				100255
				63280
			9625240	67667

6

建筑业

本篇编辑：刘安顺　王　艳　高先国　陈　远

	企业数	#有工作量企业数	建筑业合同情况		
			直接从建设单位签订的合同额	上年结转合同额	本年新签合同额
总计	**547**	**547**	**19377439**	**8882098**	**10495340**
一、按登记注册类型分组					
内资企业	546	546	19371004	8878993	10492010
国有企业	10	10	85088	5666	79421
集体企业	13	13	199659	65085	134574
股份合作企业	2	2	28626		28626
有限责任公司	176	176	6526719	2769080	3757639
国有独资公司	5	5	42425	4990	37436
其他有限责任公司	171	171	6484294	2764091	3720203
股份有限公司	39	39	1237693	570591	667103
私营企业	305	305	11247344	5427921	5819423
私营独资企业	5	5	68082	8602	59479
私营合伙企业	2	2	9945	9000	945
私营有限责任公司	279	279	10715722	5204605	5511117
私营股份有限公司	19	19	453596	205714	247882
其他企业	1	1	45875	40650	5225
港、澳、台商投资企业	1	1	6435	3105	3330
二、按国民经济行业分组					
房屋建筑业	277	277	15433245	8050133	7383112
土木工程建筑业	98	98	1667619	423172	1244448
建筑安装业	77	77	565703	89092	476611
建筑装饰和其他建筑业	95	95	1710871	319701	1391170
建筑装饰业	59	59	1454581	184163	1270418
工程准备活动	16	16	93944	48870	45074
提供施工设备服务	3	3	1290	177	1113
其他未列明建筑业	17	17	161057	86491	74566

筑业企业生产情况（一）

单位：万元、个

承包工程完成情况					
直接从建设单位承揽工程完成的产值	自行完成施工产值	分包出去工程的产值	从建设单位以外承揽工程完成的产值	建筑业总产值	#装饰装修产值
12903946	**12898165**	**5781**	**474688**	**13372853**	**1217764**
12897511	12891730	5781	472648	13364378	1217764
74593	74593			74593	
179109	179109			179109	170
26120	26120			26120	
4844722	4840944	3778	100831	4941775	777833
39071	39071			39071	
4805651	4801873	3778	100831	4902704	777833
899805	899805		7159	906964	903
6828290	6826289	2000	364658	7190948	438858
59354	59354		33762	93115	31800
3460	3460		759	4219	
6483288	6481744	1544	319113	6800857	394593
282188	281732	456	11025	292757	12465
44873	44870	3		44870	
6435	6435		2040	8475	
9754431	9749908	4522	391437	10141345	55188
1310832	1310819	13	44516	1355335	45002
452582	451807	775	29198	481006	10447
1386102	1385631	471	9537	1395168	1107127
1214805	1214334	471	6389	1220723	1097619
44756	44756		1765	46521	6647
1178	1178			1178	
125363	125363		1383	126746	2861

	企业数	#有工作量企业数	建筑业合同情况		
			直接从建设单位签订的合同额	上年结转合同额	本年新签合同额
三、按企业控股分组					
国有控股	19	19	249348	78188	171160
集体控股	32	32	970825	359993	610832
私人控股	487	487	17393191	7725606	9667585
港澳台商控股	1	1	6435	3105	3330
其他	8	8	757639	715206	42434
四、按企业资质等级分组					
施工总承包	353	353	17269310	8659035	8610275
一级	28	28	8228791	5755792	2472999
二级	119	119	5725867	2192056	3533811
三级	206	206	3314652	711187	2603465
专业承包	194	194	2108129	223063	1885066
一级	15	15	1206982	93079	1113902
二级	51	51	316432	86195	230237
三级	125	125	581131	43089	538042
不分等级	3	3	3585	700	2885
五、按地区分					
淮安区	72	72	3749283	2245952	1503331
淮阴区	68	68	3589710	2655764	933946
清江浦区	152	152	3625819	1158788	2467032
洪泽区	40	40	885770	43034	842737
涟水县	55	55	3752039	1635421	2116618
盱眙县	50	50	1222182	314465	907717
金湖县	32	32	1101915	294765	807150
开发区	78	78	1450720	533910	916810

筑业企业生产情况（一）(续)

单位：万元、个

承包工程完成情况				建筑业总产值	#装饰装修产值
直接从建设单位承揽工程完成的产值	自行完成施工产值	分包出去工程的产值	从建设单位以外承揽工程完成的产值		
169946	169946			169946	
672203	672203		6711	678914	7390
11470145	11464366	5779	465937	11930303	1191119
6435	6435		2040	8475	
585218	585216	2		585216	19254
11150295	11145304	4991	423580	11568884	59744
4375859	4375739	120	125315	4501054	7385
4077628	4077625	3	130545	4208170	25034
2696809	2691941	4868	167719	2859660	27325
1753651	1752861	790	51108	1803969	1158019
1035801	1035788	13	12368	1048156	930280
248920	248205	715	28068	276273	85496
465636	465574	62	7583	473157	142243
3294	3294		3089	6383	
2060775	2060703	72	266498	2327201	43688
2510813	2509789	1024	33009	2542798	357672
2510983	2510265	718	65781	2576047	427153
802390	802390		3378	805768	5223
2271176	2271088	88	3572	2274660	2626
923901	923841	60	58300	982141	72899
786201	782439	3762	20977	803416	4348
1037708	1037650	58	23173	1060823	304154

	建筑业总产值		
	在外省完成的产值	按构成分	
		建筑工程产值	安装工程产值
总　　计	**3693406**	**12821596**	**406263**
一、按登记注册类型分组			
内资企业	3693406	12813121	406263
国有企业	10605	73497	1096
集体企业	27914	179109	
股份合作企业		22135	3985
有限责任公司	1456127	4634337	236995
国有独资公司		39071	
其他有限责任公司	1456127	4595266	236995
股份有限公司	60122	889566	17398
私营企业	2128728	6969607	146789
私营独资企业		91309	1806
私营合伙企业	3400	4219	
私营有限责任公司	2082265	6591372	135283
私营股份有限公司	43063	282708	9700
其他企业	9910	44870	
港、澳、台商投资企业		8475	
二、按国民经济行业分组			
房屋建筑业	2792868	9925679	87392
土木工程建筑业	238110	1325618	29385
建筑安装业	20768	313771	163269
建筑装饰和其他建筑业	641660	1256527	126218
建筑装饰业	584307	1156391	54806
工程准备活动	10308	46093	428
提供施工设备服务			223
其他未列明建筑业	47045	54044	70761

筑业企业生产情况（二）

单位：万元、平方米

其他产值	竣工产值	房屋建筑施工面积	#本年新开工面积	#实行投标承包面积
144994	**11031555**	**128890492**	**44967116**	**110707027**
144994	11024205	128811318	44915946	110707027
	56426	73349	63269	
	113381	825565	357166	692847
	18635	198040	198040	198040
70443	3887033	30770734	7663615	24776209
	32404			
70443	3854629	30770734	7663615	24776209
	1148700	22673787	10954127	21530128
74551	5716431	73716243	25647129	63509803
	50134	401000	200800	202000
	3400	5800		5800
74202	5419573	69442238	23922614	60376832
349	243324	3867205	1523715	2925171
	83600	553600	32600	
	7350	79174	51170	
128274	8556816	127277575	44033206	109592698
332	943980	597216	515645	387771
3966	364192	493701	144560	452853
12422	1166567	522000	273705	273705
9526	1070734			
	33867	522000	273705	273705
955	719			
1941	61247			

总承包和专业承包建

	建筑业总产值		
	在外省完成的产值	按构成分	
		建筑工程产值	安装工程产值
三、按企业控股分组			
国有控股	29040	168025	1921
集体控股	129115	616736	62178
私人控股	3280214	11449044	336265
港澳台商控股		8475	
其他	255037	579316	5900
四、按企业资质等级分组			
施工总承包	3071914	11212446	225940
一级	1909717	4324081	159992
二级	927806	4153431	3883
三级	234392	2734934	62065
专业承包	621491	1609150	180323
一级	549264	1021081	24466
二级	27625	231406	44867
三级	44603	353369	107901
不分等级		3294	3089
五、按地区分			
淮安区	652190	2189184	37895
淮阴区	1028513	2477022	46186
清江浦区	526179	2324870	239537
洪泽区	175172	791335	5788
涟水县	737718	2264840	9623
盱眙县	315223	946638	34972
金湖县	84067	797772	2953
开发区	174343	1029934	29309

筑业企业生产情况（二）（续）

单位：万元、平方米

其他产值	竣工产值	房屋建筑施工面积	#本年新开工面积	#实行投标承包面积
	103444	211046	63269	64658
	507912	3369382	2262895	3195510
144994	10273038	115362127	42369804	97592296
	7350	79174	51170	
	139811	9868763	219978	9854563
130498	9495341	128767352	44896366	110635777
16981	3789430	75264466	17724852	72637227
50856	3654889	35327181	16632766	26032547
62661	2051022	18175705	10538748	11966003
14496	1536214	123140	70750	71250
2609	960258			
	240289	54250	48750	49250
11887	332923	68890	22000	22000
	2744			
100122	1759705	23906593	4971739	22913772
19590	2025863	27380325	2991705	22963659
11639	1905892	11859023	3821305	9690682
8644	706649	4686443	3684276	2978957
197	2364163	41088146	19021423	37735847
530	696961	8120715	4510355	5662329
2691	648529	6997879	3865632	5567598
1580	923793	4851368	2100681	3194183

总承包和专业承包建

	从业人员情况			
	计算劳动生产率的平均人数	年末从业人数	#工程技术人员	#持有一级资质证书的项目经理
总　　计	**644081**	**474836**	**47600**	**1738**
一、按登记注册类型分组				
内资企业	643612	474351	47465	1738
国有企业	3513	4436	584	20
集体企业	7573	6065	772	8
股份合作企业	1729	1845	165	2
有限责任公司	192248	155768	16063	931
国有独资公司	1394	1142	223	6
其他有限责任公司	190854	154626	15840	925
股份有限公司	42511	33307	2739	80
私营企业	394886	271790	26992	695
私营独资企业	8025	717	131	10
私营合伙企业	387	321	117	2
私营有限责任公司	372643	261599	24800	670
私营股份有限公司	13831	9153	1944	13
其他企业	1152	1140	150	2
港、澳、台商投资企业	469	485	135	
二、按国民经济行业分组	—	—	—	—
房屋建筑业	504050	367475	32212	903
土木工程建筑业	57221	44968	7558	370
建筑安装业	24124	22002	3332	150
建筑装饰和其他建筑业	58686	40391	4498	315
建筑装饰业	51474	32532	3150	272
工程准备活动	3394	2974	432	7
提供施工设备服务	54	55	25	
其他未列明建筑业	3764	4830	891	36

筑业企业生产情况（三）

单位：人、吨、立方米、重量箱

主要建筑材料消耗量					
1. 钢材（吨）	2. 木材（立方米）	3. 水泥（吨）	4. 平板玻璃（重量箱）	4. 平板玻璃（平方米）	5. 铝材（吨）
4025895	**5013989**	**11066964**	**1604058**	**8045523**	**356863**
4022695	5010489	11035374	1600558	8028023	355363
14919	8542	101654	419	2933	1001
19832	8862	68681	13800	30576	5579
7890	7550	31160	925	18820	580
1592320	892104	3286270	850700	3718375	104231
1618	300	4501			10
1590702	891804	3281769	850700	3718375	104221
273239	298835	734328	98014	406761	132232
2102795	3788796	6801781	621400	3835257	111190
806	1023	923	100	1010	201
1930458	3660084	6591887	598627	3566706	103426
171531	127689	208971	22673	267541	7563
11700	5800	11500	15300	15301	550
3200	3500	31590	3500	17500	1500
—	—	—	—	—	—
3094250	4692300	9914475	1485424	7181892	282034
254851	133742	989442	13994	286500	12970
113099	41475	74773	16972	388004	2376
563695	146472	88274	87668	189127	59483
549446	137386	32736	75636	164253	55899
5578	3700	24708	11432	22874	164
8671	5386	30830	600	2000	3420

	从业人员情况			
	计算劳动生产率的平均人数	年末从业人数	#工程技术人员	#持有一级资质证书的项目经理
三、按企业控股分组				
国有控股	7139	7944	1065	76
集体控股	29734	32206	2623	155
私人控股	586971	413955	42134	1457
港澳台商控股	469	485	135	
其他	19768	20246	1643	50
四、按企业资质等级分组	—	—	—	—
施工总承包	562538	420013	39870	1302
一级	194352	158288	9838	605
二级	208603	158192	16517	488
三级	159583	103533	13515	209
专业承包	81543	54823	7730	436
一级	42865	26322	1778	234
二级	12314	9845	2295	74
三级	26087	18508	3631	119
不分等级	277	148	26	9
五、按地区分	—	—	—	—
淮安区	146878	113214	9143	347
淮阴区	93234	59760	6433	191
清江浦区	126450	102786	10333	619
洪泽区	46668	20314	3183	64
涟水县	104939	87546	5791	124
盱眙县	43348	20089	2496	66
金湖县	35957	24325	2771	87
开发区	46607	46802	7450	240

筑业企业生产情况（三）（续）

单位：人、吨、立方米、重量箱

主要建筑材料消耗量					
1. 钢材（吨）	2. 木材（立方米）	3. 水泥（吨）	4. 平板玻璃（重量箱）	4. 平板玻璃（平方米）	5. 铝材（吨）
77846	42867	331536	12976	234685	1385
155490	105129	338416	17656	62051	71050
3675832	4641119	10143385	1293967	6350449	280989
3200	3500	31590	3500	17500	1500
113527	221374	222037	275959	1380838	1939
—	—	—	—	—	—
3414379	4859157	10437911	1515558	7678986	295884
1269893	923816	3672473	689427	3036339	157434
1434335	3452235	4844002	621179	3461310	95841
710151	483106	1921436	204952	1181337	42609
611516	154832	629053	88500	366537	60979
554058	109553	412230	67073	83973	55238
13115	13421	127106	3748	181321	60
42716	28763	87366	17679	101243	5501
1627	3095	2351			180
—	—	—	—	—	—
675459	175984	2983962	65117	1184529	55254
859459	529747	1054387	388620	2087987	13748
393941	462079	1639377	566398	2020444	80283
217257	185166	716223	120958	656668	8120
859372	3071605	1487395	90338	703125	142958
363768	265031	660979	14230	142704	24463
318186	115461	1090529	221107	446095	8226
338453	208916	1434112	137290	803971	23811

	房屋建			
	合计	住宅房屋	商业及服务用房屋	#商厦房屋（批发和零售用房）
总计	**36769852**	**28081297**	**1260017**	**635105**
一、按登记注册类型分组				
内资企业	36729178	28081297	1255217	635105
国有企业				
集体企业	387034	223969	22340	
股份合作企业	198040			
有限责任公司	9920343	7015990	573816	252873
股份有限公司	2029078	1721648	8841	
私营企业	23673683	18598690	650220	382232
其他企业	521000	521000		
港、澳、台商投资企业	40674		4800	
二、按企业资质等级分组				
施工总承包	36707502	28018947	1260017	635105
一级	13292727	11084175	100482	69682
二级	15392423	11428631	616762	563209
三级	8022352	5506141	542773	2214
专业承包	62350	62350		
一级				
二级	40350	40350		
三级	22000	22000		
不分等级				
三、按地区分				
淮安区	7028592	5642017	391450	382750
淮阴区	5953589	4707565	207060	175000
清江浦区	3867518	2942574	38001	2091
洪泽区	3061313	2253457	6500	
涟水县	9167945	8165091	99541	75141
盱眙县	2988282	1329835	492235	
金湖县	2686212	1436780	3397	
开发区	2016401	1603978	21833	123

企业房屋竣工面积情况

单位：平方米

筑	竣	工	面	积		
#宾馆用房屋（住宿用房）	办公用房屋	科研、教育、医疗用房屋	文化、体育、娱乐用房屋	厂房及建筑物	仓　　库	其他未列明的房屋建筑物＊
305416	**1751950**	**310666**	**146167**	**4417463**	**359580**	**442712**
305416	1751950	310666	146167	4385959	355210	442712
				140725		
	52300			117530	28210	
254106	443229	65740	131052	1309959	222835	157722
	20000		·	258887	12850	6852
51310	1236421	244926	15115	2558858	91315	278138
				31504	4370	
305416	1751950	310666	146167	4417463	359580	442712
16800	714306	153616	125000	973899	40527	100722
8400	625936	108739	15115	2197802	120468	278970
280216	411708	48311	6052	1245762	198585	63020
	368888	39506		583468	3263	
8400	292408	4058	125000	440880	22518	154100
16910	381084	75441		369871	54527	6020
	112760	1471		547968	41870	97287
24400	153365	109148	20810	616790		3200
255706	82307	46340		825904	154661	57000
	285283	17000		770640	50007	123105
	75855	17702	357	261942	32734	2000

	竣工			
	合计	住宅房屋	商业及服务用房屋	#商厦房屋（批发和零售用房）
总计	**6134809**	**4763291**	**196415**	**102574**
一、按登记注册类型分组				
内资企业	6127459	4763291	195395	102574
国有企业				
集体企业	47401	29343	4920	
股份合作企业	18635			
有限责任公司	1698122	1243009	71383	35410
股份有限公司	269661	229732	2495	
私营企业	4010040	3177606	116597	67164
其他企业	83600	83600		
港、澳、台商投资企业	7350		1020	
二、按企业资质等级分组				
施工总承包	6127296	4755778	196415	102574
一级	2380842	1973282	18471	12194
二级	2521512	1903792	99796	90264
三级	1224942	878704	78148	116
专业承包	7513	7513		
一级				
二级	5093	5093		
三级	2420	2420		
不分等级				
三、按地区分				
淮安区	1251662	1014864	61301	59386
淮阴区	1021081	814141	35000	30140
清江浦区	699806	531631	7883	91
洪泽区	503563	371643	1495	
涟水县	1403119	1246619	14353	12933
盱眙县	494955	232162	71761	
金湖县	446424.2	287018	619.1	
开发区	314199.8	265212.3	4002.8	24.6

企业房屋竣工价值情况

单位：万元

房屋价值						
#宾馆用房屋（住宿用房）	办公用房屋	科研、教育、医疗用房屋	文化、体育、娱乐用房屋	厂房及建筑物	仓　库	其他未列明的房屋建筑物
33826	**330365**	**73251**	**31011**	**617134**	**62472**	**60871**
33826	330365	73251	31011	611784	61492	60871
				13138		
	4293			11662	2680	
28157	87079	12687	26351	192878	46096	18640
	5903			29518	1296	717
5668	233090	60564	4660	364588	11420	41514
				5350	980	
33826	330365	73251	31011	617134	62472	60871
3417	147337	35933	25400	159053	9111	12256
1260	107735	32000	4660	313612	18631	41285
29149	75293	5318	951	144469	34729	7330
	73133	7893		94179	293	
1260	49321	1136	25400	75302	3260	17521
3448	72379	14013		61754	11199	946
	23939	238		78119	8191	19938
1420	37615	39005	5540	59182		806
27697	14881	4584		133545	31638	6384
	50681	3381.3		85761.8	4200	14763
	8415.4	3001.7	71.4	29292.3	3690.8	513.1

总承包和专业承包建

	一、年初存货	二、年末 流动资产合计	#应收工程款	#存货
总计	**792620**	**4853298**	**1849073**	**982060**
一、按登记注册类型分组				
内资企业	791994	4848299	1846823	981474
国有企业	10348	110054	42155	13931
集体企业	25662	83693	15176	27376
股份合作企业	1206	4121	1648	1236
有限责任公司	281676	1763097	772876	353170
国有独资公司	2163	45769	26888	2299
其他有限责任公司	279513	1717328	745988	350871
股份有限公司	52152	790727	150973	59495
私营企业	420949	2096607	863995	526266
私营有限责任公司	408729	2029378	838159	511125
私营股份有限公司	12220	67229	25836	15142
港、澳、台商投资企业	626	4999	2250	586
二、按国民经济行业分组				
房屋建筑业	584145	3148482	1009120	703341
土木工程建筑业	92714	935529	457335	133049
建筑安装业	26318	264136	116723	30382
建筑装饰和其他建筑业	89443	505151	265895	115287
建筑装饰业	51368	354169	202243	71229
工程准备活动	28691	93280	42870	32182
提供施工设备服务	4	601	371	195
其他未列明建筑业	9380	57101	20412	11682

筑 业 企 业 财 务 状 况

单位：万元

资产负债					
固定资产合计	固定资产减值准备	固定资产原价	累计折旧	#本年折旧	在建工程
1307402	**5931**	**1254794**	**301220**	**58075**	**73498**
1302403	5931	1251207	300385	57717	73498
26832		26700	8642	354	1620
14097	147	12928	4136	296	3966
2747		3392	645	145	
485459	2031	550214	128491	20110	19358
4839		9864	5121	487	94
480620	2031	540351	123369	19624	19265
127673	1187	65998	20119	5431	21289
645595	2566	591974	138352	31380	27266
590627	2266	544182	132421	29459	24217
54968	301	47793	5931	1921	3049
4999		3587	835	359	
908799	3255	788174	157635	33127	56297
222778	1366	255333	78021	9074	7439
56911	965	78176	28084	5932	3167
118913	345	133111	37480	9943	6596
67718	180	69006	17528	5142	5309
34005	165	46527	14987	3524	
2082		2082	542	80	35
15108		15495	4423	1196	1252

总承包和专业承包建

指标名称	二、年末			
	资产合计	流动负债合计	#应付账款	非流动负债合计
总计	**7290436**	**2670414**	**688084**	**207081**
一、按登记注册类型分组				
内资企业	7280438	2665415	687084	207081
国有企业	138088	58773	27134	3749
集体企业	118626	54447	13204	174
股份合作企业	6868	2766	553	
有限责任公司	2483512	961957	369881	23243
国有独资公司	57297	35762	15110	
其他有限责任公司	2426215	926195	354771	23243
股份有限公司	934969	452180	56920	135392
私营企业	3598376	1135293	219392	44524
私营有限责任公司	3472876	1100238	213076	43625
私营股份有限公司	125500	35054	6316	899
港、澳、台商投资企业	9998	4999	1000	
二、按国民经济行业分组				
房屋建筑业	4981325	1877786	368177	179683
土木工程建筑业	1304388	571936	221862	15851
建筑安装业	345733	93420	43829	2081
建筑装饰和其他建筑业	658991	127272	54217	9466
建筑装饰业	440580	94393	39835	9057
工程准备活动	130677	6825	2117	7
提供施工设备服务	2804	92	15	
其他未列明建筑业	84931	25963	12250	402

筑业企业财务状况（续一）

单位：万元

资产负债						
负债合计	所有者权益合计	#实收资本	#国家资本	#集体资本	#法人资本	#个人资本
2986823	**4289685**	**1642842**	**94618**	**42053**	**552123**	**940395**
2981824	4284686	1640742	94618	42053	552123	940395
62521	75567	29728	26228		3500	
55856	61128	21318	1670	15609	4039	
2766	4102	2000			2000	
995268	1488245	601778	65457	18903	141017	376401
36223	21074	7757			7257	500
959045	1467170	594020	65457	18903	133760	375901
594493	340477	224223		4410	160791	59022
1270920	2315169	761696	1264	3131	240776	504973
1234965	2225624	719461	1264	3131	232680	470834
35955	89544	42235			8096	34139
4999	4999	2100				
2098936	2868460	1046940	5426	8871	402541	616449
609514	694874	359955	86060	18837	76512	178546
102055	243678	92234	1112	14346	32638	44139
176318	482673	143714	2021		40432	101261
103917	336663	90351	1264		34665	54422
45932	84744	13157			5402	7755
92	2712	2218				2218
26377	58554	37989	757		365	36866

总承包和专业承包建

	三、损益			
	营业收入	#主营业务收入	营业成本	#主营业务成本
总计	**11163614**	**11134686**	**9524830**	**9503834**
一、按登记注册类型分组				
内资企业	11155139	11126211	9518220	9497224
国有企业	65892	65741	56797	56797
集体企业	100682	100682	83811	83811
股份合作企业	17331	17331	14724	14724
有限责任公司	4529461	4507532	3913322	3899518
国有独资公司	38409	38310	31356	31254
其他有限责任公司	4491052	4469223	3881966	3868264
股份有限公司	740229	740050	629829	626999
私营企业	5701545	5694875	4819737	4815375
私营有限责任公司	5429287	5422835	4611352	4607002
私营股份有限公司	272258	272040	208386	208374
港、澳、台商投资企业	8475	8475	6610	6610
二、按国民经济行业分组				
房屋建筑业	7913325	7902361	6764171	6755371
土木工程建筑业	1360331	1343167	1182345	1176285
建筑安装业	445241	445064	370036	364522
建筑装饰和其他建筑业	1444717	1444094	1208277	1207656
建筑装饰业	1278899	1278296	1068109	1067490
工程准备活动	44671	44671	37866	37866
提供施工设备服务	1143	1123	800	800
其他未列明建筑业	120004	120004	101503	101501

筑业企业财务状况(续二)

单位：万元

及	分	配			
营业税金及附加	#主营业务税金及附加	其他业务利润	销售费用	管理费用	#税金
372578	**370132**	**2684**	**114099**	**520563**	**26118**
372239	369793	2684	113930	519885	26083
2923	2828	120	278	2449	121
4407	4407		1225	6427	280
582	582		4	1386	9
134592	133098	2014	34184	204643	9399
1714	1692		410	2239	59
132878	131405	2014	33774	202403	9340
29638	29638		4914	29875	3170
200097	199241	549	73326	275106	13104
188466	187623	542	62760	249650	11405
11631	11618	7	10566	25456	1700
339	339		169	678	35
279621	277881	1208	76687	357712	17549
39890	39198	1387	5678	52868	4191
13952	13947	20	3519	33500	1426
39115	39107	69	28214	76484	2951
33083	33075	69	26464	67757	2737
1665	1665		332	1939	117
62	62		34	91	5
4305	4305		1383	6698	92

	三、损益			
	财务费用	#利息收入	#利息支出	营业利润
总　　计	**72065**	**2065**	**40372**	**565559**
一、按登记注册类型分组				
内资企业	71963	2065	40372	564982
国有企业	98	35	24	3347
集体企业	649	8	15	4163
股份合作企业	2			632
有限责任公司	36545	1418	24112	211536
国有独资公司	41	62	7	2375
其他有限责任公司	36504	1356	24104	209161
股份有限公司	2535	53	1960	44101
私营企业	32135	551	14262	301203
私营有限责任公司	30363	535	13816	286755
私营股份有限公司	1772	16	446	14447
港、澳、台商投资企业	102			577
二、按国民经济行业分组				
房屋建筑业	52114	953	31540	383916
土木工程建筑业	13693	642	6950	66033
建筑安装业	2271	264	860	26971
建筑装饰和其他建筑业	3987	207	1023	88640
建筑装饰业	3507	200	983	79979
工程准备活动	163	1	22	2707
提供施工设备服务	31	0		125
其他未列明建筑业	287	7	19	5828

筑 业 企 业 财 务 状 况(续三)

单位：万元

及	分	配			
营业外收入	#补贴收入	营业外支出	利润总额	应交所得税	应付职工薪酬（本年贷方累计发生额）
5814	**142**	**4484**	**567268**	**114562**	**2546892**
5814	142	4484	566691	114418	2543509
12		32	3328	512	18932
37			4200	1392	25961
			632	158	4333
5155	121	3235	213452	44878	895260
29		2	2402	520	9333
5125	121	3232	211050	44358	885927
7		128	43979	8410	191773
603	21	1090	301101	59069	1407251
603	21	1071	286672	54960	1326488
		19	14429	4109	80763
			577	144	3383
2396	112	3619	382643	75419	2010325
1894		772	67155	13881	251194
70	14	48	27422	5088	103870
1455	16	45	90049	20175	181503
1455	16	45	81389	18102	140810
			2707	523	16003
			125	26	268
			5828	1524	24422

劳务分包建筑业企

指标名称	企业个数	企业个数（有工作量）	建筑业总产值	#装饰装修产值	从 期末人数
总　　计	**95**	**95**	**126535**	**13528**	**17782**
一、按登记注册类型分组					
内资企业	95	95	126535	13528	17782
集体企业	1	1	1514		112
联营企业	1	1	1473		109
有限责任公司	23	23	29606	1758	5086
股份有限公司	4	4	2941	246	738
私营企业	66	66	91001	11524	11737
二、按国民经济行业分组					
房屋建筑业	56	56	91580	11315	11973
土木工程建筑业	7	7	8266	41	2118
建筑安装业	5	5	10005		673
建筑装饰和其他建筑业	27	27	16684	2172	3018
建筑装饰业	5	5	5850		305
工程准备活动	5	5	1106		144
提供施工设备服务	3	3	1420	1370	568
其他未列明建筑业	14	14	8307	802	2001
三、按地区分					
淮安区	19	19	48929	4652	6545
淮阴区	16	16	20144	2561	3437
清江浦区	14	14	11473	2740	2094
洪泽区	5	5	9211	355	1463
涟水县	10	10	9955	1045	1381
盱眙县	3	3	4605	850	633
金湖县	13	13	12554	176	1019
开发区	15	15	9665	1150	1210

业 生 产 经 营 情 况

单位：万元、人、个

业人员		资产负债				
#工程技术人员	#现场施工工人	固定资产原价	本年折旧	资产总计	负债合计	实收资本
2788	**12350**	**14394**	**1193**	**76798**	**23189**	**36124**
2788	12350	14394	1193	76798	23189	36124
18	86	20	1	819	159	222
20	81	20	1	797	155	175
859	3672	2085	347	20947	8960	8730
25	98	84	5	1350	165	920
1866	8413	12186	840	52886	13751	26078
1581	8945	6707	791	50327	17375	21453
472	1116	1751	137	6078	1234	2323
49	613	1129	48	4750	1533	1940
686	1676	4808	217	15643	3047	10409
155	224	1249	99	4721	940	3426
65	54	651	6	1697	85	1012
91	374	320	10	1424	255	900
375	1024	2588	103	7801	1767	5071
989	5374	2309	269	21815	5578	10371
417	2110	3009	461	14625	4223	7868
343	1201	2466	84	9324	1878	5226
232	1085	1634	116	8704	5020	1632
409	700	1548	115	6145	2600	2660
80	439	38	13	1444	105	1210
124	715	2525	83	8103	2530	3208
194	726	868	53	6638	1255	3949

指标名称	损益				
	营业收入合计	#主营业务收入(工程结算收入)	营业成本	#主营业务成本(工程结算成本)	营业税金及附加
总计	**115831**	**115177**	**97737**	**97649**	**4237**
一、按登记注册类型分组					
内资企业	115831	115177	97737	97649	4237
集体企业	1402	1402	1236	1236	46
联营企业	1364	1364	1203	1203	45
有限责任公司	26652	26652	22478	22433	1083
股份有限公司	4606	4606	4244	4244	160
私营企业	81808	81154	68576	68533	2902
二、按国民经济行业分组					
房屋建筑业	80157	79557	67071	67025	3104
土木工程建筑业	7155	7111	6385	6343	202
建筑安装业	10005	10005	9110	9110	297
建筑装饰和其他建筑业	18514	18504	15171	15171	633
建筑装饰业	4477	4477	3412	3412	145
工程准备活动	1133	1123	791	791	41
提供施工设备服务	1420	1420	1220	1220	72
其他未列明建筑业	11484	11484	9748	9748	376
三、按地区分					
淮安区	44083	43483	36100	36100	1551
淮阴区	17070	17070	14582	14582	571
清江浦区	14044	14044	12046	12000	535
洪泽区	9162	9118	8181	8138	398
涟水县	8559	8559	7372	7372	309
盱眙县	4605	4605	4146	4146	204
金湖县	10986	10976	9138	9138	413
开发区	7321	7321	6173	6173	255

业 生 产 经 营 情 况（续）

单位：万元

及	分	配				应付职工薪酬
#主营业务税金及附加(工程结算税金及附加)	销售费用	管理费用	财务费用	营业利润	利润总额	
4231	**1104**	**4625**	**717**	**7924**	**7807**	**92138**
4231	1104	4625	717	7924	7807	92138
46	27	41	3	48	48	370
45	27	39	3	47	47	360
1081	104	1087	162	1922	1839	29056
160	16	82	11	96	96	4956
2899	930	3376	538	5810	5777	57395
3104	820	3031	486	5991	5827	52499
199	40	287	13	386	443	16132
297	9	316	0	273	271	2623
630	235	991	218	1273	1266	20885
145	49	333	84	454	454	1894
41	41	121	27	119	118	1355
71	11	54	7	56	56	1598
374	134	482	99	645	639	16038
1551	674	1644	314	3801	3760	32946
569	109	883	137	862	927	18330
535	112	495	111	748	688	11245
396	6	203	15	360	360	8948
309	52	211	46	808	807	6053
203	3	129	8	119	119	1259
413	68	642	69	848	773	3792
255	81	419	18	379	373	9565

7

固定资产投资、房地产开发

本篇编辑：刘安顺　王　艳　高先国　陈　远

	全市	市直	淮安区	淮阴区
规模以上固定资产投资完成额	25351856	1058842	3541997	3395569
其中：项目投资	22137722	1058838	3051319	3045450
房地产开发投资	3214134		490678	350119
按构成分				
建筑工程	11083861	492887	1568236	1222697
安装工程	2127844	86293	370568	178480
设备工器具购置	7522179	428438	903742	1346187
其他费用	1403838	51220	208773	298086
按产业分				
第一产业	518616		56433	96251
第二产业	15518164	969377	2415527	2567459
工业	15184904	969377	2406477	2490722
第三产业	9315076	89465	1070037	731859

产 投 资 完 成 情 况

单位：万元

清江浦区	洪泽区	涟水县	盱眙县	金湖县	开发区	工业园区
3760500	2026469	3302886	3506508	1955401	2451893	351791
2867500	1901426	3064599	3049934	1836575	1910290	351791
893004	125043	238287	456574	118826	541603	
1097048	833435	1905659	1389823	1028970	1408864	136242
284592	216919	271181	375680	25531	291479	27121
1414834	733220	755588	882958	760952	109939	186321
71026	117852	132171	401473	21122	100008	2107
5500	44778	127468	142159	46027		
1302802	1477117	1688841	2350272	1384861	1014894	347014
1252772	1383923	1675054	2286347	1378618	994600	347014
2452198	504574	1486577	1014077	524513	1436999	4777

固定资产项目投资完成

	全市	市直	淮安区	淮阴区
一、计划总投资（万元）				
1. 建设项目计划总投资	29967801	1513706	3177987	5621585
其中：本年新开工项目	18256911	48895	2495772	3935595
2. 自开始建设至本年底累计完成投资	23617397	1116679	3170340	3337515
二、自年初累计完成投资（万元）	22137722	1008870	3051319	3045450
其中：本月完成投资	2718521	26538	543579	291152
其中：本年新开工	14593463	43737	2683884	2089583
其中：国有经济控股	3214003	227962	314060	107622
其中：住宅	200998		16455	5352
其中：基础设施投资	2905197	209037	341839	194907
其中：民间投资	17819429	664446	2697459	2877086
其中：技改投资	6904645	367902	1054149	954194
其中：高新投资	3521630	344890	305872	340974
其中：高耗能投资	3464642	791022	252653	572330
其中：城建投资	901773	8905	187326	26040
其中：服务业投资	6100942	39493	579359	381740
1. 按构成分				
建筑工程	11083861	492887	1568236	1222697
安装工程	2127844	86293	370568	178480
设备工器具购置	7522179	428438	903742	1346187
其他费用	1403838	1252	208773	298086
其中：建设用地费	615682	932	57388	167327
2. 按建设性质分				
其中：（1）新建	14690004	818689	1840956	1980215
其中：（2）扩建	2334398	32527	152063	310504
其中：（3）改建	4982443	157654	1022092	747544
其中：（7）单纯购置	26785		21198	4387
3. 按登记注册类型分				
内资企业	20812936	892408	3001519	2949537
国有企业	2507683	28037	309081	60750
集体企业	142531		8126	38110
股份合作企业	54946	50232		
联营企业	25356			
国有联营企业				
集体联营企业	5997			
国有与集体联营企业				
其他联营企业	19359			
有限责任公司	5282938	507292	28792	390477
国有独资公司	344305	15098	4979	8130
其他有限责任公司	4938633	492194	23813	382347
股份有限公司	498373	147132	4800	72834
私营企业	12022621	150715	2650720	2347261
私营独资企业	2959949	64290	1261717	340345

情 况（500万元以上，不含房地产）

单位：万元

清江浦区	洪泽区	涟水县	盱眙县	金湖县	开发区	工业园区
2874285	3716095	3768933	3826073	2623943	2235676	609518
2149750	2057296	2939651	2392977	1589727	223586	423662
2953239	2040367	3349336	3152180	2074600	1995665	427476
2867500	1901426	3064599	3049934	1836575	1910290	351791
211127	241886	630183	400001	283468	86687	3900
2286172	1301573	2517939	2091515	1158767	178173	242120
558485	389532	788629	167760	280660	367524	11769
5800	8236	53242	28250	27611	56052	
444617	319327	515933	249862	421897	203330	4448
2194972	1439014	2192953	2848153	1526114	1061101	318131
729641	465175	834152	886735	764863	691987	155847
322932	375178	385173	514765	251375	643312	37159
211169	469711	240390	515341	162155	167746	82125
120667	106472	106694	10400	157132	173689	4448
1559166	379531	1298290	557503	405687	895396	4777
1097048	833435	1905659	1389823	1028970	1408864	136242
284592	216919	271181	375680	25531	291479	27121
1414834	733220	755588	882958	760952	109939	186321
70994	117852	182171	401473	21122	100008	2107
66519	28823	41198	239175	14256	8	56
1640691	1362641	2187082	2075143	945064	1686083	153440
876427	155774	351435	160775	150670	139333	4890
332843	380391	531401	803516	730461	84874	191667
	1200					
2684226	1819511	2968405	3015913	1797866	1373517	310034
383607	345539	784019	112739	279997	196483	7431
5765		73380	13950	3200		
4714						
16626					8730	
5997						
10629					8730	
654779	266108	684418	1786847	198108	640533	125584
122869	18240		30521	663	143805	
531910	247868	684418	1756326	197445	496728	125584
201731	2200	21566	33400	4710	10000	
1388842	1195364	1279721	1062977	1252231	517771	177019
120443	106741	558728	273362	168423	65900	

	全市	市直	淮安区	淮阴区
私营合伙企业	88385		14600	4785
私营有限责任公司	8504659	86425	1358403	1984926
私营股份有限公司	469628		16000	17205
其他企业	278488	9000		40105
港、澳、台商投资企业	829481	102362	43940	87726
合资经营企业（港或澳、台资）			15980	29595
合作经营企业（港或澳、台资）				58131
港、澳、台商独资经营企业		102362	27960	
港、澳、台商投资股份有限公司				
其他港、澳、台商投资企业				
外商投资企业	495305	14100	5860	8187
中外合资经营企业	186602	14100		5576
中外合作经营企业	22608			
外资企业	272543		5860	2611
外商投资股份有限公司	8567			
其他外商投资企业	4985			
个体经营				
个体户				
个人合伙				
4. 按产业分				
①第一产业	518616		56433	96251
②第二产业	15518164	969377	2415527	2567459
工业	15184904	969377	2406477	2490722
能源工业	1088575	181000	57567	56220
原材料工业	3258774	610022	250377	590275
机电工业	4693154	163393	517464	772264
轻纺工业	5986210	14962	1526719	1010864
③第三产业	6100942	39493	579359	381740
5. 按国民经济行业分				
农、林、牧、渔业	895362		85528	146858
农业	231813		30245	46228
林业	14640			
畜牧业	222597		26188	40523
渔业	49566			9500
农、林、牧、渔服务业	376746		29095	50607
采矿业	179500		9750	58180
煤炭开采和洗选业				
石油和天然气开采业				
黑色金属矿采选业				
有色金属矿采选业	4900			
非金属矿采选业	169450		4600	58180
开采辅助活动	5150		5150	
其他采矿业				

情 况（500万元以上，不含房地产）（续一）

单位：万元

清江浦区	洪泽区	涟水县	盱眙县	金湖县	开发区	工业园区
16140	8300	17880	26680			
1050184	1039500	688586	583937	1083808	451871	177019
202075	40823	14527	178998			
28162	10300	125301	6000	59620		
56970	62880	54778	21215	29801	332390	37419
39771			12000	12008	66065	
						15528
17199	62880	54778	9215	17793	266325	21891
126272	19035	91416	12806	8908	204383	4338
90772	14050			8908	48858	4338
					22608	
35500		82849	12806		132917	
		8567				
	4985					
5500	44778	127468	142159	46027		
1302802	1477117	1688841	2350272	1384861	1014894	347014
1252772	1383923	1675054	2286347	1378618	994600	347014
90934	174184	52422	240377	198579	14651	22641
223569	453295	235590	456571	139720	157945	141410
406976	261454	512432	760797	650967	581078	66329
525174	468715	822777	813838	413854	263221	126086
1559166	379531	1298290	557503	405687	895396	4777
29680	94672	260197	223240	55187		
5500	8110	50508	59960	31262		
			14640			
	26468	72140	46645	10633		
	10200	4820	20914	4132		
24180	49894	132729	81081	9160		
	39150		72420			
			4900			
	39150		67520			

固定资产项目投资完成

	全市	市直	淮安区	淮阴区
制造业	14004966	788377	2378048	2376638
农副食品加工业	852768		144886	166352
食品制造业	266233		60422	50249
酒、饮料和精制茶制造业	121070		31887	13960
烟草制品业	63200			
纺织业	1016416		495614	130723
纺织服装、服饰业	625311		201646	200822
皮革、毛皮、羽毛及其制品和制鞋业	364597		139837	53219
木材加工和木、竹、藤、棕、草制品业	413388		62885	126070
家具制造业	192489		35278	44435
造纸和纸制品业	353058		35722	101109
印刷和记录媒介复制业	120110		14500	14963
文教、工美、体育和娱乐用品制造业	402549		204380	15996
石油加工、炼焦和核燃料加工业	168156		33738	
化学原料和化学制品制造业	1660047	578649	85676	360009
医药制造业	351579	14962	53182	
化学纤维制造业	144304		4500	3900
橡胶和塑料制品业	424060		72230	66681
非金属矿物制品业	894120	29800	106837	173907
黑色金属冶炼和压延加工业	156598	1573	4500	21426
有色金属冶炼和压延加工业	376511		21902	16988
金属制品业	736694		95276	188763
通用设备制造业	712193		109194	93696
专用设备制造业	1161092	163393	105095	103794
汽车制造业	335630		73157	134541
铁路、船舶、航空航天和其他运输设备制造业	143970		9980	7860
电气机械和器材制造业	770160		56892	100248
计算机、通信和其他电子设备制造业	607682		63520	130258
仪器仪表制造业	225733		4350	13104
其他制造业	172100		19500	23670
废弃资源综合利用业	166598		31462	17945
金属制品、机械和设备修理业	6550			1950
电力、热力、燃气及水生产和供应业	1012138	181000	23829	57854
电力、热力生产和供应业	874758	181000	23829	56220
燃气生产和供应业	45661			
水的生产和供应业	91719			1634
建筑业	333260		9050	76737
房屋建筑业	61019			16030
土木工程建筑业	143916		5200	33032
建筑安装业	79051		3850	14274
建筑装饰和其他建筑业	49274			13401
批发和零售业	1078443	11456	124125	107922
批发业	657766	6456	71587	56870

情况（500万元以上，不含房地产）（续二）

单位：万元

清江浦区	洪泽区	涟水县	盱眙县	金湖县	开发区	工业园区
1165438	1168215	1580724	2035220	1202579	965367	344360
	92089	165970	164805	72600	7000	39066
23615	15900	49317	55395	11335		
	25634	32242	4640	8899		3808
6320						
109128	49121	132181	34890	45444		19315
10849	25861	73357	72686	24378		15712
25450	9380	13318	89632	19161	14600	
	45022	102213	30630	42647		3921
	18600	32789	13550	29867		17970
37394	49460	62727	6400	19788	40458	
64170		8600	17877			
	21510	24442	69477	43744	23000	
3600	7426	4800	63670	22540	9741	22641
58511	241749	156701	113860	31347	30200	3345
127668	40256	19465	34370	19411	28077	14188
57900	28182	4960	33940	10922		
6500	25025	80466	101875	36415	34868	
122060	113301	68509	137829	94181		47696
5398	45270		69988			8443
21600	33815	10380	129994	14087	127745	
71111	24000	73758	98228	98494	73654	13410
95144	27510	76269	131462	88328	77398	13192
128509	73563	117202	142012	230033	77410	20081
10741	18737		18700	36989	42765	
22295	1200	9050			89689	3896
14589	91836	95920	287780	81495	34658	6742
53528	21768	74454	68565	24077	162504	9008
11059	2840	65779	14050	91551	23000	
5419		25855	24315	4741	68600	
16000	19160			105		81926
			4600			
87334	176558	94330	183307	176039	29233	2654
87334	166758	29772	176707	148228	4910	
		17850		27811		
	9800	46708	6600		24323	2654
50030	93194	13787	63925	6243	20294	
	27472	5127	12390			
38011	34430		13500	6243	13500	
	26392		34535			
12019	4900	8660	3500		6794	
528352	26180	109262	107372	35874	27900	
359641	14380	49025	63933	35874		

固定资产项目投资完成

	全　市	市　直	淮安区	淮阴区
零售业	420677	5000	52538	51052
交通运输、仓储和邮政业	1035589		32013	99986
铁路运输业				
道路运输业	674067		19223	64430
水上运输业	52545			28688
航空运输业				
管道运输业				
装卸搬运和运输代理业	42529		10790	
仓储业	258804			6868
邮政业	7644		2000	
住宿和餐饮业	143992		16045	
住宿业	43626			
餐饮业	100366		16045	
信息传输、软件和信息技术服务业	460705		43798	4706
电信、广播电视和卫星传输服务	54407		43798	
互联网和相关服务	17855			
软件和信息技术服务业	388443			4706
金融业	39131			
货币金融服务	39131			
资本市场服务				
保险业				
其他金融业				
房地产业	556280		14215	21573
房地产业	556280		14215	21573
租赁和商务服务业	430732		9950	16518
租赁业	21806		5000	
商务服务业	408926		4950	16518
科学研究和技术服务业	158125		31900	5065
研究和试验发展	33358			4365
专业技术服务业	52693		18500	700
科技推广和应用服务业	72074		13400	
水利、环境和公共设施管理业	1044012	28037	242199	43935
水利管理业	279810	19132	54873	
生态保护和环境治理业	39586			19295
公共设施管理业	724616	8905	187326	24640
居民服务、修理和其他服务业	76979		4785	
居民服务业	36718			
机动车、电子产品和日用产品修理业	30828			
其他服务业	9433		4785	
教育	254447		14890	9968
教育	254447		14890	9968
卫生和社会工作	150761			8010
卫生	94571			8010

情 况（500万元以上，不含房地产）(续三)

单位：万元

清江浦区	洪泽区	涟水县	盱眙县	金湖县	开发区	工业园区
168711	11800	60237	43439		27900	
215242	38461	264709	44200	95349	245629	
180306	30938	224197	44200	79962	30811	
23857						
5435	7523	4050			14731	
		36462		15387	200087	
5644						
43877	10130	38192	25500	10248		
11559	3530	23992		4545		
32318	6600	14200	25500	5703		
22122	20830		27155		342094	
10609						
			17855			
11513	20830		9300		342094	
39131						
39131						
67287	40674	245837		36016	130678	
67287	40674	245837		36016	130678	
164181	52990	21755	133629	8186	20540	2983
16806						
147375	52990	21755	133629	8186	20540	2983
44684		31166	45310			
6093			22900			
10703		17890	4900			
27888		13276	17510			
131432	104308	193356	4500	165896	128555	1794
5940	7700	151090	4500	36575		
10675	4836	4780				
114817	91772	37486		129321	128555	1794
52914	4500	14780				
36718						
11548	4500	14780				
4648						
80870		80588	59701	8430		
80870		80588	59701	8430		
54578	7958	57560	22655			
28546	4800	51560	1655			

	全　　市	市　　直	淮安区	淮阴区
社会工作	56190			
文化、体育和娱乐业	114650		4850	3800
新闻和出版业				
广播、电视、电影和影视录音制作业	11802			
文化艺术业	46916			
体育	34411		4850	3800
娱乐业	21521			
公共管理、社会保障和社会组织	168650		6344	7700
中国共产党机关	15000			
国家机构	127577		4344	7700
人民政协、民主党派				
社会保障				
群众团体、社会团体和其他成员组织	24073			
基层群众自治组织	2000		2000	
三、本年新增固定资产（万元）	14862634	122806	2714451	2526588
四、项目个数（个）				
1. 施工项目个数	3151	55	600	579
其中：本年新开工	2570	10	542	425
2. 本年投产项目个数	2515	15	590	485
五、房屋建筑面积（平方米）				
1. 本年施工房屋面积	10500375	25493	1081481	1164365
其中：住宅	617043		35860	8864
2. 本年竣工房屋面积	4960555		636331	329265
其中：住宅	350663		34720	3344
六、本年资金来源合计	21381929	1155480	2730388	3020321
1. 上年末结余资金	149043	3000	8120	29941
2. 本年资金来源小计	21232886	1152480	2722268	2990380
（1）国家预算资金	299881		7785	950
其中：中央预算资金	21519			
（2）国内贷款	867835	37659	244434	165535
（3）债券				
（4）利用外资	76975		9570	
其中：外商直接投资	62739		6800	
（5）自筹资金	19343416	1110621	2338417	2773491
其中：企、事业单位自有资金	6948916	2	550111	1149018
其中：股东投入资金	1117845	2300	167491	342840
其中：借入资金	306275	6600	110033	32486
（6）其他资金来源	1748584	108411	125611	80727
七、各项应付款合计	2085061	4200	956807	230903
其中：工程款	1336132	6187	474171	68502

情 况（500万元以上，不含房地产）（续四）

单位：万元

清江浦区	洪泽区	涟水县	盱眙县	金湖县	开发区	工业园区
26032	3158	6000	21000			
85164	13306	5170		2360		
11802						
45116	1800					
16695	6706			2360		
11551	4800	5170				
5152	10300	103186	1800	34168		
		15000				
		88186	1800	25547		
5152	10300			8621		
2268013	1364040	2142982	1905098	1468398	226313	123945
336	290	425	414	314	66	72
309	254	373	323	245	23	66
319	218	314	299	216	23	36
143751	2003783	1187403	1897684	2755748	240667	
	69630	127780	105200	145416	124293	
110776	870075	489215	673117	1650139	201637	
	68630	32310	20100	74100	117459	
2834698	1993645	3145985	3168842	1851882	1128705	351983
42098	4600	5810	16802	11675	26997	
2792600	1989045	3140175	3152040	1840207	1101708	351983
5800	70267	205217	4800	5062		
	9459	12060				
2100	24000	96250	181704	3252	112901	
6130	31800	22225	4200	3050		
5314	31800	14625	4200			
2719680	1842248	2728225	2940482	1659829	878440	351983
1747654	1150814	376689	445910	1420031	108687	
34088	16850	157939	84300	27650	284387	
11800	36560	3600	19050	86146		
63247	63161	336316	123743	77964	769404	
66675	1169	366682	246262	101996	110367	
66807	6356	421971	137849	8274	146015	

	全　市	淮安区	淮阴区
企业个数	352	34	42
一、计划总投资及本年完成投资			
计划总投资	22628742	2388193	2712152
自开始建设累计完成投资	14247818	1753900	1658348
房地产开发完成投资	3214134	490678	350119
其中：国有经济控股	199059	55642	31436
二、项目规划情况			
1. 项目规划占地面积	38716737	3921525	3231523
2. 项目规划建筑面积	62286020	7172816	7159895
其中：住宅	44831266	4934284	4856753
商业营业用房	9953923	1283478	1243616
办公楼	1077471	74100	100439
其他	6423360	880954	959087
3. 规划住宅套数	370988	43498	42135
其中：90 平方米以下	111524	9251	15838
140 平方米以上	31226	932	2000
其中：别墅、高档公寓	5074		404
三、本年投资完成额按构成分			
建筑工程	2147043	259528	210258
安装工程	225100	44569	47536
设备工器具购置	103996	3442	9061
其他费用	737995	183139	83264
其中：土地购置费	602628	163401	62260
四、本年投资完成额按用途分			
住宅投资	2229907	397353	262347
其中：90 平方米及以下	766966	115760	132592
其中：140 平方米以上	277936	28889	41908
其中：经济适用房			
其中：别墅、高档公寓	31635	1823	2800
办公楼	159250	7051	7946
商业营业用房	700354	72174	53903
其他	124623	14100	25923
本年新增固定资产	1261612	225797	158171

投　资　完　成　情　况

单位：个、万元

清江浦区	洪泽区	涟水县	盱眙县	金湖县	开发区
73	39	30	42	32	60
7264168	932014	1899516	2493555	842614	4096530
4111467	711331	1382270	1500383	576630	2553489
893004	125043	238287	456574	118826	541603
52674	13029	7348	23000	15002	928
5089776	1599479	11773401	3703267	2032793	7364973
14146744	3448547	7750167	5936539	3843490	12827822
9999243	2482530	5947939	4015433	2849390	9745694
1882192	534897	1315274	1637860	677310	1379296
552455	44340	6850	53448	31992	213847
1712854	386780	480104	229798	284798	1488985
78524	23684	53942	28741	25277	75187
26091	7447	11972	13439	5701	21785
11612	271	1532	3171	780	10928
1818	1090	460	118	381	803
534288	116357	160371	360160	90733	415348
32561	4976	11566	14055	455	69382
64094	949	1037	21077	555	3781
262061	2761	65313	61282	27083	53092
249633		24439	54473	21794	26628
530631	85770	202234	201077	94267	456228
191739	10827	49173	117213	11517	138145
79076	3003	11914	13607	11815	87724
5843	819	450		8429	11471
136590	394	1000	1000	66	5203
184802	34421	33055	241706	21336	58957
40981	4458	1998	12791	3157	21215
265089		68021	97387	58356	388791

房　　地　　产　　销

	全　　市	淮 安 区	淮 阴 区
总　　计			
房屋施工面积	28721048	3128992	3817205
其中：新开工面积	6733309	818552	899207
房屋竣工面积	3706601	703636	363867
其中：不可销售面积	276533	192056	15082
商品住宅竣工套数			
竣工房屋价值	1038303	169121	93630
出租房屋面积			
商品房销售面积	8698017	1201920	1115536
其中：现房销售面积	2149146	398213	36227
其中：期房销售面积	6548871	803707	1079309
商品房销售额	4168457	564012	522915
其中：现房销售额	991667	164865	18793
其中：期房销售额	3176790	399147	504122
商品住宅销售套数			
其中：现房销售套数			
其中：期房销售套数			
空置面积	2333269	250510	216663
其中：空置 1－3 年面积	1240872	178256	158922
其中：空置 3 年以上面积	98333		8288
按用途分			
（一）住宅			
房屋施工面积	21784402	2315607	2775191
其中：新开工面积	4700792	639370	613635
房屋竣工面积	2757521	551454	278120
其中：不可销售面积	154226	142656	
商品住宅竣工套数	24505	5262	3109
竣工房屋价值	798934	141665	71780
出租房屋面积			
商品房销售面积	7490812	1070309	982684
其中：现房销售面积	1600319	318885	27282

售　　情　　况

单位：平方米

清江浦区	洪泽区	涟水县	盱眙县	金湖县	开发区
6408324	2392540	4383619	1892081	1391649	5306638
2196212	447434	786476	671653	365325	548450
716378		289175	425757	269575	938213
22972			14555		31868
227222		52232	67085	57336	371677
1921268	453060	1184261	1081727	399832	1340413
381655		286681	683169	85637	277564
1539613	453060	897580	398558	314195	1062849
1112974	163533	422870	492108	158131	731914
217886		98539	330314	32549	128721
895088	163533	324331	161794	125582	603193
190454	2873	378894	595777	104679	593419
74278	2873	126639	240357	45699	413848
289		80710			9046
4567979	1837575	3478080	1398920	1061916	4349134
1347393	377060	631883	403459	269256	418736
576438		194372	130952	185902	840283
					11570
4382		1846	1345	1606	6955
162803		31570	31114	33999	326003
1715459	362872	963233	770795	319044	1306416
351211		204760	381430	45888	270863

	全　市	淮安区	淮阴区
其中：期房销售面积	5890493	751424	955402
商品房销售额	3353402	480184	442027
其中：现房销售额	660425	118891	12928
其中：期房销售额	2692977	361293	429099
商品住宅销售套数	69095	10483	9579
其中：现房销售套数	15748	3500	214
其中：期房销售套数	53347	6983	9365
空置面积	1416520	149400	132313
其中：空置1－3年面积	865246	112223	107950
其中：空置3年以上面积	32071		8122
1. 其中：90平方米及以下住房			
房屋施工面积	6260450	585690	1295109
其中：新开工面积	987135	61149	321742
房屋竣工面积	807613	285829	100139
其中：不可销售面积	142656	142656	
商品住宅竣工套数	9654	3280	1292
竣工房屋价值	213760	70481	21395
出租房屋面积			
商品房销售面积	1683602	274427	283190
其中：现房销售面积	700791	242868	2376
其中：期房销售面积	982811	31559	280814
商品房销售额	717423	100251	122113
其中：现房销售额	275119	86920	870
其中：期房销售额	442304	13331	121243
商品住宅销售套数	19843	3169	3388
其中：现房销售套数	7964	2798	29
其中：期房销售套数	11879	371	3359
空置面积	348657		32955
其中：空置1－3年面积	204244		19228
其中：空置3年以上面积			

售　　情　　况（续一）

单位：平方米、万元

清江浦区	洪泽区	涟水县	盱眙县	金湖县	开发区
1364248	362872	758473	389365	273156	1035553
870423	126768	312967	293758	118430	708845
191663		59434	135645	17316	124548
678760	126768	253533	158113	101114	584297
15199	3464	8761	7675	2814	11120
3405		1929	4104	390	2206
11794	3464	6832	3571	2424	8914
124005	2873	200447	296137	16833	494512
42654	2873	70251	158623	10543	360129
289		23660			
916454	462575	903748	436293	104662	1555919
300647	5800	71419	122342	17960	86076
175268		10240	61239	32666	142232
2035		238	772	380	1657
62313		1260	10647	5917	41747
357961	43618	89904	354885	42911	236706
130834		439	290091	3653	30530
227127	43618	89465	64794	39258	206176
184812	17149	29737	129589	14185	119587
68751		160	104216	1066	13136
116061	17149	29577	25373	13119	106451
4403	574	1034	4004	492	2779
1466		9	3254	44	364
2937	574	1025	750	448	2415
25178	2873	1776	147526	2255	136094
	2873		72075	1879	108189

房　　地　　产　　销

	全　　市	淮 安 区	淮 阴 区
2. 其中：140 平方米及以下住房			
房屋施工面积	2034893	86131	245933
其中：新开工面积	400895	28677	61157
房屋竣工面积	218161	26190	30903
其中：不可销售面积			
商品住宅竣工套数	1241	166	65
竣工房屋价值	61319	8091	9234
出租房屋面积			
商品房销售面积	567920	33422	44952
其中：现房销售面积	143769	4484	14479
其中：期房销售面积	424151	28938	30473
商品房销售额	284990	15042	22010
其中：现房销售额	72901	2154	5732
其中：期房销售额	212089	12888	16278
商品住宅销售套数	3283	220	275
其中：现房销售套数	780	29	89
其中：期房销售套数	2503	191	186
空置面积	189005	8349	26797
其中：空置 1－3 年面积	102096	5218	3961
其中：空置 3 年以上面积	5496		5496
3. 其中：别墅、高档公寓			
房屋施工面积	363272	13670	54012
其中：新开工面积	61833		20433
房屋竣工面积	48304		30903
其中：不可销售面积			
商品住宅竣工套数	157		65
竣工房屋价值	20377		9234
出租房屋面积			
商品房销售面积	164172		7430
其中：现房销售面积	49121		926
其中：期房销售面积	115051		6504

售　　情　　况（续二）

单位：万元、平方米

清江浦区	洪泽区	涟水县	盱眙县	金湖县	开发区
796630	29197	185676	88046	74903	528377
216804		18869	1000	16733	57655
12485		28566	1000	2795	116222
85		196	6	15	708
3196		2157	250	517	37874
202574	5200	21126	46357	34747	179542
40827		18311	9922	886	54860
161747	5200	2815	36435	33861	124682
110865	1998	5220	21325	13210	95320
26707		4296	3829	296	29887
84158	1998	924	17496	12914	65433
1148	34	135	300	163	1008
229		122	53	5	253
919	34	13	247	158	755
43890		7606	35468	5876	61019
256		150	35268	4609	52634
28372	32412	79827		33932	121047
15872				10018	15510
				2795	14606
				15	77
				517	10626
62634		24216		24160	45732
13771					34424
48863		24216		24160	11308

	全　　市	淮 安 区	淮 阴 区
商品房销售额	83272		5410
其中：现房销售额	31209		1004
其中：期房销售额	52063		4406
商品住宅销售套数	773		44
其中：现房销售套数	179		5
其中：期房销售套数	594		39
空置面积	64178		15384
其中：空置 1－3 年面积	9877		
其中：空置 3 年以上面积	289		
（二）办公楼			
房屋施工面积	790780	51985	99246
其中：新开工面积	443208	3483	85801
房屋竣工面积	75770	23400	8338
其中：不可销售面积	1430	930	
商品住宅竣工套数			
竣工房屋价值	17866	3556	2400
出租房屋面积			
商品房销售面积	166828	38659	12123
其中：现房销售面积	50732	13530	
其中：期房销售面积	116096	25129	12123
商品房销售额	87896	25502	7092
其中：现房销售额	21658	10498	
其中：期房销售额	66238	15004	7092

售情况（续三）

单位：万元、平方米

清江浦区	洪泽区	涟水县	盱眙县	金湖县	开发区
35294		7341		8070	27157
11007					19198
24287		7341		8070	7959
264		179		103	183
60					114
204		179		103	69
38804					9990
256					9621
289					
516338	21884	67702	9180	1103	23342
307620	2207	30000	6330		7767
		37202	6330		500
					500
		11160	600		150
48844		67202			
		37202			
48844		30000			
38142		17160			
		11160			
38142		6000			

	全市	淮安区	淮阴区
商品住宅销售套数			
其中：现房销售套数			
其中：期房销售套数			
空置面积	58478	960	
其中：空置1－3年面积	1625	960	
其中：空置3年以上面积	15500		
（三）商业营业用房			
房屋施工面积	4159953	433222	491020
其中：新开工面积	1107237	140131	107602
房屋竣工面积	666916	72114	35891
其中：不可销售面积	23322	19902	289
商品住宅竣工套数			
竣工房屋价值	164588	16286	9881
出租房屋面积			
商品房销售面积	927497	59319	75781
其中：现房销售面积	446758	32165	8441
其中：期房销售面积	480739	27154	67340
商品房销售额	693726	54187	59082
其中：现房销售额	297698	31337	5752
其中：期房销售额	396028	22850	53330
商品住宅销售套数			
其中：现房销售套数			
其中：期房销售套数			

售　　情　　况（续四）

单位：万元、平方米

清江浦区	洪泽区	涟水县	盱眙县	金湖县	开发区
		45000	6330	3066	3122
					665
		15000			500
940864	346778	654968	452817	251835	588449
367466	16525	99572	260226	60344	55371
86769		56001	273750	78162	64229
					3131
41175		9182	32716	21914	33434
135245	90188	149890	307886	79512	29676
19115		43119	298739	38762	6417
116130	90188	106771	9147	40750	23259
192699	36765	91378	197880	39398	22337
19681		27625	194219	14965	4119
173018	36765	63753	3661	24433	18218

	全　市	淮安区	淮阴区
空置面积	726313	70493	69101
其中：空置1-3年面积	273721	35416	36248
其中：空置3年以上面积	42050		
（四）其他商品房			
房屋施工面积	1985913	328178	451748
其中：新开工面积	482072	35568	92169
房屋竣工面积	206394	56668	41518
其中：不可销售面积	97555	28568	14793
商品住宅竣工套数			
竣工房屋价值	56915	7614	9569
出租房屋面积			
商品房销售面积	112880	33633	44948
其中：现房销售面积	51337	33633	504
其中：期房销售面积	61543		44444
商品房销售额	33433	4139	14714
其中：现房销售额	11886	4139	113
其中：期房销售额	21547		14601
商品住宅销售套数			
其中：现房销售套数			
其中：期房销售套数			
空置面积	131958	29657	15249
其中：空置1-3年面积	100280	29657	14724
其中：空置3年以上面积	8712		166

售　　　情　　　况（续五）

单位：万元、平方米

清江浦区	洪泽区	开发区	涟水县	盱眙县	金湖县
60075		132506	285789	76116	32233
25330		56330	79347	26492	14558
		42050			
383143	186303	182869	31164	76795	345713
173733	51642	25021	1638	35725	66576
53171		1600	14725	5511	33201
22972			14555		16667
23244		320	2655	1423	12090
21720		3936	3046	1276	4321
11329		1600	3000	987	284
10391		2336	46	289	4037
11710		1365	470	303	732
6542		320	450	268	54
5168		1045	20	35	678
6374		941	7521	8664	63552
6294		58	2387	8664	38496
					8546

8

运输、邮电和电力

本篇编辑：孙永军　伍华森　张　怡　周兴旺　姚云聪

交　通　运　输、邮　电

	单　　位	全　　市	市　　区	淮 安 区
一、交通				
公路里程	公里	13354	6577	2052
#等级公路	公里	12592	6227	1954
#高速公路	公里	403	237	81
一级公路	公里	632	352	83
公路客运量	万人	8332	4979	1350
公路货运量	万吨	6187	2990	581
内河港口货物吞吐量	万吨	9050	9050	
水上客运量	万人	7.3	7.3	
水上货运量	万吨	6027	5081	2257
公路客运周转量	亿人公里	46.34	27.69	7.50
公路货运周转量	亿吨公里	181.58	87.75	17.05
水上客运周转量	万人公里	125.32	125.32	
水上货运周转量	亿吨公里	190.56	160.65	71.36
民用汽车拥有量	辆	402567	274798	66054
#私人汽车拥有量	辆	397623	271611	64553
二、邮电				
邮政局（所）数	处	171	171	
邮电业务总量	万元	471494	348050	65591
固定电话用户	万户	78.00	54.19	10.54
#农村电话用户	万户	32.00	18.00	6.80
移动电话年末用户	万户	422.00	172.80	28.60
#3G 移动电话用户	万户	275.00	93.90	29.70
互联网宽带接入用户	万户	95.00	45.93	16.61
三、电力				
全年用电量	万千瓦时	1632035	1182224	215939
#工业用电	万千瓦时	1067034	806431	120919
城乡居民生活用电	万千瓦时	299757	299757	

和电力情况

淮阴区	清江浦区	洪泽区	开发区	涟水县	盱眙县	金湖县
2155	514	1488	368	2554	2724	1499
1955	514	1439	364	2307	2724	1334
91	31	34		41	117	8
98	79	52	39	124	74	82
1061		580		1510	1157	686
973	342	261		1531	1438	228
		1.1				
330	108	1901		442	254	250
5.90		3.23		8.40	6.43	3.82
28.56	10.04	7.66		44.93	42.21	6.69
		19				
10.43	3.41	60.10		13.98	8.03	7.90
71587	91829	20881	24447	66125	38508	23136
70438	91555	20757	24308	65063	38027	22922
49159		27581		51652	43477	28315
13.00		4.20		10.48	9.82	3.51
8.50		1.50		8.60	4.26	1.14
48.80		30.60		169.00	56.50	23.70
21.30		4.90		136.00	32.00	13.10
13.98		7.70		27.88	13.64	7.55
162828		179896		166877	175086	107848
83302	39007	143537	149206	89388	102584	68631

9

批发零售贸易、住宿餐饮业和对外经济

本篇编辑：陆建国　李　元　薛　晔

社 会 消 费 品 零 售 总 额

单位：万元

	社会消费品零售总额	按销售所在地分			按行业分	
		城镇	#城区	乡村	批发和零售业	住宿和餐饮业
全市	**10838277**	**9645011**	**5026803**	**1193266**	**9783007**	**1055270**
按季度分						
一季度	2674353	2444383	1252583	229970	2446826	227527
二季度	2582840	2262260	1225565	320580	2343986	238854
三季度	2637545	2346447	1275152	291098	2381984	255561
四季度	2943539	2591921	1273503	351618	2610212	333327
按地区分						
淮安区	1722260	1583539	970210	138721	1486861	235399
淮阴区	1190811	1082447	769740	108364	1122935	67876
清江浦区	2858668	2791254	2615186	67414	2585855	272813
洪泽区	940307	632562	92008	307745	844763	95544
涟水县	1300339	1199168	237187	101171	1199023	101316
盱眙县	1238938	888069	60234	350869	1098899	140039
金湖县	907592	798185	30316	109407	813467	94125
开发区	679363	679363	212980	0	629598	49765

限额以上批发和零售业

	法人单位数（个）	年末从业人员数（人）	商品购进总额	#进口额
总　　计	**907**	**32321**	**11059616**	**36284**
（一）批发业	441	13469	7144392	16217
其中：国有控股	72	1799	818694	
1. 按登记注册类型分组				
内资企业	439	13409	7139607	16217
#国有企业	65	1593	675665	
集体企业	4	99	26956	
股份合作企业				
有限责任公司	129	3928	1211195	16217
国有独资公司	1	14	25672	
其他有限责任公司	128	3914	1185523	16217
股份有限公司	9	324	54948	
私营企业	230	7394	5163334	
#私营独资公司	7	114	40925	
私营有限责任公司	216	6649	4944510	
私营股份有限公司	7	631	177900	
其他企业	2	71	7510	
港、澳、台商投资企业	2	60	4785	
#港、澳、台商独资经营企业	2	60	4785	
外商投资企业				
#外资企业				
2. 按国民经济行业分组				
农、林、牧产品批发	103	2115	621281.3	
食品、饮料及烟草制品批发	40	2733	901947.5	
纺织、服装及家庭用品批发	53	1443	221196.4	4304.8
文化、体育用品及器材批发	13	268	112291	
医药及医疗器材批发	14	933	266702.2	1440.8
矿产品、建材及化工产品批发	125	4037	4404938.2	
机械设备、五金产品及电子产品批发	60	1258	309337.4	10471.6
贸易经纪与代理	10	218	45217.3	
其他批发业	23	464	261480.7	

法人企业商品购销存

单位：万元

商品销售总额	批发额	#出口额	零售额	年末商品库存总额	年末零售营业面积（平方米）
12016055	**7745220**	**58018**	**4270835**	**658622**	**1144645**
7648181	7359311	57013	288869	291176	190303
1004691	979882		24810	102671	38770
7642164	7354853	57013	287311	291138	190203
847070	823608		23461	68898	31270
29919	29652		267	8651	100
1333393	1243771	25530	89621	146863	58049
25943	25943			1351	
1307450	1217828	25530	89621	145512	58049
56483	45204		11279	1955	6216
5323773	5163054	31483	160719	61985	93937
40222	36731		3492	1866	2228
5090889	4940038	31483	150851	47214	79194
192662	186285		6377	12904	12515
51525	49563		1963	2787	631
6017	4459		1558	38	100
6017	4459		1558	38	100
739497.4	692015.4		47482	84806	52651
1053766.9	984696.1		69070.8	116180.3	14065
257805	213761.7	31437.8	44043.3	21444	25683
119200.5	114287	1698.3	4913.5	591.9	1987
285211.4	267665.6		17545.8	27842.7	9418
4486907.2	4433143	13673.5	53764.2	20448.8	47039
353634	322995.5	6693.9	30638.5	12444.8	14693
66594.4	66594.4	3509.8		1384.2	2627
285563.7	264152.4		21411.3	6033.6	22140

	法人单位数（个）	年末从业人员数（人）	商品购进总额	#进口额
3. 按经营方式分组	349	7935	2174356	2639
独立门店	2	22	3607	
连锁门店	2	32	7218	
其他	88	5470	4926845	13578
4. 按单位规模分				
大型	3	1165	747346	
中型	76	4150	1188724	10472
小型	318	7742	5025512	5746
微型	44	402	150444	
（二）零售业	466	18852	3915224	20067
其中：国有控股	14	1673	787213	
1. 按经济注册类型分组				
内资企业	455	17150	3808222	20067
#国有企业	3	139	14176	
集体企业	6	121	31985	
股份合作企业	2	78	3498	11
有限责任公司	122	6050	1782328	20056
#其他有限责任公司	122	6050	1782328	20056
股份有限公司	13	2195	602503	
私营企业	307	8474	1371119	
私营独资公司	48	688	128273	
私营合伙企业	4	58	26299	
私营有限责任公司	237	7076	1006332	
私营股份有限公司	18	652	210216	
其他企业	2	93	2613	
港、澳、台商投资企业	8	1389	81313	
#港、澳、台商独资经营企业	6	932	47801	
外商投资企业	3	313	25689	
#中外合资经营企业	2	54	6936	

法人企业商品购销存(续一)

单位：万元

商品销售总额	批发额	#出口额	零售额	年末商品库存总额	年末零售营业面积（平方米）
2424341	2252151	35216	172190	141884	135487
4281	3551		730	269	300
7239	7239			310	560
5177861	5061912	21798	115949	148478	53956
892157	847935		44222	107606	3200
1333487	1221942		111545	80912	68649
5196986	5071632	56031	125354	92294	106271
191092	183343	983	7749	10130	12183
4367874	385909	1005	3981966	367446	954342
831075	207199		623876	52751	38780
4173686	385909	1005	3787778	345159	888731
21605	834		20771	8246	3159
33482	2091		31391	1321	4705
4238			4238	905	3100
1922848	186347		1736501	186468	320507
1922848	186347		1736501	186468	320507
641840	112045		529796	34115	105843
1542496	84107	1005	1458388	113952	450277
141534	15046		126488	7435	38646
30109	3545		26564	5843	1000
1146978	56779	1005	1090200	79244	368839
223875	8739		215137	21430	41792
7178	485		6694	152	1140
163526			163526	18158	60911
82185			82185	12589	51030
30662			30662	4129	4700
10666			10666	25	1500

	法人单位数（个）	年末从业人员数（人）	商品购进总额	#进口额
2. 按国民经济行业分组				
综合零售	55	7178	565651	11
食品、饮料及烟草制品专门零售	45	821	83019	
纺织、服装及日用品专门零售	25	449	58802	
文化、体育用品及器材专门零售	21	577	71161	
医药及医疗器材专门零售	44	2474	383585	
汽车、摩托车、燃料及零配件专门零售	143	4577	1834583	20056
家用电器及电子产品专门零售	64	1434	211609	
五金、家具及室内装饰材料专门零售	32	565	562494	
货摊、无店铺及其他零售业	37	777	144319	
3. 按经营方式分组				
独立门店	415	12662	3203976	20067
连锁总店（总部）	3	742	32463	
连锁门店	14	4074	250738	
其他	34	1374	428047	
4. 按零售业态分组				
有店铺零售	455	18524	3901016	20067
食杂店	3	87	21518	
便利店	7	181	33742	
超市	29	1168	96479	11
大型超市	14	4904	222562	
百货店	16	1103	232617	
专业店	256	7220	2240595	
专卖店	111	3059	935965	20056
家居建材店	4	160	10306	
购物中心	1	244	63118	
厂家直销中心	14	398	44116	
无店铺零售	11	328	14208	
5. 按单位规模分				
大型	7	5420	448911	
中型	70	6782	1669089	20067
小型	252	5674	1532649	
微型	137	976	264575	

法人企业商品购销存(续二)

单位：万元

商品销售总额	批发额	#出口额	零售额	年末商品库存总额	年末零售营业面积（平方米）
713418	6107		707311	121092	408689
110372	33332		77040	25184	16523
70006	8188	1005	61819	3593	19222
83226	3929		79297	22517	23259
440266	100429		339837	41068	30797
1978228	194014		1784214	85515	289857
240029	27960		212068	9277	81914
572900	4622		568278	57116	23435
159430	7328		152102	2084	60646
3550701	268071		3282630	233060	671027
36560			36560	4220	26428
338957	24444		314513	96846	172685
441656	93393	1005	348263	33320	84202
4349611	384904		3964707	366933	948844
17377	2185		15192	20029	839
34224	1415		32809	834	4778
103093	3521		99572	8425	41422
308454	95		308359	105711	291402
288682	2449		286233	7241	78915
2485997	307510		2178487	112058	296897
986437	55382		931055	106226	184060
12583	2473		10110	4357	1350
57888	5789		52099	2	30000
54876	4084		50792	2051	19181
18263	1005	1005	17258	513	5498
552914	24444		528470	97923	226241
1833246	211052		1622193	118330	308105
1675734	118835	1005	1556899	111720	348199
305980	31577		274403	39472	71797

	法人企业数（个）	年初存货	流动资产合计	#应收账款	#存货
总计	**907**	**409961**	**1754172**	**318079**	**361983**
（一）批发业	441	203059	926439	198950	182037
其中：国有控股	72	86658	373826	38102	78010
1. 按登记注册类型分组					
内资企业	439	203027	925230	198732	181989
#国有企业	65	53524	251158	17506	44227
集体企业	4	6338	3530	365	2019
股份合作企业					
有限责任公司	129	89752	371253	91118	93893
国有独资公司	1	1801	2152		1351
其他有限责任公司	128	87951	369101	91118	92542
股份有限公司	9	1747	13509	5704	4083
私营企业	230	42791	281900	84003	37750
#私营独资公司	7	713	1229	363	125
私营有限责任公司	216	31811	246085	82825	27544
私营股份有限公司	7	10267	34586	815	10081
其他企业	2	8876	3880	35	16
港、澳、台商投资企业	2	32	1209	218	47
#港、澳、台商独资经营企业	2	32	1209	218	47
外商投资企业					
#外资企业					
2. 按国民经济行业分组					
农、林、牧产品批发	103	77552	132859	25039	51355
食品、饮料及烟草制品批发	40	57525	269556	16666	59692
纺织、服装及家庭用品批发	53	16120	124717	21858	17094
文化、体育用品及器材批发	13	631	22559	11705	449
医药及医疗器材批发	14	19888	76568	30680	26033
矿产品、建材及化工产品批发	125	16567	218982	62831	14909
机械设备、五金产品及电子产品批发	60	11162	58045	21432	9767
贸易经纪与代理	10	1320	10073	4033	1090
其他批发业	23	2294	13080	4706	1647

法人企业主要财务状况（一）

单位：万元

固定资产合计	固定资产原价	累计折旧	#本年折旧	在建工程	资产总计	流动负债合计	#应付账款
628446	**839362**	**220762**	**50449**	**14040**	**2923608**	**1395468**	**373775**
226178	298169	78724	19462	3845	1474485	632557	205679
57646	91442	35279	3563	2102	447649	204182	29600
225991	297958	78700	19446	3845	1473090	632354	205551
46214	75750	31020	2797	2004	306913	88694	12731
1321	1653	332	24		5088	1410	41
75549	94058	18770	9270	918	686834	309495	112344
3650	4045	395	155	19	6556	2155	
71899	90013	18375	9115	899	680278	307341	112344
12209	16587	4379	1375		27405	6557	980
88835	106162	22298	5434	923	440377	224360	79454
2507	2648	280	101		4291	723	390
81841	97283	20197	4888	923	385314	189304	77780
4487	6232	1821	445		50773	34334	1284
1864	3749	1902	546		6473	1839	
187	211	24	16		1396	203	128
187	211	24	16		1396	203	128
59793	79979	21939	5033	2004	211177	109749	19618
71188	101212	30872	7314	954	547601	152088	32307
27239	34593	8008	1912	660	188826	71526	19700
3937	4352	463	213	42	39414	31763	28578
11851	15554	3896	1574	2	94224	77206	45043
34019	39334	8298	2570	34	275669	137223	32665
11109	13303	2281	510	149	80378	36213	22258
2034	3175	1144	96		16655	10541	4215
5009	6669	1824	238		20542	6248	1294

	法人企业数（个）	年初存货	流动资产合计	#应收账款	#存货
3. 按经营方式分组					
独立门店	349	115034	416017	97052	90948
连锁门店	2	375	1119	64	8
其他	88	87543	508399	101511	90811
4. 按单位规模分					
大型	3	48873	218619	14305	58828
中型	76	79930	304606	86552	71699
小型	318	69497	272737	84230	49892
微型	44	4758	130476	13864	1618
（二）零售业	466	206902	827733	119129	179946
其中：国有控股	14	52094	155577	49957	65408
1. 按经济注册类型分组					
内资企业	455	196064	812031	117375	177862
#国有企业	3	2343	8400	282	2295
集体企业	6	909	6426	2111	537
股份合作企业	2	1024	1311		1136
有限责任公司	122	83242	233196	22244	89513
#其他有限责任公司	122	83242	233196	22244	89513
股份有限公司	13	33657	312369	50282	26575
私营企业	307	74787	249926	42184	57752
私营独资公司	48	3623	13050	2197	4027
私营合伙企业	4	619	470	229	57
私营有限责任公司	237	53977	197316	32600	47380
私营股份有限公司	18	16568	39091	7158	6288
其他企业	2	102	405	273	54
港、澳、台商投资企业	8	10283	9815	1564	1782
#港、澳、台商独资经营企业	6	9171	5723	1276	1157
外商投资企业	3	556	5887	190	302
#中外合资经营企业	2	555	2896	45	302

法人企业主要财务状况（一）（续一）

单位：万元

固定资产合计	固定资产原价	累计折旧	#本年折旧	在建工程	资产总计	流动负债合计	#应付账款
146933	183556	42864	10176	2469	660828	331939	91960
252	305	53	20		1370	561	81
78231	113440	35698	9226	1376	810620	299790	113639
41687	64923	23236	6584	359	442055	110935	43502
73882	99458	27462	6053	334	437646	227883	85402
106822	128586	26462	6662	2306	430592	211773	65738
3786	5201	1564	163	846	164193	81966	11037
402268	541193	142038	30987	10195	1449123	762911	168096
63198	103024	39826	6679	6465	278035	135466	53324
349336	463818	117494	25519	9380	1353663	713282	146280
1386	3968	2583	65		11010	4893	1636
5814	7780	1972	404	479	12346	6292	714
386	514	127	37		1697	1285	
94470	130386	36837	7600	7354	411366	214066	20201
94470	130386	36837	7600	7354	411366	214066	20201
78569	112738	34169	5648	345	419534	284553	81176
168546	208229	41769	11742	1202	497140	201887	42343
11822	14075	2754	1064		33061	7422	2027
1287	1564	277	34	8	2573	151	57
145455	175996	32052	10092	1148	397371	164500	37107
9983	16594	6686	552	46	64135	29814	3152
165	203	38	24		570	306	210
41702	63154	21552	4677	21	76949	40372	19045
23235	30708	7573	2755		37674	25504	18505
11230	14222	2992	791	795	18512	9257	2772
8147	9128	981	198	795	12439	5413	2563

	法人企业数（个）	年初存货	流动资产合计	#应收账款	#存货
2. 按国民经济行业分组					
综合零售	55	44521	274665	5631	25896
食品、饮料及烟草制品专门零售	45	5779	17784	3227	5310
纺织、服装及日用品专门零售	25	2566	13135	3599	1883
文化、体育用品及器材专门零售	21	10032	26143	1451	10675
医药及医疗器材专门零售	44	29532	126877	59110	33487
汽车、摩托车、燃料及零配件专门零售	143	92993	284913	24551	86304
家用电器及电子产品专门零售	64	9275	45609	8847	9667
五金、家具及室内装饰材料专门零售	32	7649	18581	4824	4453
货摊、无店铺及其他零售业	37	4555	20027	7890	2273
3. 按经营方式分组					
独立门店	415	160030	662437	60170	134184
连锁总店（总部）	3	5476	6191	56	3966
连锁门店	14	17466	42411	6857	15441
其他	34	23929	116694	52046	26356
4. 按零售业态分组					
有店铺零售	455	206635	823700	118650	179737
食杂店	3	775	2173	381	1247
便利店	7	617	4206	584	346
超市	29	5968	21051	2615	5349
大型超市	14	27072	44659	1361	16355
百货店	16	11663	207961	1381	4323
专业店	256	109446	361084	91191	113365
专卖店	111	46723	153508	14833	35833
家居建材店	4	449	1826	31	855
购物中心	1	0	14899	415	0
厂家直销中心	14	3923	12332	5858	2065
无店铺零售	11	267	4034	479	209
5. 按单位规模分					
大型	7	29043	245130	6155	17292
中型	70	117003	359437	64492	110241
小型	252	49500	181464	38977	40389
微型	137	11355	41702	9505	12025

法人企业主要财务状况（一）(续二)

单位：万元

固定资产合计	固定资产原价	累计折旧	#本年折旧	在建工程	资产总计	流动负债合计	#应付账款
128006	183855	56041	10332	67	451420	304118	60461
11862	13901	2105	699		32166	11112	2100
7119	9784	2685	813	8	23684	11152	2389
14376	21031	6668	1100		47983	15443	8113
17592	22542	4993	2920		153819	119585	54161
156467	211810	56935	10812	7978	558475	244519	25060
17053	21837	5130	1887	35	65144	18047	5067
6270	8125	1857	661		35269	12991	4420
43523	48309	5625	1765	2108	81163	25944	6327
341795	450974	112258	25139	9716	1181268	572216	100147
1689	3103	1414	125	57	8305	4623	2132
38006	61082	23076	3571	21	108420	77844	18487
20778	26034	5291	2152	402	151131	108229	47331
399462	538270	141796	30866	9797	1440932	760616	167619
609	785	176	51		3117	2314	426
7942	9847	1904	571		15968	3451	186
15437	21996	6659	2074		38266	19101	2641
42011	59965	18054	4496	21	103531	94455	20988
67773	98080	30361	3461	54	302173	190684	37393
156167	217268	63025	13107	7460	624012	295544	78828
92032	109614	18390	6105	1188	297162	137123	18278
70	120	50	16		5014	945	99
179	655	477	2		15364	1263	368
17243	19942	2701	985	1073	36326	15737	8413
2805	2924	242	121	399	8191	2294	478
80949	119750	38801	5084	21	351615	246314	41819
138834	204873	66911	15820	7508	617570	342786	81742
161688	189910	29726	8788	2142	402231	146678	36866
20797	26661	6600	1295	525	77707	27132	7670

	非流动负债合计	负债合计	所有者权益合计	#实收资本	国家资本
总　　计	**179822**	**1576587**	**1347021**	**566176**	**63175**
（一）批发业	98513	731505	742980	254774	39125
其中：国有控股	15416	219893	227756	43325	38882
1. 按登记注册类型分组					
内资企业	98513	731302	741788	253861	39125
#国有企业	14978	103967	202947	23748	21309
集体企业	1260	2670	2418	1442	
股份合作企业					
有限责任公司	61462	370962	315871	89837	17774
国有独资公司	436	2591	3965	3922	3922
其他有限责任公司	61025	368371	311907	85915	13852
股份有限公司	1378	7936	19469	8927	
私营企业	18077	242570	197807	128844	42
#私营独资公司	168	891	3400	2145	
私营有限责任公司	16538	205976	179339	121467	42
私营股份有限公司	1370	35704	15069	5232	
其他企业	1359	3197	3275	1063	
港、澳、台商投资企业		203	1192	913	
#港、澳、台商独资经营企业		203	1192	913	
外商投资企业					
#外资企业					
2. 按国民经济行业分组					
农、林、牧产品批发	22624	132671	78506	51286	32194
食品、饮料及烟草制品批发	60293	212381	335220	30126	1569
纺织、服装及家庭用品批发	5001	76527	112299	27467	4500
文化、体育用品及器材批发	182	31945	7470	3821	
医药及医疗器材批发	116	77322	16902	15111	
矿产品、建材及化工产品批发	4029	141389	134281	90391	742
机械设备、五金产品及电子产品批发	4005	40217	40161	25135	
贸易经纪与代理	1014	11554	5101	2353	
其他批发业	1251	7499	13043	9084	120

法人企业主要财务状况（二）

单位：万元

集体资本	法人资本	个人资本	港澳台资本	外商资本	主营业务收入	主营业务成本	主营业务税金及附加	其他业务利润
6895	**123566**	**349199**	**18438**	**4903**	**7597658**	**6527239**	**95316**	**27380**
4861	40377	166494	3914	2	3743322	3166218	75066	2033
649	3646	149			852045	700610	50995	486
4861	40377	166494	3001	2	3737768	3161692	75003	2033
649	1640	149			704174	557557	50939	187
1391		51			18813	15577	151	
806	22700	45555	3001	2	1192754	1018352	6897	1554
					26194	25672	0	5
806	22700	45555	3001	2	1166560	992680	6897	1550
1830	250	6847			54826	42133	1284	110
185	14875	113743			1715704	1483374	15382	182
		2145			36183	30607	271	
185	14825	106415			1498613	1306238	13598	182
	50	5182			180908	146529	1513	
	913	150			51498	44701	351	
			913		5554	4526	63	
			913		5554	4526	63	
2041	3026	14026			653206	577922	3888	163
	7819	20324	413		910346	687446	51516	163
605	4330	18032			241026	199176	2300	426
	1025	2796			115416	104234	1066	
	5196	9915			266389	246153	697	298
386	15040	73721	501	2	904012	805083	7363	374
1830	2812	17493	3000		325340	271287	3384	513
	100	2253			61321	48280	1373	96
	1030	7934			266267	226637	3480	

	非流动负债合计	负债合计	所有者权益合计	#实收资本	国家资本
3. 按经营方式分组					
独立门店	21499	353448	307381	195912	31613
连锁门店		561	809	230	
其他	77014	377229	433391	57302	7513
4. 按单位规模分					
大型	55476	166411	275644	6471	1305
中型	13203	241086	196560	75139	14579
小型	25073	237155	193437	127870	21758
微型	4761	86854	77339	45294	1484
（二）零售业	81309	845082	604041	311402	24050
其中：国有控股	6443	142719	135316	28807	23703
1. 按经济注册类型分组					
内资企业	80092	794236	559426	284777	24050
#国有企业	1535	6429	4581	803	803
集体企业	138	6431	5915	1273	
股份合作企业	64	1349	348	338	
有限责任公司	9584	223702	187664	92512	2400
#其他有限责任公司	9584	223702	187664	92512	2400
股份有限公司	38533	323896	95639	36383	20500
私营企业	30153	232040	265100	153289	347
私营独资公司	2092	9514	23548	17569	
私营合伙企业	200	351	2222	1918	
私营有限责任公司	22703	187202	210169	115450	347
私营股份有限公司	5159	34973	29162	18352	
其他企业	85	391	179	179	
港、澳、台商投资企业	1217	41589	35360	21624	
#港、澳、台商独资经营企业	1217	26720	10954	10257	
外商投资企业		9257	9255	5001	
#中外合资经营企业		5413	7026	3113	

法人企业主要财务状况（二）（续一）

单位：万元

集体资本	法人资本	个人资本	港澳台资本	外商资本	主营业务收入	主营业务成本	主营业务税金及附加	其他业务利润
4257	29911	129215	914	2	2153397	1819747	22159	1137
	200	30			7239	6858	5	
605	10266	35919	3000		1578453	1336101	52713	897
	166	5000			773987	596599	50131	323
605	13169	43787	3000		1172226	1004604	7683	931
4072	23166	77957	914	2	1649527	1435046	15430	801
185	3876	39750			147583	129969	1822	-21
2033	83189	182705	14524	4901	3854336	3361021	20250	25346
	4944	160			711537	651343	991	1777
2033	76189	182505			3680717	3219484	19157	17448
					16974	13921	36	101
1266	6				31983	28847	140	
		338			4233	3947	38	5
650	50199	39263			1781094	1589155	5391	7882
650	50199	39263			1781094	1589155	5391	7882
	14073	1810			473224	429739	1933	6945
117	11860	140965			1366784	1149433	11576	2515
	1496	16074			123282	96631	1323	8
10	704	1204			22705	13688	124	
107	9449	105546			1011606	854493	9288	1038
	211	18141			209192	184622	840	1470
	50	129			6426	4442	45	
	7000	100	14524		144577	118937	920	6086
		100	10157		74108	60125	476	4049
		100		4901	29042	22600	173	1813
		100		3013	9155	5473	98	104

	非流动负债合计	负债合计	所有者权益合计	#实收资本	国家资本
2. 按国民经济行业分组					
综合零售	36669	340787	110633	55743	100
食品、饮料及烟草制品专门零售	3726	14865	17301	8132	351
纺织、服装及日用品专门零售	435	11587	12097	7881	
文化、体育用品及器材专门零售	6184	21627	26356	11162	2852
医药及医疗器材专门零售	3332	123728	30091	17097	400
汽车、摩托车、燃料及零配件专门零售	11927	256470	302005	149502	20000
家用电器及电子产品专门零售	1913	19960	45184	20033	47
五金、家具及室内装饰材料专门零售	6314	19305	15964	9058	
货摊、无店铺及其他零售业	10809	36753	44410	32794	300
3. 按经营方式分组					
独立门店	71623	644700	536568	251598	3950
连锁总店（总部）	35	4658	3648	2243	
连锁门店	3932	81776	26644	34614	20100
其他	5720	113949	37181	22948	
4. 按零售业态分组					
有店铺零售	81039	842517	598415	306137	23750
食杂店	104	2418	699	601	351
便利店	125	3576	12391	9020	
超市	1529	20629	17637	9775	
大型超市	2185	96640	6891	16431	100
百货店	33111	223795	78377	24451	
专业店	25330	321691	302321	124791	23299
专卖店	14849	152018	145144	105299	
家居建材店	1667	2612	2402	485	
购物中心		1263	14101	5000	
厂家直销中心	2138	17875	18451	10283	
无店铺零售	270	2565	5627	5265	300
电话购物					
5. 按单位规模分					
大型	33319	279633	71982	33543	20000
中型	12449	356045	261525	106670	2600
小型	30316	177046	225185	143190	1403
微型	5225	32358	45349	27998	47

法人企业主要财务状况（二）（续二）

单位：万元

集体资本	法人资本	个人资本	港澳台资本	外商资本	主营业务收入	主营业务成本	主营业务税金及附加	其他业务利润
72	18443	21389	13851	1888	528660	429200	3030	19302
107	639	7035			89846	70777	1976	2
1000	759	6122			59022	46214	718	
	2005	6305			73426	53533	374	878
	4722	11976			381558	342274	1449	481
204	39266	89988	43		1796087	1629913	7899	4578
	1306	18681			223916	176847	2097	
	1161	7268	630		557358	497047	1174	-1
650	14889	13942		3013	144464	115214	1534	106
1383	77709	157421	6234	4901	3130101	2716553	17212	14594
		2243			32901	27555	45	
	530	6366	7618		299962	259409	1259	10582
650	4950	16675	673		391371	357504	1734	170
2033	82799	178130	14524	4901	3836598	3348942	20066	25346
		250			14961	12542	30	
72	50	8898			31093	20243	125	8
	1854	6033		1888	76965	61644	1124	1713
	872	4609	10851		253891	213515	895	11417
	15769	5682	3000		183764	145226	1607	6164
1961	36320	61054	43	2113	2236548	1971606	10839	4655
	27324	77345	630		925460	829529	4502	1280
		485			6448	5829	110	
		5000			57077	50544	124	
	610	8773		900	50392	38265	711	110
	390	4575			17738	12078	184	
	8976	3200	1367		404138	344709	1487	11578
1000	40552	48146	12484	1888	1656428	1495674	5102	11650
832	30459	106854	630	3013	1510923	1288730	10039	775
201	3202	24504	43		282846	231907	3622	1344

	销售费用	管理费用	#税　金	#财务费用	#利息收入	#利息支出
总　　计	**237282**	**163490**	**5299**	**42466**	**2656**	**12928**
(一) 批发业	92044	82520	1929	21895	-3790	5189
其中：国有控股	13691	25227	309	2324	-3998	2310
1. 按登记注册类型分组						
内资企业	91720	82331	1929	21886	-3795	5176
#国有企业	11863	21904	111	507	-3935	399
集体企业	272	268	16	273		
股份合作企业						
有限责任公司	22882	20192	530	6975	117	2482
国有独资公司	178	409		-1	-2	1
其他有限责任公司	22704	19784	530	6976	120	2481
股份有限公司	4031	2850	172	710		12
私营企业	52508	36418	1100	13183	23	2283
#私营独资公司	734	887	10	161	5	
私营有限责任公司	41820	29235	717	8137	18	1487
私营股份有限公司	9954	6295	373	4885		796
其他企业	164	699		239		
港、澳、台商投资企业	324	189		9	5	14
#港、澳、台商独资经营企业	324	189		9	5	14
外商投资企业						
#外资企业						
2. 按国民经济行业分组						
农、林、牧产品批发	9156	13560	302	7001	68	1261
食品、饮料及烟草制品批发	20371	24738	210	1129	-3979	883
纺织、服装及家庭用品批发	9097	6150	106	2036	-59	434
文化、体育用品及器材批发	5244	1768	29	-695	2	85
医药及医疗器材批发	6032	3604	131	1261	29	950
矿产品、建材及化工产品批发	18909	16116	450	4760	14	798
机械设备、五金产品及电子产品批发	11559	7829	257	1098	114	156
贸易经纪与代理	2635	3138	371	353	3	364
其他批发业	9043	5618	73	4951	21	259

法人企业主要财务状况（三）

单位：万元

资产减值损失	投资收益	营业利润	营业外收入	其中：补贴收入	利润总额	应交所得税	应付职工薪酬（本年贷方累计发生额）	应交增值税
87	**5837**	**553577**	**14147**	**9085**	**558482**	**78677**	**130098**	**179513**
60	5286	303853	9996	8913	308659	44418	53301	81849
37	34	59612	7331	6663	65970	12143	11266	18154
60	5286	303410	9996	8913	308216	44308	53113	81772
		61630	4513	3884	65150	11800	10043	17786
		2274			2274	175	255	17
51	4994	116344	3207	2894	118548	15248	20036	23543
		-64	73	73	9		97	17
51	4994	116408	3134	2821	118539	15248	19939	23526
		3819			3756	514	1497	1172
9	292	113981	2276	2135	113126	16072	20914	38820
		3524			3524	778	417	569
9	292	98725	2275	2134	98966	14025	19488	29398
		11732	1	1	10636	1269	1009	8852
		5362			5362	498	368	435
		443			443	111	188	77
		443			443	111	188	77
	268	42465	5520	4907	46913	3974	10159	4361
		123822	1774	1756	125165	22211	14810	32595
	4997	20135	119	17	19996	2056	6374	4938
		3798	12	8	3810	522	1052	1418
51		8889	90	25	8944	1090	5335	1760
	7	51961	335	91	51404	7690	8402	12822
9		30674	9	6	30613	2692	4258	9185
		5639	36		4358	827	870	4907
	15	16469	2102	2102	17458	3355	2041	9863

	销售费用	管理费用	#税　金	#财务费用	#利息收入	#利息支出
3. 按经营方式分组						
独立门店	63126	53006	1433	20483	44	3532
连锁门店	98	106	7	37		
其他	28667	29312	489	1366	-3834	1657
4. 按单位规模分						
大型	12932	17949	62	-2458	-3997	30
中型	34536	22970	409	12316	152	2633
小型	40907	37142	901	10833	40	2026
微型	3669	4459	556	1205	15	500
（二）零售业	145238	80970	3370	20571	6446	7739
其中：国有控股	29316	8450	652	2065	-14	283
1. 按经济注册类型分组						
内资企业	122563	77034	2906	20039	6423	7685
#国有企业	858	1132	13	-60	-67	7
集体企业	248	389	20	102	4	10
股份合作企业	201	101	3	11	0	2
有限责任公司	60507	30547	896	7172	70	3026
#其他有限责任公司	60507	30547	896	7172	70	3026
股份有限公司	20133	11312	870	1898	6148	276
私营企业	40374	33333	1055	10838	268	4364
私营独资公司	2119	2056	75	775	22	134
私营合伙企业	68	53	15	4		
私营有限责任公司	35418	27026	887	8261	203	2799
私营股份有限公司	2769	4198	78	1797	43	1431
其他企业	243	220	49	78		
港、澳、台商投资企业	18600	3318	443	443	5	1
#港、澳、台商独资经营企业	11728	1579	63	240		1
外商投资企业	4075	618	22	90	19	53
#中外合资经营企业	197	618	22	37	19	53

法人企业主要财务状况（三）（续一）

单位：万元

资产减值损失	投资收益	营业利润	营业外收入	其中：补贴收入	利润总额	应交所得税	应付职工薪酬（本年贷方累计发生额）	应交增值税
16	327	168805	4376	4102	167770	23009	33373	42655
		135			134	21	84	11
44	4959	134639	5621	4811	140481	21322	19758	39093
7		97678	30	25	97598	18604	10177	27780
37	4962	95855	2913	2707	96639	10179	16769	20323
16	324	103826	5577	5321	106570	13793	24537	28694
		6494	1477	860	7852	1842	1819	5052
27	551	249725	4151	173	249824	34259	76796	97664
4	14	21319	207		21290	1657	7234	7610
27	551	238045	4090	173	238113	31803	68567	94630
6		1081	40		1117	72	707	360
		2285			2285	306	466	311
		-60			-60	7	174	50
-19	16	94734	1626	11	93744	11561	23961	45404
-19	16	94734	1626	11	93744	11561	23961	45404
33		16173	186		16153	4296	6148	6176
7	535	122257	2238	162	123300	15452	36813	42053
	458	20801	415		20468	2255	3211	1760
		8638			8638	2083	290	1167
7	71	77702	1245	162	78516	9063	30093	28331
	6	15117	579		15677	2051	3218	10796
		1575			1575	109	299	275
		8446	49		8469	1660	6605	2432
		4009	29		4033	551	3779	1672
		3235	12		3242	796	1624	602
		2773	1		2774	682	394	242

	销售费用	管理费用	#税　　金	#财务费用	#利息收入	#利息支出
2. 按国民经济行业分组						
综合零售	53485	20120	1058	1625	6161	188
食品、饮料及烟草制品专门零售	2304	2004	73	707	11	136
纺织、服装及日用品专门零售	1755	1262	42	315	7	184
文化、体育用品及器材专门零售	3171	2896	81	12	-1	30
医药及医疗器材专门零售	13217	7043	264	2296	4	120
汽车、摩托车、燃料及零配件专门零售	46286	26159	1062	12234	222	6427
家用电器及电子产品专门零售	10912	6267	436	1151	19	506
五金、家具及室内装饰材料专门零售	9772	9445	42	941	1	28
货摊、无店铺及其他零售业	4337	5774	313	1291	22	121
3. 按经营方式分组						
独立门店	88317	68391	2785	17369	6425	6933
连锁总店（总部）	2557	1638		120		
连锁门店	40938	4273	193	938	24	650
其他	13427	6668	392	2144	-3	155
4. 按零售业态分组						
有店铺零售	143043	79788	3350	20439	6446	7739
食杂店	76	121	6	9	4	5
便利店	402	890	23	79	-1	
超市	5894	2265	29	860	5	172
大型超市	39497	6895	73	399	15	4
百货店	8257	10749	940	458	6145	72
专业店	62406	39409	1762	9465	47	1855
专卖店	18510	16341	440	8651	212	5516
家居建材店	65	254		31		
购物中心	6567	1119		108		
厂家直销中心	1368	1746	78	380	18	115
无店铺零售	2195	1182	21	132	0	
电话购物						
5. 按单位规模分						
大型	39061	14411	702	580	6149	285
中型	66410	24779	1223	8927	150	4052
小型	34554	34754	1127	9633	122	3060
微型	5213	7026	318	1431	26	341

法人企业主要财务状况（三）（续二）

单位：万元

资产减值损失	投资收益	营业利润	营业外收入	其中：补贴收入	利润总额	应交所得税	应付职工薪酬(本年贷方累计发生额)	应交增值税
3	6	39055	670	141	39142	8905	24170	11986
3		12102	38		12123	1360	3224	1754
4		8919	36	1	8815	1156	1771	2316
-14		14415	77	5	14398	2478	3327	1541
17	458	16136	483		15981	2996	8294	3811
1	54	75423	1928	6	76572	7290	23885	59252
1	33	26892	90		26878	4490	6476	5680
		39000	806		38191	2104	2074	8206
13		17784	22	20	17723	3480	3576	3119
21	551	232883	3270	53	232360	30476	54622	86096
		986	341	100	1325	324	2495	411
-12		3719	358		3885	1080	14114	7263
18		12137	182	20	12254	2379	5566	3895
27	551	247756	4126	148	247834	34038	75538	97233
		2183	37		2219	504	235	57
		9129	15		9060	612	692	527
	6	6893	11		6756	790	4137	1450
-12		4079	609	141	4395	1741	16491	5392
16		22450	36		22424	6393	3454	5228
16	519	146879	992	7	146338	17407	31464	38362
7	26	48422	2339		48875	5492	15379	44249
		159			159	76	501	54
1		-580	84		-535		1648	977
		8144	3		8143	1022	1537	936
		1969	25	25	1989	221	1259	431
16		15452	560	100	15672	4642	18218	9934
-15	37	67101	1872	30	68416	7742	29727	42831
11	510	133764	1606	42	132483	17395	25065	39080
15	3	33407	113	1	33253	4480	3786	5819

	法人企业数（个）	年末从业人员数（人）	营业额	客房收入
总　　计	**218**	**10963**	**216097**	**54648**
（一）住宿业	70	3787	65057	35941
其中：国有控股	5	369	6293	2647
1. 按登记注册类型分组				
内资	68	3446	58769	32470
国有	1	31	537	314
集体	2	86	588	135
有限责任公司	22	1329	23050	11666
其他有限责任公司	20	1104	18329	9863
股份有限公司	5	569	8688	3621
私营	38	1431	25905	16735
私营独资	7	134	5134	4723
私营有限责任公司	26	896	18451	11017
私营股份有限公司	5	401	2320	995
其他内资				
港、澳、台商投资	1	79	2670	1527
港澳台商独资经营	1	79	2670	1527
外商投资	1	262	3618	1944
外商投资股份有限公司	1	262	3618	1944
2. 按国民经济行业分组				
旅游饭店	39	3089	49992	23535
一般旅馆	27	645	14160	11518
其他住宿服务	4	53	906	889
3. 按星级等级分组				
二星	4	131	1812	590
三星	11	967	12350	4116
四星	6	1014	17675	8592
五星	2	474	8472	3732
其他	47	1201	24748	18911
4. 按经营方式分组				
独立门店	59	3023	52517	29027
连锁总店（总部）	1	33	258	132
连锁门店	6	401	7848	4457
其他	4	330	4435	2325
5. 按单位规模分				
中型	6	1277	23576	11000
小型	55	2439	39510	22983
微型	9	71	1972	1959

业法人企业经营情况

单位：万元

餐费收入	商品销售额	其他收入	客房数（间）	床位数（个）	餐位数（位）
150752	**6553**	**4144**	**9391**	**15231**	**67681**
24725	1459	2932	6366	10392	15825
2905	93	648	522	852	1160
22104	1399	2797	5789	9696	13749
212	11		40	107	210
379	1	74	87	166	268
9895	456	1034	2027	3193	6113
7672	397	398	1728	2752	5513
4864	190	13	756	1270	2727
6754	740	1676	2879	4960	4431
385	16	10	513	890	266
5231	673	1530	1910	3322	3227
1138	51	136	456	748	938
1093	12	39	220	339	1000
1093	12	39	220	339	1000
1528	48	97	357	357	1076
1528	48	97	357	357	1076
22520	1216	2722	4018	6502	13911
2203	237	202	1947	3360	1894
3	5	8	401	530	20
929	85	208	241	411	1000
6221	493	1519	1114	1893	3244
8528	223	333	1188	1710	6962
4014	154	573	612	952	1436
5033	504	299	3211	5426	3183
19556	1211	2722	5090	8360	12248
124	2	0	89	150	200
3068	115	208	736	1144	2191
1977	130	2	451	738	1186
9582	784	2210	1617	2437	5068
15144	661	722	4155	6961	10757
	13		594	994	

	法人企业数（个）	年末从业人员数（人）	营业额	客房收入
（二）餐饮业	148	7176	139381	18707.3
其中：国有控股	5	350	8134	1253.1
1. 按登记注册类型分组				
内资	144	6764	131639	16243
国有	1	30	1216	
有限责任公司	46	2627	43330	6554
国有独资公司	2	114	5549	793
其他有限责任公司	44	2513	37781	5761
股份有限公司	1	16	257	
私营	96	4091	86836	9689
私营独资	35	1290	22169	1610
私营合伙	3	124	2220	325
私营有限责任公司	55	2624	60475	7499
私营股份有限公司	3	53	1972	255
其他内资				
港、澳、台商投资	4	412	7742	2465
与港澳台商合作经营	2	194	1552	576
港澳台商独资经营	2	218	6190	1889
2. 按国民经济行业分组				
正餐服务	138	6574	130119	18707
快餐服务	5	96	1871	
饮料及冷饮服务	3	66	1654	
其他餐饮服务	2	440	5736	
3. 按经营方式分组				
独立门店	140	6363	126889	18209
连锁总店（总部）	1	13	343	14
连锁门店				
其他	7	650	12148	
4. 按单位规模分组				
中型	3	871	12535	1889
小型	139	6119	124071	16127
微型	6	36	2776	207

业法人企业经营情况(续)

单位：万元

餐费收入	商品销售额	其他收入	客房数(间)	床位数(个)	餐位数(位)
126026.4	5094.2	1211.9	3025	4839	51856
6997.1	26.1	799.4	129	224	2015
120324	5018	1212	2716	4392	49456
1197	18				289
37026	1969	932	1254	1993	16027
4893	8	799	40	80	960
32134	1962	132	1214	1913	15067
370	24				380
81730	3007	280	1462	2399	32760
21388	1573	229	230	410	10692
1888	122		56	100	1580
56854	1212	23	1144	1811	19956
1599	101	28	32	78	532
5702	76		309	447	2400
1347	74		150	200	1200
4355	2		159	247	1200
116856	4936	1212	3025	4839	50145
1866	6				575
1502	153				588
5803					548
110980	4862	1212	2907	4640	48558
261	68		10	20	200
12449	15				2188
10581	20	45	159	247	1648
110346	4741	1167	2738	4378	48166
2763	185		20	35	1132

限额以上住宿和餐饮业

	法人企业数（个）	年初存货	流动资产合计	#应收账款	#存货
总计	**218**	**5969**	**215750**	**97058**	**5242**
（一）住宿业	70	1995	78455	6898	1963
其中：国有控股	5	125	4334	376	100
1. 按登记注册类型分组					
内资	68	1877	71330	6662	1842
国有	1	12	459	60	
集体	2	51	756	181	46
有限责任公司	22	854	24928	1180	798
国有独资公司					
其他有限责任公司	20	759	23221	921	718
股份有限公司	5	349	5198	917	378
私营	38	613	39989	4325	620
私营独资	7	35	756	133	15
私营有限责任公司	26	492	34434	3371	549
私营股份有限公司	5	86	4800	820	55
其他内资	1	14	5903	127	14
港、澳、台商投资	1	14	5903	127	14
外商投资	1	104	1223	109	107
2. 按国民经济行业分组					
旅游饭店	39	1503	72643	5676	1515
一般旅馆	27	467	5227	1194	434
其他住宿服务	4	25	585	28	14
3. 按星级等级分组					
二星	4	111	723	205	108
三星	11	316	34046	889	390
四星	6	434	27278	1661	444
五星	2	343	5981	1090	257
其他	47	792	10428	3052	765
4. 按经营方式分组					
独立门店	59	1530	53824	4222	1570
连锁总店（总部）	1	2	491	424	4
连锁门店	6	183	19106	1362	194
其他	4	279	5034	890	196
5. 按单位规模分					
大型					
中型	6	621	50361	1852	535
小型	55	1322	26136	5015	1414
微型	9	52	1958	31	14

法人企业主要财务状况（一）

单位：万元

固定资产合计	固定资产原价	累计折旧	#本年折旧	在建工程	资产总计	流动负债合计	#应付账款
202363	**258637**	**63432**	**10362**	**2844**	**479484**	**288107**	**83361**
121772	163232	46896	5507	890	225814	139394	7410
16290	23054	6864	113	142	24379	4799	990
91244	118218	32410	3586	890	183807	126464	7220
942	988	146	8		1411	275	75
20	21	6	4	10	913	668	29
35918	46039	10161	571	881	73595	25266	2603
21294	25833	4579	543	739	56544	23052	1933
42663	54289	16821	2224		52579	59244	1963
11700	16880	5276	779		55309	41010	2550
802	957	155	85		1669	277	16
10381	15072	4786	677		46559	38180	2500
517	851	335	17		7082	2554	34
5379	9717	4338	1085		11282	544	14
5379	9717	4338	1085		11282	544	14
25149	35297	10148	836		30725	12387	176
114484	154801	45710	5035	688	208656	135265	6844
6562	7601	1082	423	202	15831	3677	541
726	830	104	50		1327	453	25
1542	2436	982	86	344	2544	1635	501
6068	10976	5008	411		44860	37729	392
49398	71247	21849	2387	490	87398	36900	3368
51465	63172	16901	1812		58161	52229	892
13299	15402	2156	810	56	32851	10902	2257
74306	106118	32052	3411	538	150842	71718	4564
13	13	1	1		604	5	
9307	12445	3138	241	353	31178	16537	2563
38147	44657	11705	1854		43190	51133	283
86024	112054	31228	2871	353	143964	108684	1935
33355	48585	15466	2555	538	77065	29197	5390
2393	2593	202	81		4785	1513	84

	法人企业数（个）	年初存货	流动资产合计	#应收账款	#存货
（二）餐饮业	148	3974.2	137294.6	90159.9	3279.3
其中：国有控股	5	147	1530	94	177
1. 按经济注册类型分组					
内资	144	3862	134380	89600	3174
国有	1	23	76	25	24
有限责任公司	46	1421	111847	84878	1277
国有独资公司	2	71	962	66	96
其他有限责任公司	44	1350	110885	84812	1181
股份有限公司	1	19			
私营	96	2400	22457	4698	1874
私营独资	35	693	7645	1363	643
私营合伙	3	29	174	32	13
私营有限责任公司	55	1599	14299	3278	1184
私营股份有限公司	3	80	339	25	34
其他内资					
港、澳、台商投资	4	112	2915	560	105
与港澳台商合作经营	2	58	437	374	53
港澳台商独资经营	2	54	2478	186	52
2. 按国民经济行业分组					
正餐服务	138	3705	134825	90027	3032
快餐服务	5	52	482	56	29
饮料及冷饮服务	3	66	612	47	66
其他餐饮服务	2	152	1375	30	152
3. 按经营方式分组					
独立门店	140	3741	133494	90043	3062
连锁总店（总部）	1	5	79	44	7
连锁门店					
其他	7	228	3722	73	211
4. 按单位规模分					
中型	3	212	2145	216	198
小型	139	3631	134552	89779	3017
微型	6	132	598	166	65

法人企业主要财务状况(一)(续)

单位:万元

固定资产合计	固定资产原价	累计折旧	#本年折旧	在建工程	资产总计	流动负债合计	#应付账款
80590.8	95404.9	16536.4	4855.3	1953.5	253670.5	148712.5	75951
17042	18289	1290	588		18884	20614	152
63223	73799	12070	3571	1680	228139	137715	75302
238	250	55	12		408	45	
32332	35585	4521	1238	1532	153520	104483	72490
58	68	10	2		1031	612	39
32274	35516	4511	1236	1532	152489	103871	72451
46	50	4	4		66	10	
30607	37915	7490	2318	147	74145	33178	2812
10884	12473	1594	557	8	18974	6777	1125
968	1049	89	20		1326	281	10
18267	23797	5698	1714	139	52742	25628	1672
487	596	109	28		1102	492	5
17367	21606	4467	1284	274	25532	10998	649
518	1261	743	276	274	6040	2233	439
16850	20345	3724	1008		19491	8764	211
79232	93328	15796	4719	1814	248417	147121	75895
365	408	66	15		2009	455	36
646	909	263	71		1328	302	20
348	759	412	50	139	1916	835	
78593	91670	14800	4726	1814	247437	146484	75849
1142	1149	7	4		1221	133	
856	2585	1730	126	139	5013	2095	102
17345	19616	2858	1008	139	20744	9357	211
62948	75344	13530	3811	1814	231891	138880	75691
298	445	149	36		1036	476	49

	非流动负债合计	负债合计	所有者权益合计	#实收资本	国家资本
总计	**41192.4**	**329332.4**	**150151.6**	**192910.1**	**14452.7**
（一）住宿业	25034	164428	61385	106425	14309
其中：国有控股	7938	12737	11642	17522	14259
1. 按登记注册类型分组					
内资	22934	149397	34410	63489	14309
国有	738	1013	398	329	10
集体		668	245	80	
有限责任公司	19409	44674	28921	35787	13699
国有独资公司					
其他有限责任公司	12209	35261	21283	22138	50
股份有限公司		59244	-6665	5640	600
私营	2788	43798	11511	21652	
私营独资	34	311	1357	979	
私营有限责任公司	566	38746	7813	19594	
私营股份有限公司	2188	4741	2341	1080	
其他内资	2100	2644	8638	12187	
港、澳、台商投资	2100	2644	8638	12187	
外商投资		12387	18338	30749	
2. 按国民经济行业分组					
旅游饭店	21143	156408	52248	97918	14259
一般旅馆	3890	7567	8263	8299	50
其他住宿服务		453	874	208	
3. 按星级等级分组					
二星	672	2307	237	359	74
三星	2903	40632	4228	7401	10
四星	10475	47375	40024	56503	
五星	7200	59429	-1268	17575	13575
其他	3784	14686	18165	24588	650
4. 按经营方式分组					
独立门店	16659	88377	62465	86425	13709
连锁总店（总部）		5	598	500	
连锁门店	8375	24912	6266	7350	600
其他		51133	-7944	12150	
5. 按单位规模分					
大型					
中型	15575	124259	19704	54134	13575
小型	9459	38656	38409	42091	734
微型		1513	3272	10200	

法人企业主要财务状况（二）

单位：万元

集体资本	法人资本	个人资本	港澳台资本	外商资本	主营业务收入	主营业务成本	主营业务税金及附加
20480.3	**35442**	**65887.2**	**25898.8**	**30749.1**	**196337.1**	**114417.7**	**4936.6**
430	21501	27249	12187	30749	58511	25270	1546
	2967	296			6430	2164	155
430	21501	27249			52223	24335	1435
	23	296			500	286	1
80					588	434	16
350	18586	3152			21206	7812	637
350	18586	3152			16485	6681	539
	1040	4000			8192	3925	150
	1852	19800			21737	11878	631
	10	969			3593	2091	75
	1842	17752			16156	8499	483
		1080			1988	1289	73
			12187		2670	365	37
			12187		2670	365	37
				30749	3618	571	74
380	19511	20831	12187	30749	45568	17451	1106
50	1990	6209			12043	7196	402
		208			901	623	38
	50	235			1728	882	52
2	3579	3809			10121	4898	300
	11974	1593	12187	30749	16577	4326	334
		4000			8692	2105	179
428	5898	17611			21394	13060	682
430	17361	11989	12187	30749	46103	21449	1240
		500			239	160	15
	2540	4210			7554	2344	193
	1600	10550			4615	1317	98
	2490	7320		30749	22149	5567	479
430	17411	11329	12187		34541	18671	1027
	1600	8600			1821	1033	40

	非流动负债合计	负债合计	所有者权益合计	#实收资本	
					国家资本
（二）餐饮业	16158.6	164904.2	88766.3	86484.9	144
其中：国有控股	199	20813	－1929	770	144
1. 按经济注册类型分组					
内资	16159	153907	74232	70166	144
国有	199	244	164	120	44
有限责任公司	13948	118430	35090	37218	100
国有独资公司		612	419	150	100
其他有限责任公司	13948	117818	34671	37068	
股份有限公司	6	16	50	45	
私营	2006	35217	38928	32783	
私营独资	128	6905	12069	6646	
私营合伙		286	1040	914	
私营有限责任公司	1878	27534	25208	24663	
私营股份有限公司		492	611	560	
其他内资					
港、澳、台商投资		10998	14534	16319	
与港澳台商合作经营		2233	3807	2999	
港澳台商独资经营		8764	10727	13320	
2. 按国民经济行业分组					
正餐服务	16119	163267	85150	84249	144
快餐服务	40	500	1509	1310	
饮料及冷饮服务		302	1026	726	
其他餐饮服务		835	1081	200	
3. 按经营方式分组					
独立门店	16116	162634	84803	84086	94
连锁总店（总部）		133	1088	1000	
连锁门店					
其他	42	2138	2875	1399	50
4. 按单位规模分					
中型	50	9407	11337	13757	
小型	16067	154980	76911	72515	144
微型	42	517	519	214	

法人企业主要财务状况（二）（续）

单位：万元

集体资本	法人资本	个人资本	港澳台资本	外商资本	主营业务收入	主营业务成本	主营业务税金及附加
20050	13940.7	38638.5	13711.7		137825.7	89147.4	3390.7
	550	76			8134	5259	351
20050	11334	38639			130084	85770	3132
		76			1216	921	57
20050	7103	9965			42721	29120	1045
	50				5549	3996	271
20050	7053	9965			37172	25124	774
	44	1			197	101	1
	4187	28597			85950	55629	2029
	874	5772			21845	14142	643
		914			2068	1688	26
	3312	21351			60065	38652	1334
		560			1972	1147	25
	2607		13712		7742	3377	259
	2607		392		1552	845	88
			13320		6190	2533	171
20050	13941	36402	13712		128717	84444	3188
		1310			1718	1254	51
		726			1654	1057	62
		200			5736	2393	90
20050	13419	37475	13049		125421	82302	3170
		1000			343	143	19
	522	163	663		12061	6703	202
	1000	100	12657		12535	5480	219
20050	12925	38340	1055		122516	81607	3100
	16	198			2776	2061	71

	其他业务利润	销售费用	管理费用	#税金	财务费用
总计	**1358.7**	**28375.6**	**29918.1**	**770.5**	**4403.2**
（一）住宿业	613	13970	15569	300	2015
其中：国有控股		1620	2142	8	484
1. 按登记注册类型分组					
内资	483	10226	13299	300	1874
国有		46	12		87
集体		165	165		3
有限责任公司	438	4059	5817	102	1494
国有独资公司					
其他有限责任公司	438	2898	3751	94	1099
股份有限公司		2568	3775	90	64
私营	45	3388	3530	109	226
私营独资		49	466	9	6
私营有限责任公司	45	3113	2619	93	106
私营股份有限公司		225	445	6	114
其他内资	130	2003	420		125
港、澳、台商投资	130	2003	420		125
外商投资		1741	1850		16
2. 按国民经济行业分组					
旅游饭店	590	13160	13337	251	1931
一般旅馆	23	574	2168	50	82
其他住宿服务		236	63		3
3. 按星级等级分组					
二星		301	377	30	43
三星	33	2752	1707	41	227
四星	556	6209	5158	155	1159
五星		3000	4652		415
其他	24	1708	3675	75	170
4. 按经营方式分组					
独立门店	187	9944	10887	227	986
连锁总店（总部）		5	12	6	6
连锁门店	426	2039	1890	64	1001
其他		1981	2779	3	22
5. 按单位规模分					
大型					
中型	459	7409	8750	120	1410
小型	154	6286	6502	177	603
微型		274	317	3	3

法人企业主要财务状况（三）

单位：万元

#利息收入	#利息支出	营业利润	营业外收入	利润总额	应交所得税	应付职工薪酬(本年贷方累计发生额)	应交增值税
102.1	**1645.8**	**13404.7**	**1096.7**	**12261.4**	**3542.8**	**35320.9**	**5134**
35	1114	795	1000	873	561	10958	1252
1		-136	10	-131	13	1853	110
35	995	1708	762	1638	561	9467	1161
		67		67	0	99	7
		-195	4	-165	2	238	5
19	963	1829	36	1384	109	3838	370
17	963	1960	27	1510	109	2419	268
0		-2232	457	-1777	52	1435	67
16	32	2240	265	2129	398	3857	712
2	3	898		888	204	450	121
14	29	1354	120	1267	176	2932	523
		-13	146	-26	18	475	68
0	119	-280	149	-133		297	31
0	119	-280	149	-133		297	31
		-634	89	-632		1194	61
16	1098	-789	992	-518	231	8594	692
19	16	1630	8	1443	313	2194	539
0		-46		-52	18	171	20
1	5	73	87	-4	14	433	23
10		382	149	397	81	2356	227
1	1072	-127	257	-435	9	2991	151
		-1659	465	-1199		1371	106
24	36	2125	43	2114	458	3808	745
35	154	1807	504	1697	520	10247	1155
		41		41	0	63	0
0	959	513	40	246	17	475	71
		-1566	456	-1111	24	173	26
11	956	-1042	572	-852	1	3565	317
24	157	1666	428	1554	519	7154	880
0	1	171		171	41	239	55

	其他业务利润	销售费用	管理费用	#税金	财务费用
（二）餐饮业	745.6	14406	14349.6	470.1	2388.1
其中：国有控股		1302	1981	5	38
1. 按经济注册类型分组					
内资	746	11993	10966	316	1985
国有		52	61		25
有限责任公司	90	3849	3871	97	349
国有独资公司		523	581	2	7
其他有限责任公司	90	3327	3290	95	342
股份有限公司		1	1		1
私营	656	8091	7033	219	1610
私营独资	128	1930	1800	28	259
私营合伙		16	28	2	13
私营有限责任公司	528	6111	5130	189	911
私营股份有限公司		33	75	1	427
其他内资					
港、澳、台商投资		2413	3384	154	403
与港澳台商合作经营		1348	360		223
港澳台商独资经营		1065	3024	154	180
2. 按国民经济行业分组					
正餐服务	746	12328	13583	465	2334
快餐服务		57	135	2	12
饮料及冷饮服务		107	252	3	43
其他餐饮服务		1915	379		
3. 按经营方式分组					
独立门店	746	11758	13151	460	2340
连锁总店（总部）		61	52		
连锁门店					
其他		2587	1147	10	48
4. 按单位规模分					
中型	13	2744	2867	154	183
小型	733	11587	11409	314	2172
微型		75	73	2	34

法人企业主要财务状况（三）（续）

单位：万元

		营业利润	营业外收入	利润总额	应交所得税	应付职工薪酬（本年贷方累计发生额）	应交增值税
#利息收入	#利息支出						
66.7	532.2	12610	96.6	11388.4	2981.7	24362.6	3882.2
	25	-800	0	-800	53	1323	152
66	383	14705	97	13483	2922	22962	3734
	25	100		100	2	115	6
16	160	4498	26	3303	1069	10334	1290
		172		172	43	460	135
16	160	4327	26	3131	1026	9874	1155
		95		78	2	55	1
50	197	10012	70	10003	1850	12460	2439
37	67	3098	9	2965	502	3919	853
		297		297	22	366	22
13	127	6388	61	6512	1322	8007	1548
1	3	228		228	4	168	16
0	150	-2095		-2095	59	1400	148
		-1313		-1313		657	101
0	150	-782		-782	59	744	47
66	491	11308	91	10084	2681	22967	3728
	0	209		209	19	273	71
1	41	134		133	32	224	52
		959	6	962	249	898	31
67	532	11088	91	9863	2572	22861	3660
		69		69	7	51	3
	0	1454	6	1457	403	1451	220
0	150	891	6	-92	241	2978	77
66	380	11261	91	11022	2656	21182	3563
1	3	459		459	85	203	243

外贸、外资、外经情况

	进出口总额（万美元）	出口（万美元）	进口（万美元）
全市	**350419**	**269792**	**80627**
淮安区	24320	23109	1210
淮阴区	22032	16037	5995
清江浦区	35997	31069	4929
洪泽区	12386	11349	1036
涟水县	37100	33020	4080
盱眙县	18790	13363	5427
金湖县	34744	34176	568
开发区	158230	103226	55004
工业园区	6410	4097	2313
盐化新区	1776	1279	497

	新批外资协议项目（个）	注册外资实际到帐（万美元）	协议注册外资额（万美元）
全市	**240**	**116135**	**285846**
淮安区	49	14483	47462
淮阴区	22	15777	47455
清江浦区	19	6870	11093
洪泽区	20	15063	32207
涟水县	12	14131	19743
盱眙县	25	12010	29861
金湖县	19	12041	15246
开发区	66	24681	72779
工业园区	5	4083	7651
生态新城	2	200	2300
盐化新区	1	550	50

注：本表数据由市商务局提供。

人民币对主要外币年平均汇价

（中间价） 单位：人民币元

年　　份	100美元	100日元	100港元	100欧元
1985	293.66	1.2457	37.57	—
1986	345.28	2.0694	44.22	—
1987	372.21	2.5799	47.74	—
1988	372.21	2.9082	47.70	—
1989	376.51	2.7360	48.28	—
1990	478.32	3.3233	61.39	—
1991	532.33	3.9602	68.45	—
1992	551.46	4.3608	71.24	—
1993	576.20	5.2020	74.41	—
1994	861.87	8.4370	111.53	—
1995	835.10	8.9225	107.96	—
1996	831.42	7.6352	107.51	—
1997	828.98	6.8600	107.09	—
1998	827.91	6.3488	106.88	—
1999	827.83	7.2932	106.66	—
2000	827.84	7.6864	106.18	—
2001	827.70	6.8075	106.08	—
2002	827.70	6.6237	106.07	800.58
2003	827.70	7.1466	106.24	936.13
2004	827.68	7.6552	106.23	1029.00
2005	819.17	7.4484	105.30	1019.53
2006	797.18	6.8570	102.62	1001.90
2007	760.40	6.4632	97.46	1041.75
2008	694.51	6.7427	89.19	1022.27
2009	683.10	7.2986	88.12	952.70
2010	676.95	7.7279	87.13	897.25
2011	645.88	8.1050	82.97	900.11
2012	631.25	7.9037	81.38	810.67
2013	619.32	6.3323	79.85	822.19
2014	614.28	5.8196	79.22	816.51
2015	622.84	5.1553	80.34	691.41
2016	664.23	6.1243	85.58	734.26

10

服务业

本篇编辑：董务君　孙　茜　王炎研

规 模 以 上 服 务 业 法 人

	单位数	年初存货	流动资产	#应收账款	#存货	固定资产原价
总计	**1156**	**1736490**	**4966923**	**502945**	**1836049**	**3515856**
按行业分						
交通运输、仓储和邮政业	391	40302	430006	99514	41386	823651
信息传输、软件和信息技术服务业	60	4791	83256	23785	4255	896149
房地产业（不包括房地产经营）	85	8034	124291	5056	8710	65092
租赁和商务服务业	282	1665626	3942094	234053	1737119	1291379
科学研究和技术服务业	118	8352	135661	47183	9245	87365
水利、环境和公共设施管理业	38	721	139818	68529	28780	46904
居民服务、修理和其他服务业	59	1421	15542	2792	1116	43043
教育	42	530	41335	6195	700	114481
卫生和社会工作	20	1514	11104	6403	2137	69480
文化、体育和娱乐业	61	5201	43816	9435	2602	78312
按地区分						
淮安区	127	350338	557362	45031	355475	651341
淮阴区	182	8076	149756	82141	10227	505043
清江浦区	295	14201	286282	70622	12792	890435
洪泽区	82	3877	666188	81409	1709	563072
涟水县	130	13794	173089	39119	16444	251261
盱眙县	103	14601	120846	44410	10734	305780
金湖县	84	1316816	2737256	80312	1393454	225545
开发区	153	14788	276146	59901	35214	123380

单位主要财务状况

单位：万元、个

固定资产本年折旧	资产总计	负债合计	所有者权益	营业收入	#主营业务收入	营业成本	#主营业务成本	营业税金及附加	#主营业务税金及附加
242909	9049738	4405892	4643845	4318210	4207866	3188712	3011393	68300	56065
63506	1276729	633861	642868	1460934	1413895	1128337	1060163	19123	14942
68372	592668	424417	168251	461655	454998	305913	286563	6471	6383
2263	178279	124962	53317	118326	116470	80933	75128	2016	1775
75891	6073896	2756632	3317263	1336745	1299361	994658	943556	20064	18021
7043	260785	106540	154245	347479	344189	246476	232137	10112	5297
1361	194506	131571	62935	105733	103933	85839	81209	4173	4118
3447	65468	16772	48697	140894	136382	104805	100331	1405	1144
6809	196836	82301	114536	124578	122479	90975	88249	2085	1780
10001	72897	52455	20442	66318	65845	34256	32938	356	353
4217	137675	76383	61292	155547	150315	116520	111119	2494	2251
46402	1435697	608693	827004	429865	422031	348568	332938	7907	7251
44666	546601	232988	313613	694718	682041	456435	427368	14407	13977
58920	952874	615463	337411	968923	947005	748672	709314	15363	13109
8707	1426087	717464	708623	264201	254351	227351	223173	4134	3949
17492	510957	192753	318204	731246	714521	538926	513611	9074	4280
35305	438027	210890	227138	706039	694411	502944	452837	9919	6987
21131	3306208	1568846	1737362	265775	243924	177520	171552	2549	2031
10287	433287	258795	174491	257442	249581	188297	180599	4947	4481

	销售费用	管理费用	#税　金	财务费用	#利息收入	#利息支出
总　　计	**184415**	**298806**	**13041**	**79054**	**3134**	**5132**
按行业分						
交通运输、仓储和邮政业	49740	98445	4708	13534	2555	2511
信息传输、软件和信息技术服务业	73480	39987	1556	1239	49	-325
房地产业（不包括房地产经营）	3794	12819	474	979	2	577
租赁和商务服务业	28250	61446	3456	56541	431	1268
科学研究和技术服务业	10059	40752	1257	2469	70	554
水利、环境和公共设施管理业	2794	8385	296	859	3	71
居民服务、修理和其他服务业	4394	4826	517	1300	0	11
教育	1339	9764	233	762	14	142
卫生和社会工作	2620	12388	71	212	0	0
文化、体育和娱乐业	7945	9995	474	1158	9	323
按地区分						
淮安区	8270	17536	790	2175	162	272
淮阴区	66982	49414	4601	10378	1071	298
清江浦区	47182	94163	3242	4757	1295	3020
洪泽区	6249	10125	141	1346	-13	172
涟水县	15542	33455	938	3618	201	468
盱眙县	20043	58101	2080	7327	66	262
金湖县	4659	12454	228	47705	258	594
开发区	15488	23559	1021	1749	95	45

单位主要财务状况(续)

单位：万元、人

投资收益	营业利润	营业外收入	#政府补助	营业外支出	利润总额	应交所得税	本年应付职工薪酬	应交增值税	从事服务业活动的从业人员平均人数
11139	**465244**	**24095**	**9976**	**11932**	**482319**	**77918**	**400170**	**74536**	**74277**
6584	148858	6673	4258	1512	158920	22664	169622	35518	29484
3065	42135	8799	1279	3356	47578	12995	42530	7348	5590
0	16268	779	0	81	16966	3224	19924	3216	6109
146	148639	5586	4352	2120	152104	22256	56639	14681	12115
642	36558	395	79	1136	35829	5426	37384	4748	6788
183	4714	45	8	27	4733	813	11146	1282	2068
0	22164	83	0	9	22239	5209	9730	4097	2358
0	19519	1399	0	3585	17332	2789	31624	1504	5171
0	11552	43	0	91	11504	614	8508	156	1981
520	14837	293	0	16	15113	1928	13064	1987	2613
527	50305	4056	3388	476	53840	11604	59708	4933	12450
1495	96042	386	0	152	96275	20266	44389	13469	9210
5535	67335	9460	205	9014	72725	10788	136020	13136	16796
114	15414	1401	1076	845	15970	1006	21820	4420	4880
113	115119	2830	1097	209	117741	20903	40636	19714	9721
0	84975	7	0	1	84980	8539	44119	9437	8127
270	20737	4141	3706	927	23951	1157	25402	4899	5802
3086	15317	1816	503	309	16837	3655	28075	4528	7291

旅　游　业　情　况

	单　位	2016 年	比上年 ± %
旅游总收入	亿元	308.57	15.6
国内旅游收入	亿元	305.64	15.8
旅游外汇收入	万美元	1705	9.4
接待国内外游客人数	万人次	2612	12.3
其中：国内游客	万人次	2611	12.3
入境过夜游客	人次	18223	24.2
其中：外国人	人次	10078	27.5
香港同胞	人次	820	55.0
澳门同胞	人次	41	28.1
台湾同胞	人次	7284	17.3
4A 级以上景区接待人数	万人次	1512	2.6
通过旅行社出境旅游总人数	人次	2825	-16.4
国家 A 级旅游景区（点）数	个	41	0.0
旅行社个数	个	105	-3.7
其中：国际旅行社	个	2	0.0
持有导游资格证书的人员	人	4513	8.1
星级饭店数	个	48	0.0
星级饭店客房总数	间	4622	2.2
旅游投资总额	亿元	153.78	3.9

说明：本表数据由市旅游局提供。

服　务　业　贷　款　余　额

单位：亿元

	2016 年末	比年初增加额
服务业总计	**855.93**	**293.13**
交通运输、仓储和邮政业	33.56	17.40
信息传输、计算机服务和软件业	2.51	-0.88
批发和零售业	148.57	10.75
住宿和餐饮业	9.83	-3.69
金融业	6.60	4.19
房地产业	101.54	-0.71
租赁和商务服务业	206.24	117.02
科学研究和技术服务业	0.77	-0.50
水利、环境和公共设施管理业	296.99	164.76
居民服务、修理和其他服务业	4.21	-1.71
教育	17.02	-8.00
卫生和社会工作	19.99	-3.06
文化、体育和娱乐业	1.95	-0.92
公共管理和社会组织	6.15	-1.52

说明：本表数据由人行淮安中心支行提供。

11

财政、金融

本篇编辑：孙永军　伍华森　张　怡　周兴旺　姚云聪

财　　政　　收　　支

	淮安市	市区	市直	淮安区	淮阴区
财政总收入	**4831323**	**3765567**	**1307684**	**429134**	**488121**
上划中央收入	1676205	1428072	935469	94744	82362
增值税	611170	465638	160314	70106	56928
消费税	779916	743312	741367	60	25
企业所得税（60%）	184847	144399	15342	17510	16055
个人所得税（60%）	100272	74723	18446	7068	9354
一般公共预算收入	3155118	2337495	372215	334390	405759
#税收收入	2351491	1694474	229763	260430	301207
#增值税	478652	356844	98072	55730	47929
营业税	768967	495800	3148	66137	78758
企业所得税（40%）	123231	96266	10228	11673	10703
个人所得税（40%）	66848	49815	12297	4712	6236
一般公共预算支出	4834682	3228672	680751	679382	627121
#一般公共服务	516668	314648	86946	62546	57521
科学技术	92942	54825	23291	6108	2274
教育	778272	509608	89181	143538	85438
文化体育与传媒	58872	44814	28537	6749	3158
医疗卫生	436903	286859	47066	100800	64868
节能环保	112541	70248	26307	9812	6583
城乡社区事务	541971	492268	65749	16427	45467
交通运输	110852	79742	45259	12333	10901
社会保障和就业	482329	313055	45200	77940	87817
住房保障	191834	158576	43571	41053	45657
农林水事务	666489	415583	43119	88890	181312

基　　本　　情　　况

单位：万元

清江浦区	洪泽区	开发区	工业园区	生态新城	涟水县	盱眙县	金湖县
607658	**292582**	**545639**	**11710**	**79128**	**410089**	**370462**	**285205**
106853	60158	132291	2332	13070	120280	62668	65185
57476	38221	70496	1049	10541	60857	39806	44869
624	1229	7	0	0	24627	7482	4495
35027	16138	41977	971	1251	21162	9003	10283
13726	4570	19811	312	1278	13634	6377	5538
500805	232424	413348	9378	66058	289809	307794	220020
348390	184188	297228	7441	64086	234910	230228	191879
49796	33736	61937	945	8171	51358	31959	38491
173594	46435	105203	2739	19274	110565	84186	78416
23352	10758	27985	648	834	14108	6002	6855
9151	3046	13207	208	852	9089	4252	3692
463527	414811	292105	13495	54480	641113	546490	418407
44509	39017	21105	1116	1738	111212	45403	45405
9883	1905	8315	49	3000	11080	17312	9725
84945	57762	40723	622	5601	126184	85794	56686
2698	3065	573	34	0	4600	5392	4066
34650	27319	9252	1561	1343	69028	54931	26085
3384	17700	4063	1163	636	20158	12973	9162
166712	10736	154980	904	30841	15387	16918	17398
2048	9140	20	41	0	13977	7740	9393
39611	38611	13965	1451	8460	64990	60241	44043
4981	13145	10005	164	0	23735	6412	3111
29854	68009	1828	2347	224	102408	77392	71106

	全市	市区（不含洪泽区）
一、年末金融机构各项存款余额（本外币）	3122	2072
（一）境内存款	3119	2069
1. 住户存款	1367	788
2. 非金融企业存款	1097	859
3. 广义政府存款	653	421
4. 非银行业金融机构存款	1	1
（二）境外存款	3	2
二、年末金融机构各项贷款余额（本外币）	2313	1563
（一）境内贷款	2313	1563
其中：短期贷款	781	483
中长期贷款	1427	1013
（二）境外贷款	0	0
三、年末金融机构各项存款余额（人民币）	3066	2023
（一）境内存款	3065	2022
1. 住户存款	1361	783
2. 非金融企业存款	1050	817
3. 广义政府存款	653	421
4. 非银行业金融机构存款	1	1
（二）境外存款	1	1
四、年末金融机构各项贷款余额（人民币）	2304	1555
（一）境内贷款	2304	1555
其中：短期贷款	772	475
中长期贷款	1427	1013
（二）境外贷款	0	0

基　　本　　情　　况

单位：万元

涟　水　县	洪　泽　区	盱　眙　县	金　湖　县
330	221	278	221
330	221	278	221
188	100	162	130
64	71	49	54
78	50	67	38
0	0	0	0
0	0	0	0
197	159	222	172
197	159	222	172
80	45	105	68
109	100	113	92
			0
326	220	277	220
326	220	277	220
187	100	162	129
60	70	49	53
78	50	67	38
0	0	0	0
0	0	0	0
197	159	222	172
197	159	222	172
80	45	105	68
109	100	113	92
			0

12

物　　价

本篇编辑：张　浩　娄长青

市 区 居 民 消 费 价 格 指 数

（以上年为100）

	2016年		2016年
居民消费价格总指数	**102.2**	（2）物业管理费	100.0
一、食品烟酒	104.8	（3）住房装潢维修	105.0
1. 食品	107.7	3. 水电燃料	100.1
（1）粮食	102.8	4. 自有住房	99.0
（2）薯类	114.5	四、生活用品及服务	101.8
（3）豆类	101.0	1. 家具及室内装饰品	100.9
（4）食用油	105.3	（1）家具	100.6
（5）菜	113.5	（2）室内装饰品	103.4
鲜菜	114.5	2. 家用器具	102.7
（6）畜肉类	115.4	（1）大型家用器具	102.6
猪肉	120.1	（2）小家电	103.7
（7）禽肉类	102.8	3. 家用纺织品	102.2
（8）水产品	106.4	4. 家庭日用杂品	102.4
（9）蛋类	91.0	5. 个人护理用品	101.5
（10）奶类	104.4	6. 家庭服务	98.8
（11）干鲜瓜果类	102.4	五、交通和通信	97.8
鲜瓜果	104.0	1. 交通	96.5
（12）糖果糕点类	104.4	（1）交通工具	95.0
（13）调味品	102.5	（2）交通工具用燃料	95.6
（14）其他食品类	102.8	（3）交通工具使用和维修	100.3
2. 茶及饮料	99.5	（4）交通费	101.0
3. 烟酒	99.8	2. 通信	100.3
（1）烟草	100.3	六、教育文化和娱乐	100.4
（2）酒类	99.2	1. 教育	101.3
4. 在外餐饮	99.5	（1）教育用品	100.4
二、衣着	99.4	（2）教育服务	101.3
1. 服装	98.2	2. 文化娱乐	99.5
（1）男式服装	99.4	（1）文娱耐用消费品	98.2
（2）女式服装	97.1	（2）其他文娱用品	101.9
（3）儿童服装	99.0	（3）文化娱乐服务	101.6
2. 服装材料	103.2	（4）旅游	98.6
3. 其他衣着及配件	100.0	七、医疗保健	112.7
4. 衣着加工服务费	97.0	1. 药品及医疗器具	95.2
5. 鞋类	103.6	（1）中药	101.5
（1）鞋	103.6	（2）西药	88.9
（2）鞋类加工服务	104.1	（3）滋补保健品	104.3
三、居住	100.0	（4）医疗卫生器具	99.9
1. 租赁房房租	99.6	（5）保健器具	100.9
公房房租	100.0	2. 医疗服务	121.8
私房房租	99.6	八、其他用品和服务	102.6
2. 住房保养维修及管理	103.9	1. 其他用品类	104.5
（1）住房装潢材料	104.5	2. 其他服务类	101.3

市 区 商 品 零 售 价 格 指 数

（以上年为100）

	2016 年		2016 年
商品零售价格总指数	**100.9**	3. 专业音像器材	98.4
一、食品	105.8	六、文化办公用品	99.2
1. 粮食	102.7	七、日用品	101.1
2. 薯类	114.5	1. 日用百货	98.7
3. 豆类	100.7	2. 厨具餐具茶具	103.5
4. 食用油	105.3	3. 清洗用品	105.3
5. 菜	113.7	4. 其他日用品	100.8
6. 畜肉类	115.1	八、体育娱乐用品	102.3
7. 禽肉类	102.6	1. 体育户外用品	104.1
8. 水产品	106.7	2. 娱乐用品	101.6
9. 蛋类	90.9	九、交通、通信用品	98.5
10. 奶类	104.4	1. 交通运输机械	98.0
11. 干鲜瓜果类	102.3	2. 通信器材	100.0
12. 糖果糕点类	104.3	十、家具	100.6
13. 调味品	102.1	十一、化妆品	101.7
14. 其他食品类	102.8	十二、金银饰品	106.8
15. 在外餐饮	99.5	十三、中西药品及医疗保健用品	96.0
二、饮料、烟酒	99.8	1. 医疗卫生器具	99.9
1. 茶及饮料	99.5	2. 中药	101.5
2. 烟草	100.3	3. 西药	89.0
3. 酒类	99.4	4. 保健器具及用品	103.7
三、服装、鞋帽	99.4	十四、书报杂志及电子出版物	100.3
1. 服装	98.1	1. 教材及参考书	100.4
2. 鞋帽袜	103.5	2. 书报杂志	100.4
3. 其他衣着配件	97.1	3. 计算机办公软件	99.9
四、纺织品	101.0	十五、燃料	97.1
1. 服装材料	103.2	1. 煤炭及制品	99.6
2. 床上用品	100.8	2. 石油及制品	96.9
五、家用电器及音像器材	101.5	十六、建筑材料及五金电料	103.8
1. 家庭设备	102.4	1. 建筑装璜材料	104.5
2. 文娱用耐用消费品	100.5	2. 五金水暖	102.2

13

社会事业

本篇编辑：孙永军　伍华森　张　怡　周兴旺　姚云聪
　　　　　徐　婷　林海娇

教　　育

	单位	全市	市区	淮安区
一、学校总数	个	474	262	92
普通高校	个	7	7	
普通中等专业学校	个	20	15	3
普通中学	个	188	109	35
职业高中	个	2	1	1
技工学校	个	5	4	1
小学	个	252	126	52
特殊学校	个	7	4	1
二、毕业生总数	人	172844	109403	28176
普通高校	人	19028	19028	
普通中等专业学校	人	23824	12744	4192
普通中学	人	72171	43582	14137
职业高中	人	248	248	248
技工学校	人	5039	3458	53
小学	人	52534	30343	9546
特殊学校	人	349	328	4
三、招生总数	人	179156	116848	29512
普通高校	人	21410	21410	
普通中等专业学校	人	21141	12486	4374
普通中学	人	75606	45863	15016
职业高中	人	186	99	99
技工学校	人	2784	1924	16
小学	人	58029	35066	10007
特殊学校	人	102	71	11

情　　况

淮阴区	清江浦区	洪泽区	开发区	涟水县	盱眙县	金湖县
65	38	25	16	106	68	38
3		2		3	1	1
32	22	10	5	40	28	11
					1	
	1	1			1	
30	15	12	11	63	37	26
1	1	1		1	1	1
22611	13104	10936	3378	33717	22191	7533
3513		1942		6119	3461	1500
10389	8703	4779	1429	15002	9921	3666
		1256			1581	
8709	4401	2959	1949	12596	7228	2367
9	290	25		9		12
24149	14228	8186	4669	33293	22861	6154
3319		999		5317	2242	1096
10628	8999	4291	1774	15966	10739	3038
					87	
		249			860	
10202	5229	2647	2895	12010	8933	2020
18	13	29		15	6	10

	单位	全市	市区	
				淮安区
四、在校生总数	人	706470	443298	111948
普通高校	人	69549	69549	
普通中等专业学校	人	61423	35642	11285
普通中学	人	215227	131034	41745
#女生	人	99722	60356	18561
职业高中	人	571	372	372
技工学校	人	9197	6340	46
小学	人	350503	200361	58500
#女生	人	161457	90711	27106
特殊学校	人	944	703	144
五、专任教师总数	人	47381	29549	8386
普通高校	人	3718	3718	
普通中等专业学校	人	3047	2168	562
普通中学	人	19072	11229	3949
职业高中	人	31	15	15
技工学校	人	446	274	28
小学	人	21067	12145	3832
特殊学校	人	188	121	26
六、幼儿园数	个	423	216	80
七、在园幼儿数	人	175554	100471	36897
八、学龄儿童入学率	%	99.9	99.9	99.9
九、初中毕业生升学率	%	98.7		99.1
十、成人高等学校在校生数	人	13156	13156	

情　　　　况（续）

淮阴区	清江浦区	洪泽区	开发区	涟水县	盱眙县	金湖县
101390	55421	35976	19837	141864	97006	24302
10119		3483		16373	7357	2051
30783	26314	12855	4930	44491	30301	9401
14554	10200	6233	2015	19629	14877	4860
					199	
		1488			2857	
60488	29107	18150	14907	81000	56292	12850
28886	10806	8545	6521	37564	27028	6154
242	202	115		79	99	63
6592	4966	2848	1212	9234	6594	2004
649		138		411	327	141
2730	3274	1276	382	3982	2924	937
					16	
	15	17			172	
3213	1677	1417	830	4841	3155	926
22	50	23		22	32	13
65	49	22	25	106	49	27
33524	20959	9091	9777	36430	21391	7485
99.9	99.9	99.9	99.9	99.9	99.9	99.9
98.8	98.9	98.7	98.4	98.7	98.6	98.7

	单 位	全 市	市 区	
				淮 安 区
一、科技				
专利申请受理量	件	17293	11817	2004
#发明	件	4061	2886	254
专利申请授权量	件	8081	5632	1367
#发明	件	406	206	23
二、文化				
剧场、影剧院数	个	7	4	1
公共图书馆	个	9	6	1
公共图书馆图书总藏量	千册、件	2860	2173	336
广播覆盖率	%	100	100	100
电视覆盖率	%	100	100	100
三、卫生				
卫生机构数	个	2237	1261	477
#医院	个	57	39	7
卫生院	个	128	65	26
卫生机构床位数	张	27529	18255	4592
#医院	张	17574	11526	2380
卫生院	张	7926	4821	1958
卫生技术人员	人	31524	21530	5100
#执业（助理）医师	人	12385	8265	2198
注册护士	人	14349	9965	2212
#卫生防疫人员	人	432	298	32
医院、卫生院技术人员	人	7949	4820	2041
#执业（助理）医师	人	3330	2006	778
注册护士	人	3284	2011	918
四、社会福利				
城镇职工基本养老保险参保人数	人	902687	645308	93947
城镇基本医疗保险参保人数	人	1623368	1165726	225178
#城镇职工	人	814232	575061	93089
失业保险参保人数	人	643023	454331	74209
工伤保险参保人数	人	516621	371581	57363
生育保险参保人数	人	499956	362704	52949
社会福利收养性单位数	个	121	69	26
社会福利收养性单位床位数	张	13463	7611	3015
社区服务设施数	个	1964	990	331
城镇居民最低生活保障人数	人	19796	17372	8948
农村居民最低生活保障人数	人	120104	75327	48090
新型农村合作医疗参保人数	人	3545607	1961184	861867
新型农村养老保险参保人数	人	1258175	724801	328357

注：卫生类指标中，开发区统计在清江浦区内。

与社会福利情况

淮阴区	清江浦区	洪泽区	开发区	涟水县	盱眙县	金湖县
2817	2060	2385	2551	2299	1555	1622
731	297	838	766	538	441	196
1257	1015	953	1040	901	627	921
24	49	31	79	19	121	60
	1	1		1	1	1
1	1	1		1	1	1
126	226	278		133	316	238
100	100	100	100	100	100	100
100	100	100	100	100	100	100
315	332	137		477	355	144
6	24	2		7	9	2
20	7	12		33	20	10
6624	5479	1560		4110	3607	1557
4114	4027	1005		2447	2461	1140
2062	386	415		1559	1141	405
7073	7608	1749		4539	3600	1855
2769	2582	716		1926	1455	739
3271	3751	731		2056	1519	809
54	170	42		72	37	25
1963	433	383		1575	1026	528
957	140	131		671	422	231
770	170	153		706	377	190
92260	103869	85449	105904	92458	93897	71024
195283	275417	127964	68065	176070	181918	99654
76743	59317	72093		85078	85859	68234
64364	46325	51172	78279	69651	71755	47286
46128	41812	42011		59004	50847	35189
45611	41216	44313		53520	50632	33100
21	6	12	1	19	21	12
2201	393	940	400	2513	2420	919
214	271	153	21	466	295	213
628	6663	964	169	1054	664	706
16968	4456	3754	2059	31121	8574	5082
638357	116874	229698	114388	821306	544503	218614
254233	41488	70597	22265	263146	193638	76590

公 用 事 业 和 环

	单 位	全 市	市 区	淮 安 区
建成区面积	平方公里	275	179	
供水综合生产能力（包括自备水源）	万吨/日	158	123	
供水总量	万吨	25675	17831	
售水量	万吨	14461	9554	
#居民生活用水量	万吨	8227	5645	
用水人口	万人	224	161	
公共汽（电）车运营车辆数	辆	1534	1257	
公共汽（电）车客运总量	万人次	26466	21431	
出租汽车数	辆	2431	1473	
液化石油气供气总量	吨	49524	29588	
#家庭用量	吨	42468	25160	
液化石油气用气人口	万人	88	55	
道路面积	万平方米	4790	3506	
排水管道长度	公里	3555	2514	
建成区绿化覆盖面积	公顷	11494	7506	
绿地面积	公顷	13279	8166	
公园绿地面积	公顷	3021	2267	
生活垃圾无害化处理率	%	100.0	100.0	
自然保护区面积	公顷	70906	54000	
工业废水排放量	万吨	6624	4777	2006
工业二氧化硫产生量	吨	98668	25574	10463
工业二氧化硫排放量	吨	25214	4563	2351
工业烟（粉）尘产生量	吨	3482833	1055788	1099572
工业烟（粉）尘排放量	吨	9212	1751	1387
一般工业固体废物综合利用率	%	80.0	80.0	98.0
空气质量达到及好于二级的天数	天	248	248	251

境 保 护 情 况

淮阴区	清江浦区	洪泽区	开发区	涟水县	盱眙县	金湖县
				36	37	24
				16	9	10
				2743	2696	2406
				1870	1574	1463
				1155	763	663
				28	23	13
		97		120	103	54
		900		2892	1633	510
		100		265	546	147
				6320	8614	5002
				4900	8290	4118
				16	12	5
				523	492	269
				373	318	349
				1458	1531	999
				2282	1732	1099
				293	313	149
				100.0	100	100.0
		54000		3433	7673	5800
360	566	1845	542	365	419	156
33889	25574	9937	3318	2085	1019	307
4982	4563	4938	2044	607	738	238
743839	1055788	54890	26040	2809	8709	1887
821	1751	1449	1581	435	548	220
50.0	96.0	74.0	85.0	99.0	86.0	73.0
238	240	297	211	282	304	298

年主营业务收入2000万元及

指　　标	全　　市	市　　区
企业科技活动基本情况		
有 R&D 活动的企业数	889	426
企业办科技机构数	1040	517
企业办科技机构中的人员数	14314	7123
R&D 经费内部支出总额	44.46	27.59
经常性支出	36.65	22.83
#R&D 人员劳务费	8.40	5.10
资产性支出	7.81	4.75
R&D 经费外部支出经费	0.92	0.71
技术改造支出总额	4.08	1.26
科技活动产出情况		
新产品销售收入	601.34	287.84

以上工业企业科技活动情况

单位：亿元、人、个

涟水县	盱眙县	金湖县
167	148	148
193	161	169
2590	2481	2120
6.18	6.28	4.41
5.65	4.85	3.31
1.43	0.88	0.99
0.53	1.43	1.09
0.02	0.12	0.08
1.44	0.78	0.60
60.43	196.16	56.91

年主营业务收入2000万元及

	R&D经费内部支出合计	
		1. 基础研究支出
总　　计	**444591**	
按国民经济行业分		
采矿业	12923	
制造业	425077	
农副食品加工业	12343	
食品制造业	1351	
酒、饮料和精制茶制造业	9033	
纺织业	22198	
纺织服装、服饰业	4932	
文教、工美、体育和娱乐用品制造业	13742	
石油加工、炼焦和核燃料加工业	1166	
化学原料和化学制品制造业	49800	
医药制造业	19696	
橡胶和塑料制品业	23960	
非金属矿物制品业	15756	
黑色金属冶炼和压延加工业	10113	
金属制品业	15648	
通用设备制造业	34482	
专用设备制造业	19150	
汽车制造业	8481	
电气机械和器材制造业	43060	
计算机、通信和其他电子设备制造业	43448	
仪器仪表制造业	15325	
电力、热力、燃气及水生产和供应业	6591	
按登记注册类型分		
内资企业	358083	
港、澳、台商投资企业	52410	
外商投资企业	34097	

以上工业企业R&D经费情况

单位：万元

（一）按活动类型分组		（二）按支出用途分组		R&D经费外部支出
2. 应用研究支出	3. 试验发展支出	1. 经常费支出	2. 资产性支出	
	444591	**366495**	**78096**	**9232**
	12923	11493	1430	266
	425077	350835	74242	8966
	12343	8689	3654	58
	1351	979	372	28
	9033	8513	519	186
	22198	15802	6396	51
	4932	4176	756	60
	13742	10064	3678	1021
	1166	786	380	34
	49800	42635	7165	1120
	19696	12875	6821	232
	23960	21541	2418	133
	15756	13112	2644	199
	10113	9386	726	1466
	15648	13259	2388	971
	34482	25815	8668	594
	19150	16219	2931	359
	8481	7025	1456	425
	43060	36015	7045	688
	43448	40612	2836	329
	15325	12062	3263	330
	6591	4168	2424	0
	358083	286811	71272	7707
	52410	47538	4872	839
	34097	32146	1952	686

14

居民生活

本篇编辑：杜建祥　陈　靓　陈　青　张沛然

居民收支与生活状况调查基本情况

	单　位	2016 年			2015 年		
		全体居民	城镇常住居民	农村常住居民	全体居民	城镇常住居民	农村常住居民
一、调查户基本情况	—						
调查样本住户数	户	1418	831	587	1424	834	591
二、户主文化程度	—						
（一）未上过学	%	3.06	1.57	5.15	3.12	2.31	4.28
（二）小学	%	15.53	9.99	23.38	16.28	10.71	24.14
（三）初中	%	48.49	44.16	54.61	48.17	43.69	54.48
（四）高中	%	21.36	25.51	15.49	20.89	24.54	15.75
（五）大学专科	%	6.91	10.83	1.36	7.10	11.17	1.35
（六）大学本科	%	4.30	7.34	0	4.16	7.11	—
（七）研究生	%	0.35	0.60	0	0.28	0.48	—
三、调查人口和就业情况	—						
户均常住人口	人/户	3.22	3.30	3.11	3.24	3.31	3.15
户均就业人口	人/户	1.94	1.91	1.97	1.94	1.89	2.01
平均每一从业人口负担人数	人	1.66	1.73	1.58	1.67	1.75	1.57
平均每户就业面	%	60.14	57.96	63.41	59.88	57.10	63.80
四、常住从业人员就业类型	—						
1. 雇主	%	1.49	1.57	1.38	1.20	1.59	0.67
2. 公职人员	%	1.71	2.58	0.52	1.27	2.03	0.25
3. 事业单位人员	%	5.50	8.68	1.12	5.31	8.68	0.84
4. 国有企业雇员	%	2.11	3.46	0.26	2.44	4.16	0.17
5. 其他雇员	%	55.39	60.48	48.41	57.50	61.92	51.67
6. 农业自营	%	22.54	8.62	41.64	22.21	8.26	40.68
7. 非农自营	%	11.26	14.60	6.67	10.07	13.36	5.72
五、常住从业人员从事主要行业	—						
1. 第一产业	%	26.08	11.89	45.55	26.12	12.01	44.80
2. 第二产业	%	31.74	31.91	31.50	33.16	33.61	32.57
3. 第三产业	%	42.18	56.20	22.95	40.71	54.38	22.63
六、常住居民收入与支出	—						
人均可支配收入	元	22762.0	30335.0	14319.0	20840.2	28104.5	13127.9
人均生活消费支出	元	13382.0	16912.0	9633.0	12349.2	15866.9	8614.5
七、人均住房建筑面积	平方米	46.3	44.2	51.2	45.9	43.8	50.7
八、恩格尔系数	%	30.2	29.9	31.7	31.0	30.8	31.7

居民家庭收入和消费支出明细

单位：元

	2016 年			2015 年		
	全体居民	城镇常住居民	农村常住居民	全体居民	城镇常住居民	农村常住居民
可支配收入	**22762.0**	**30335.0**	**14319.0**	**20840.2**	**28104.5**	**13127.9**
一、工资性收入	13309.0	18206.0	7848.0	12268.1	16890.3	7328.5
二、经营净收入	4760.0	5871.0	3522.0	4392.5	5587.2	3167.0
其中：第一产业	1398.5	650.8	2118.3	1330.3	641.4	1958.3
第二产业	1226.8	1469.1	417.3	1155.2	1416.7	368.3
第三产业	2134.8	3751.1	986.4	1907.0	3529.1	840.4
三、财产净收入	1514.0	2634.0	266.0	1295.4	2300.3	230.9
四、转移净收入	3179.0	3624.0	2683.0	2884.0	3326.7	2401.5
生活消费支出	**13382**	**16912**	**9633**	**12349.0**	**15867.0**	**8615.0**
（一）食品烟酒	4044	5054	3055	3826.0	4892.0	2731.0
（二）衣着	1040	1485	540	999.0	1448.0	507.0
（三）居住	2601	3394	3432	2325.0	3117.0	1485.0
（四）生活用品及服务	819	977	619	735.0	912.0	543.0
（五）交通通信	1316	1644	954	1163.0	1483.0	830.0
（六）教育文化娱乐	2362	3001	1699	2198.0	2801.0	1552.0
（七）医疗保健	852	819	884	771.0	745.0	795.0
（八）其他用品和服务	348	500	178	332.0	469.0	172.0

居民家庭每百户年末主要耐用消费品拥有量

	单　位	2016年			2015年		
		全体居民	城镇常住居　民	农村常住居　民	全体居民	城镇常住居　民	农村常住居　民
家用汽车	辆	24.6	29.4	17.8	20.6	24.8	14.6
摩托车	辆	25.0	18.4	34.4	29.2	21.1	40.6
助力车	台	149.5	145.6	155.1	145.5	145.0	146.2
洗衣机	台	100.5	101.2	99.5	100.4	100.8	99.8
电冰箱（柜）	台	101.2	102.2	99.9	99.7	100.8	98.2
微波炉	台	72.6	85.2	54.7	70.8	83.6	52.7
彩色电视机	台	160.7	162.2	158.5	159.5	161.2	157.0
其中：接入有线电视	台	138.5	142.0	133.5	135.2	136.9	132.8
空调	台	143.7	166.5	111.4	136.4	159.5	103.8
热水器	台	107.0	116.4	93.9	106.6	115.2	94.5
其中：太阳能热水器	台	91.9	93.9	89.1	91.7	93.6	89.0
消毒碗柜	台	1.5	1.9	0.9	1.6	2.0	1.0
洗碗机	台	0.8	0.8	0.9	1.1	1.3	0.8
排油烟机	台	48.1	70.2	16.9	48.3	70.5	16.9
固定电话	线	46.8	52.8	38.3	50.8	55.6	44.0
移动电话	部	264.6	256.5	276.1	259.2	252.9	268.2
其中：接入互联网	部	157.2	151.8	164.9	144.0	143.0	145.6
计算机	台	69.4	86.2	45.8	70.8	87.7	46.9
其中：接入互联网	台	61.4	78.9	36.6	57.6	73.4	35.3
摄像机	台	3.9	6.0	0.9	3.7	6.1	0.3
照相机	台	13.2	19.6	4.1	15.2	21.5	6.3
中高档乐器	架	3.3	4.2	2.0	3.0	4.0	1.5
健身器材	台	2.8	3.5	1.9	2.9	3.9	1.5
组合音响	套	5.5	5.4	5.6	5.8	6.1	5.2

居民家庭食品消费情况

单位：公斤

	2016年			2015年		
	全体居民	城镇常住居民	农村常住居民	全体居民	城镇常住居民	农村常住居民
人均食品消费情况（含自产自用）						
一、粮食消费量	154.73	120.54	198.49	155.79	121.17	200.27
（一）谷物消费量	137.80	102.69	182.95	139.62	104.10	185.44
1. 小麦	36.45	34.54	39.29	36.08	33.89	39.34
2. 稻谷	95.54	63.29	136.43	96.26	64.48	136.54
3. 玉米	3.16	2.07	4.79	4.20	2.86	6.19
4. 其他谷物	2.65	2.79	2.44	3.07	2.87	3.37
（二）薯类消费量	0.89	1.07	0.63	0.81	0.94	0.62
1. 红薯	0.37	0.44	0.25	0.38	0.44	0.28
2. 马铃薯	0.08	0.10	0.04	0.05	0.07	0.03
3. 其他薯类	0.45	0.52	0.34	0.38	0.43	0.30
（三）豆类消费量	16.03	16.78	14.91	15.36	16.13	14.22
1. 大豆	0.51	0.43	0.62	0.80	0.52	1.21
2. 其他豆类	15.53	16.35	14.29	14.57	15.62	13.01
二、油脂类消费量	12.72	13.47	11.59	13.53	13.31	13.84
（一）植物油	12.18	12.96	11.01	12.95	12.71	13.31
（二）动物油	0.54	0.51	0.58	0.58	0.60	0.54
三、蔬菜及菜制品消费量	103.83	113.29	89.63	105.39	110.79	97.38
（一）鲜菜	100.42	108.78	87.86	102.21	106.66	95.63
（二）干菜及菜制品	1.16	1.55	0.57	1.02	1.38	0.49
（三）鲜菌	2.05	2.67	1.13	1.97	2.49	1.18
（四）干菌及菌制品	0.20	0.29	0.07	0.18	0.26	0.08
四、肉类	26.13	29.38	21.26	27.17	30.36	22.46
（一）猪肉	18.46	19.79	16.46	19.42	20.84	17.32
（二）牛肉	2.04	2.60	1.20	2.03	2.52	1.32
（三）羊肉	0.72	0.94	0.39	0.59	0.76	0.35
（四）其他肉类及制品	4.91	6.04	3.21	5.13	6.25	3.47
五、禽类	9.08	10.11	7.54	8.42	9.77	6.41
（一）鸡	5.13	6.09	3.69	5.05	6.06	3.56
（二）鸭	1.65	1.74	1.51	1.38	1.55	1.13
（三）鹅	0.77	0.77	0.78	0.61	0.60	0.64
（四）其他禽类及制品	1.53	1.51	1.57	1.37	1.56	1.09
六、水产品	14.13	15.77	11.67	14.09	15.71	11.69
（一）鱼类	10.73	11.47	9.61	10.99	11.55	10.16
（二）虾、贝、蟹类	2.19	2.67	1.48	2.05	2.74	1.02
（三）藻类	0.59	0.79	0.28	0.44	0.57	0.25
（四）其他	0.62	0.84	0.30	0.61	0.85	0.26
七、蛋类及蛋制品	9.20	11.00	6.49	9.77	10.88	8.13
（一）鲜蛋	8.69	10.27	6.30	9.33	10.28	7.91
（二）蛋制品	0.51	0.72	0.19	0.45	0.60	0.21
八、奶和奶制品	16.16	18.82	12.17	18.55	21.24	14.58
（一）鲜奶	11.78	14.10	8.31	13.98	16.35	10.47
（二）酸奶	3.29	3.33	3.23	3.41	3.52	3.23
（三）奶粉	0.33	0.37	0.27	0.39	0.40	0.38
（四）其他奶制品	0.75	1.02	0.36	0.77	0.96	0.49
九、干鲜瓜果类	32.59	39.10	22.83	31.80	38.80	21.42
（一）鲜瓜果	28.92	34.49	20.56	28.12	34.21	19.10
（二）瓜果制品	0.69	0.93	0.34	0.63	0.85	0.31
（三）坚果类	2.98	3.68	1.94	3.04	3.74	2.01
十、糖果糕点类	4.21	4.58	3.65	4.53	4.98	3.86
（一）食糖	0.98	0.96	1.01	1.00	0.96	1.06
（二）糖果	0.28	0.37	0.14	0.37	0.45	0.26
（三）糕点	2.40	2.84	1.72	2.53	3.07	1.72
（四）其他糖果糕点	0.56	0.42	0.78	0.63	0.50	0.82
十一、饮料	0.12	0.14	0.08	0.10	0.12	0.07
（一）茶叶	0.12	0.14	0.08	0.10	0.12	0.07
十二、酒	9.13	7.32	11.85	9.03	7.59	11.16

居民人均可支配收入(分地区)

单位：元

	全体居民		城镇常住居民		农村常住居民	
	2016年	2015年	2016年	2015年	2016年	2015年
淮安市	**22762.2**	**20840.2**	**30334.8**	**28104.5**	**14318.6**	**13127.9**
淮安区	19799.6	18068.5	26143.6	24108.8	14525.6	13322.6
淮阴区	20141.1	18339.7	28393.2	26202.6	13406.4	12280.3
清江浦区	34838.0	32345.7	36543.8	34052.2	17760.2	16423.3
洪泽区	22960.2	21042.8	30290.8	28120.0	15697.0	14385.1
涟水县	18302.4	16698.4	25230.2	23324.6	13371.9	12258.8
盱眙县	21922.6	20007.2	30684.1	28358.7	14495.4	13294.9
金湖县	22541.5	20565.0	30799.0	28454.4	15682.8	14352.3
开发区	34771.6	32525.7	34771.6	32525.7	—	—

居民人均生活消费支出(分地区)

单位：元

	全体居民		城镇常住居民		农村常住居民	
	2016年	2015年	2016年	2015年	2016年	2015年
淮安市	**13381.5**	**12349.2**	**16912.1**	**15866.9**	**9633.0**	**8614.5**
淮安区	12260.9	11184.2	15768.9	14629.8	9504.7	8477.0
淮阴区	13940.6	12775.1	16185.8	15157.1	12210.5	10939.5
清江浦区	18625.0	17580.6	19170.7	18156.0	13531.7	12211.0
洪泽区	12601.7	11562.9	13992.0	13127.6	11293.7	10090.9
涟水县	11310.4	10426.0	15767.5	14876.9	8324.1	7443.8
盱眙县	11634.7	10651.3	16234.5	15103.7	7937.7	7072.8
金湖县	16225.4	14845.4	19832.9	18537.3	13384.5	11938.0
开发区	16231.8	15329.4	16231.8	15329.4	—	—

15

附　　录

本篇编辑：孙永军　伍华森　张　怡　周兴旺　姚云聪
杨益浪　穆如标　王小丰　王凤怀

淮安市2016年国民经济和社会发展统计公报

淮安市统计局　国家统计局淮安调查队

2017年3月28日

2016年，面对错综复杂的外部环境和不断加大的经济下行压力，全市上下认真贯彻落实中央和省委、省政府决策部署，按照市委工作要求，紧紧围绕早日建成全面小康社会和苏北重要中心城市两大目标，自觉践行新发展理念，扎实推进供给侧结构性改革，全面统筹改革发展稳定各项工作，经济社会保持平稳健康发展，实现了“十三五”发展良好开局。

一、综　　合

经济运行平稳增长。完成GDP总量3048亿元，按可比价格计算，比上年增长9.0%。其中，第一产业增加值324.61亿元，增长1.7%；第二产业增加值1268.15亿元，增长9.1%；第三产业增加值1455.24亿元，增长10.6%。三次产业比例由上年11.2：42.9：45.9调整升级为10.6：41.7：47.7，第三产业增加值占GDP比重47.7%，比上年提升1.8个百分点。人均GDP 62446元人民币（按当年汇率折算9401美元），增长8.6%。

消费价格温和上涨。市区居民消费价格比上年上涨2.2%。其中，食品烟酒类涨4.8%，生活用品及服务类涨1.8%，教育文化和娱乐类涨0.4%，医疗保健类涨12.7%，其他用品和服务类涨2.6%，衣着类跌0.6%，交通和通信类跌2.2%，居住类基本持平。

就业形势保持稳定。全年城镇新增就业7.78万人；下岗失业人员再就业4.32万人，其中困难群体再就业6508人。年末城镇登记失业率为1.87%，保持在较低水平。新增转移农村劳动力2.26万人，城乡劳动者职业技能培训3.03万人、创业培训2.9万人。

2016年，全市经济社会发展中还面临一些问题，主要是：产业支撑不够牢固，自主创新有待增强，居民增收难度较大，中心城市的集聚辐射以及县域综合实力需要提升，基本公共服务均衡配置、宜居生态家园建设等方面尚存短板。

二、农林牧渔和水利业

农业生产保持稳定。全年粮食总产量458.55万吨，受极端气候因素影响，比上年减少8.67万吨，下降1.9%。其中，夏粮总产量170.57万吨，减少6.80万吨，下降3.8%；秋粮总产量287.98万吨，减少1.87万吨，下降0.6%。全年粮食播种面积989.99万亩，比上年增加2.63万亩，其中夏粮面积463.08万亩，增加1.47万亩；秋粮面积526.91万亩，增加1.15万亩。油料种植面积43.71万亩，减少1.04万亩，蔬菜种植面积145.65万亩，增加0.92万亩。完成成片造林面积2.53万亩。水产品总产量26.10万吨，下降1.0%。年末农业机械总动力623万千瓦，增长0.4%。

水利建设成效显著。完成水利建设投资32.5亿元。淮河入江水道整治、洪泽湖大堤加固、分淮入沂整治等工程全部完成；黄河故道水利综合治理工程基本完成；列入国家规划的中小河流、大中型涵闸加固、大型泵站更新改造全面完成、发挥效益；淮河入海水道二期等一批重大项目前期工作取得新突破。里运河北门桥、堂子巷及古黄河水利枢纽等“三闸”工程全面建成运行，清江浦老城区除涝综合整治、清隆桥泵站改造、西郊泵站迁建等一批城市河道治理及涵闸工程建成运行。完成农村水利建设4650万土方，兴建建筑物8758座、防渗渠道645公里，疏浚县乡河道1398公里，整治村庄河塘1413面。

三、工业和建筑业

工业经济平稳运行。完成规模以上工业增加值1626.18亿元，比上年增长9.8%。其中：国有工业增加值8.19亿元，增长16.3%；集体工业增加值3.14亿元，下降17.8%；股份制工业增加值1108.31亿元，增长17.5%；外商港澳台投资工业增加值313.13亿元，下降7%。大中型工业企业增加值678.02亿元，下降3.2%。轻工业企业增加值709.48亿元，增长7%；重工业企业增加值916.70亿元，增长12.0%。

优势特色产业不断壮大。“4+2”优势特色产业实现产值4200.40亿元，比上年增长5.9%。其中盐化新材料、特钢及装备制造产业、电子信息、食品四大主导产业实现产值3840.10亿元，占规模以上工业产值比重51.4%；新能源汽车及零部件产业、生物技术及新医药产业等两大战略性新兴产业实现产值360.30亿元，增长9.5%。食品产业实现产值1015.9亿元，成为继电子信息产业后第二个千亿级产业。单位GDP能耗降低率完成省定任务。

骨干企业支撑有力。全市有规模以上工业企业2664户，其中年销售收入100亿元以上企业3户，50亿元以上企业9户，10亿元以上企业90户。全市百户重点企业实现销售2818.78亿元，比上年增长20.8%，高于规模以上工业8.6个百分点，占全市工业销售比重38.6%；实现利润192.87亿元，增长18.1%，高于规模以上工业9.4个百分点，占全市工业利润比重48.0%。

建筑业稳步增长。全市具有资质等级的总承包和专业承包建筑业企业547户，完成建筑业总产值1337.29亿元，增长1.0%，其中建筑工程产值1282.16亿元，增长0.4%。实现建筑业增加值196.70亿元，比上年增长2.7%。

四、固定资产投资

投资规模较快扩张。完成规模以上固定资产投资2535.19亿元，比上年增长15.1%。其中工业投资1518.49亿元，增长17.3%；房地产开发投资321.41亿元，增长13.3%。民间投资1781.94亿元，增长15.4%，占全市规模以上投资比重70.3%。完成220个市级重大项目投资1040亿元，比上年增长11.5%，德科玛半导体、时代芯存相变存储器等一批投资超百亿元重大项目顺利开工。

五、国 内 贸 易

消费市场稳中有进。实现社会消费品零售总额1083.83亿元，比上年增长11.7%。按经营单位所在地统计，城镇消费品零售额964.50亿元，增长11.4%；乡村消费品零售额119.33亿元，增长13.7%。按消费形态统计，批发零售业完成零售额978.30亿元，增长11.9%；住宿餐饮业完成零售额105.53亿元，增长9.3%。

消费热点持续活跃。限额以上单位实现社会消费品零售额525.16亿元，比上年增长14.9%。其中粮油、食品类增长14.3%，烟酒类增长17.4%，化妆品类增长9.1%，金银珠宝类增长7.9%，电子出版物及音像制品类增长34.8%，五金电料类增长21.3%，家具类增长16.9%，石油及制品类增长6.5%，建筑及装潢材料类增长16.5%，机电产品及设备类增长46.2%，汽车类增长21.9%。

六、开放型经济

对外贸易难中有进。累计完成进出口总额35.04亿美元，比上年下降15.1%。其中，出口总额26.98亿美元，下降10.3%；进口总额8.06亿美元，下降28.1%。全市有进出口实绩企业809家，培育新增长点企业152家。组织企业参加广交会、日本大阪展、德国科隆五金展等境内外重点展会330家次，设立展位570多个。

外资外经加快发展。全年新批外资项目240个，协议外资28.58亿美元，到账外资11.6亿美元。新设立总投资1亿美元以上项目10个、3000万美元以上项目59个。新批伊弗特精密零部件、金俊装备工业和澳洋顺昌集成电路等一批重大外资项目，其中伊弗特精密零部件项目计划总投资1.55亿元美元。完成外经营业额1.30亿美元，比上年增长24.4%。对外承包工程新签合同额1.25亿美元，增长近3倍。

七、交通、邮电和旅游

交通基础建设力度加大。完成交通基础设施建设投资93.80亿元，比上年增长221.0%。宁连路南门立交建成通车，新港二期码头完成主体工程施工，连淮扬镇、徐宿淮盐两条高铁完成征地拆迁，宿扬高速、503省道、淮河出海航道整治以及京杭运河淮海路大桥、京杭运河黄码大桥、淮海路跨古淮河桥等项目全面推进，348省道淮安区段等重点项目开工建设。新改建农村公路500公里、桥梁97座。计划总投资151亿元的市区快速路一期工程开工建设。全市年末公路总里程13354公里，其中高速公路里程403.40公里，一级公路里程631.90公里。

运输业稳步发展。完成公路、水路货运量1.22亿吨、周转量372.13亿吨公里，比上年分别增长1.6%和2.8%。完成港口货物吞吐量9050万吨，增长13.1%；完成集装箱吞吐量15万标箱，增长11.5%。淮安机场新开通日本大阪、重庆、大连、海口、福州等航线，通航城市达到20个；完成旅客吞吐量86万人次、货邮吞吐量4638吨，分别增长70.7%、23.5%。市区投放新能源公交车700辆。现代有轨电车全年客流突破540万人次。新增24个乡镇开通镇村公交，全市镇村公交开通率达63%。A级物流企业总数增至22家。

邮电通讯业平稳发展。完成电信业务收入26.11亿元，比上年增长2.2%；邮政业务收入14.53亿元，增长39.9%。年末固定电话用户51万户，下降25.1%。移动电话用户429万户，增长2.8%。年末互联网固定宽带用户95万户，增长17.3%。

旅游业加速发展。实现旅游业总收入308.57亿元，比上年增长15.6%。其中，国内旅游收入305.64亿元，增长15.8%；旅游外汇收入1704.53万美元，增长9.4%。接待境内外游客2612.4万人次，比上年增长12.3%；接待入境过夜游客1.82万人次，增长24.2%。全市共有国家A级旅游景区41家，其中5A级1家，4A级12家；省星级乡村旅游区52家，省级自驾游基地3家，省级旅游度假区2家，省级生态旅游示范区2家。有星级旅游饭店48家，其中五星级旅游饭店1家；旅行社105家，其中四星级旅行社2家、出境社2家；持证导游4513人。中国漕运城、西游记文化体验园、白马湖生态旅游度假区、美丽蒋坝休闲旅游度假区项目入选全国优选旅游项目。

八、财政、金融

财政支出结构改善。实现财政总收入483.13亿元，比上年下降5.3%，其中一般公共预算收入315.51亿元，下降9.9%。一般公共预算支出483.45亿元，比上年下降5.8%，其中财政民生类支出353.95亿元，下降5.4%，占一般公共预算支出比重达73.2%，比上年提升0.3个百分点。

金融市场稳健运行。年末全市金融机构人民币存款余额3066亿元，比年初增长31.7%。其中，住户存款1360.51亿元，增长14.9%，占全部存款44.4%；非金融企业存款1049.81亿元，增长65.1%，占全部存款34.2%。年末金融机构人民币贷款余额2304.22亿元，比年初增长23.6%。其中，中长期贷款1426.86亿元，增长44.2%；基础设施贷款398.90亿元，增长104.6%。实现保费收入77.10亿元，比上年增长23.3%。其中，财产保险收入22.70亿元，增长15.8%；寿险收入44.90亿元，增长23.8%；健康险和意外伤害险收入9.50亿元，增长43.4%。全年保险赔款和给付支出28.70亿元。

九、科学技术和教育

科技创新能力增强。研究与试验发展（R&D）经费支出54亿元，比上年增长20%，占GDP比重1.8%。完成高新技术产业产值1909亿元，增长13.16%。新认定省级高新技术产品91个、市级85个；新认定省级高新技术企业121家、市级67家。专利申请17293件，专利授权8081件，发明专利申请量4061件。企业专利申请量9667件，增长93.8%；企业专利授权量4307件，增长49.3%。万人有效发明专利拥有量3.55件，比上年增长29.5%。新获认定国家众创空间1家、省众创空间1家，全市省级以上科技企业孵化器孵化面积达86万平方米。

科研实力显著增强。新设立清华大学苏州汽车研究院技术转移淮安中心；组织签订大院名校科技合作交流项目59项。井神盐化获国家企业技术中心认定，为全市首个国家级研发机构；新增省级科技公共服务平台1个，新建市级科技公共服务平台10个；新获认定江苏省智能交互工程技术研究中心等省级工程技术研究中心5个，新建市级重点实验室5个，市级工程技术研究中心79个。

教育事业协调发展。拥有各级各类学校、成规模幼儿园898所，在校生87.12万人，教职工5.59万人。其中，成规模幼儿园424所，在园幼儿17.56万人；小学252所，小学生35.05万人；初中157所（含38所九年制学校），初中生14.31万人；高中31所（含8所完全中学），高中生7.22万人；中等职业学校20所，在校学生6.2万人；高校7所，大学生6.69万人；特殊教育学校7所，在校学生0.09万人。通过义务教育基本均衡发展国家督导认定，全市109所中小学达到全国义务教育学校管理示范校标准。淮阴卫校成功升格为江苏护理职业学院。

十、文化、卫生和体育

文化事业繁荣发展。全市每万人拥有公共文化设施面积1595平方米，公共文化服务设施覆盖率95%，人均公共图书馆总藏量0.93册。市公共数字文化综合服务平台项目搭建完成，被文化部评为2016年国家基层公共数字文化服务推广项目。淮安大剧院正式对外运营；淮海戏《林道静》等4个项目获得国家艺术基金资助；江苏华夏云锦织造有限

公司被国家版权局授予全国版权示范单位；盱眙县创成第三批省级公共文化服务体系示范区。

卫生服务体系更加健全。全市有各类卫生机构（不含村卫生室）813个，其中疾病预防控制机构9个，卫生监督机构9个，综合医院36个，专科医院14个，中医院6个，妇幼保健机构9个，卫生院128个，社区卫生服务中心（站）79个。各类卫生机构实有病床27529张，其中医院17574张、卫生院7926张。卫生技术人员3.15万人，其中执业（助理）医师1.24万人，注册护士1.43万人；疾病预防控制机构卫生技术人员432人，卫生监督机构卫生技术人员167人，妇幼卫生保健机构卫生技术人员1587人。市妇幼保健院、市公共卫生中心异地新建有序推进，市直医院全部达到三级以上。

体育事业成果显著。成功举办2016国际智力运动联盟智力运动精英赛、里运河中国淮安·丝绸之路户外运动挑战赛以及全市第八届运动会等赛事。新建健身路径40套、健身步道58公里、笼式足球场4个、拼装式游泳池1个，全市30个乡镇建成多功能运动场。市本级被列为首批省级体育改革发展试验区，淮安区施河镇被命名为首批省级体育健康特色小镇。在2016年里约奥运会花样游泳比赛中，我市培养的淮安籍运动员梁馨枰摘得银牌。

十一、环境保护

环境保护能力提高。通过国家生态市考核验收，成功创建国家节水型城市。全市设立自然保护区5个，面积7.09万公顷，其中省级自然保护区2个，面积5.7万公顷。空气质量优良天数280天，优良率76.5%；城市水域功能区水质优良率81.5%，集中式饮用水源地水质达标率100%；市区环境噪声平均等效声级53.5分贝，声环境质量等级较好。盱眙县、淮安区和淮阴区通过国家生态县区考核验收，市经济技术开发区通过国家生态工业示范园区验收，市工业园区获得省级生态工业园区命名。

十二、人口、居民生活和社会保障

人口规模小幅增加。年末户籍总人口567.56万人，比上年增加3.11万人；其中男性人口291.24万人，占总人口51.3%，女性人口276.31万人，占总人口48.7%。年末常住人口489万人，比上年增加1.8万人；其中城镇人口291.84万人，增加8.53万人。常住人口城市化率59.7%，比上年提升1.5个百分点。常住人口出生率10.93‰，死亡率7.44‰，自然增长率3.49‰。

居民收入稳步增长。全体常住居民人均可支配收入22762元，比上年增长9.2%。城镇居民人均可支配收入30335元，增长7.9%；人均消费性支出16912元，增长6.6%。农村居民人均可支配收入14319元，比上年增长9.1%；人均生活消费支出9633元，增长11.8%。城镇常住居民人均住房面积44.2平方米，农村常住居民人均住房面积51.2平方米。

社会保障体系不断完善。年末全市参加企业养老保险职工人数90.27万人，比上年增加1.37万人；其中农民工参保6.7万人，个体灵活就业人员参保36.04万人。参加工伤保险51.66万人，比上年增加0.5万人；生育保险50.00万人，增加3.13万人；失业保险人数64.3万人，增加1.1万人。参加城镇职工基本医疗保险81.42万人，城镇居民基本医疗保险参保人数80.92万人。参加农村养老保险人数126.32万人，参保率99.48%。全市共支付27.78万名企业离退休人员养老金60.70亿元，全年征缴养老保险费48.16亿元，组织27.63万名企业退休人员第四轮免费体检。

注：

（1）公报中部分指标数据为快报数，最终数据以《淮安统计年鉴－2017》公布为准。

（2）GDP、产业增加值和人均GDP绝对数按现价计算，增长速度按可比价计算，为实际增长速度。其他指标除特殊说明外，按现价计算，增速为名义增长。

（3）“4＋2”优势特色产业：指盐化新材料、特钢及装备制造、电子信息、食品产业四大主导产业和新能源汽车及零部件、生物技术及新医药产业两大战略性新兴产业。

（4）房地产业投资除房地产开发投资外，还包括建设单位自建房屋以及物业管理、中介服务和其他房地产投资。

（5）民间固定资产投资是指具有集体、私营、个人性质的内资企事业单位以及由其控股（包括绝对控股和相对控股）的企业单位建造或购置固定资产的投资。

（6）中等职业教育包括普通中专、成人中专、职业高中和技工学校。

江苏省2016年国民经济和社会发展统计公报

江苏省统计局　国家统计局江苏调查总队

（2017年2月25日）

2016年，面对复杂多变的宏观经济环境和艰巨繁重的改革发展任务，全省上下认真贯彻中央和省委省政府决策部署，坚持稳中求进工作总基调，自觉践行新发展理念，以供给侧结构性改革为主线，扎实做好各项工作，经济社会保持平稳健康发展，实现了"十三五"良好开局。全省综合实力明显增强，转型升级步伐加快，新旧动力加速转换，发展质量稳步提升，社会事业取得进步，民生福祉持续改善。

一、综　　合

经济发展总体平稳、稳中有进。全年实现地区生产总值76086.2亿元，比上年增长7.8%。其中，第一产业增加值4078.5亿元，增长0.7%；第二产业增加值33855.7亿元，增长7.1%；第三产业增加值38152亿元，增长9.2%。全省人均生产总值95259元，比上年增长7.5%。全社会劳动生产率持续提高，全年平均每位从业人员创造的增加值达159934元，比上年增加12620元。产业结构加快调整。三次产业增加值比例调整为5.4∶44.5∶50.1，全年服务业增加值占GDP比重提高1.5个百分点。全年实现高新技术产业产值6.7万亿元，比上年增长8.0%；占规上工业总产值比重达41.5%，比上年提高1.4个百分点。战略性新兴产业销售收入4.9万亿元，比上年增长10.5%；占规上工业总产值比重达30.2%。经济活力继续增强。全年非公有制经济实现增加值51510.3亿元，比上年增长8.0%，占GDP比重达67.7%，其中私营个体经济占GDP比重为43.6%。民营经济增加值占GDP比重达55.2%。年末全省工商部门登记的私营企业达222.9万户，当年新增50.1万户，注册资本98090.7亿元，比上年增长34.4%；个体户438.8万户，当年新增77.6万户。新型城镇化建设加快。年末城镇化率达67.7%，比上年提高1.2个百分点。区域发展协调性进一步提高。苏中和苏北对全省经济增长的贡献率达45.3%，沿海地区对全省经济增长的贡献率达18.4%。

就业形势保持平稳。年末全省就业人口4756.22万人，第一产业就业人口841.85万人，第二产业就业人口2045.17万人，第三产业就业人口1869.2万人。城镇地区就业人口3126.26万人，城镇新增就业143.22万人，城镇登记失业率3.0%。新增转移农村劳动力26.49万人。促进失业人员再就业77.82万人，其中就业困难人员就业13.12万人。分流安置去产能职工2.31万人，应届高校毕业生年末总体就业率达到96.9%，扶持城乡劳动者自主创业22.82万人。

消费价格温和上涨。全年居民消费价格比上年上涨2.3%，其中城市上涨2.4%，农村上涨1.8%。分类别看，食品烟酒上涨3.8%，衣着上涨1.8%，居住上涨1.2%，生活用品及服务上涨1.6%，交通和通信下降1.2%，教育文化和娱乐上涨0.9%，医疗保健上涨9.1%，其他用品和服务上涨2.7%。在食品烟酒中，鲜菜上涨11.3%，畜肉类上涨11.1%，水产品上涨6.7%，禽肉类上涨1.2%，食用油上涨0.9%，粮食上涨0.2%，蛋类下降3.7%。工业生产者价格有所回升。全年工业生产者出厂价格同比下降1.9%，降幅较上年收窄2.8个百分点，其中生产资料下降2.2%，生活资料下降0.7%。全年工业生产者购进价格下降2.0%，降幅较上年收窄5.9个百分点。

表1 居民消费价格指数及其构成情况（以上年为100）

指　　标	全　省	城　市	农　村
居民消费价格	102.3	102.4	101.8
食品烟酒	103.8	103.6	104.3
#粮食	100.2	100.3	100.0
衣着	101.8	101.8	102.0
居住	101.2	101.5	100.3

续表 1

指　　　标	全　省	城　市	农　村
生活用品及服务	101.6	101.7	101.0
交通和通信	98.8	98.7	99.1
教育文化和娱乐	100.9	100.9	100.7
医疗保健	109.1	111.2	102.6
其他用品和服务	102.7	102.8	102.5

全省经济社会发展中还存在不少困难和问题，如供给侧结构性矛盾突出，转型升级任务艰巨，实体经济困难较多，有效需求增长乏力，城乡居民增收难度较大等。

二、农林牧渔业

种植业产品产量有所下降。全年粮食播种面积543.3万公顷，比上年增加0.8万公顷；棉花面积6.3万公顷，减少3.1万公顷；油料面积43.9万公顷，减少3.7万公顷；蔬菜面积143万公顷，减少0.1万公顷。受灾害天气影响，全年粮食总产量3466万吨，比上年减产95.3万吨，下降2.7%。其中，夏粮1216.5万吨，下降4.3%；秋粮2249.5万吨，下降1.8%。

林牧渔业总体稳定。全年造林面积2.8万公顷，比上年下降34.3%。全年猪牛羊禽肉产量345.9万吨，比上年下降3.7%；禽蛋产量198.5万吨，增长1.2%；牛奶总产量59万吨，下降1.0%；水产品总产量524.7万吨，增长0.5%，其中淡水产品373.4万吨，海水产品151.3万吨，分别增长0.1%和1.4%。

现代农业加快推进。全省高标准农田比重达到56%，农业科技进步贡献率提高到67%，家庭农场、农民合作社分别达到3.4万家和7.4万个。有效灌溉面积达406.7万公顷，新增有效灌溉面积4.1万公顷，新增节水灌溉面积19.2万公顷；新增设施农业面积3.4万公顷；年末农业机械总动力4906.6万千瓦，比上年增长1.7%。

表2　主要农产品产量情况

产　品　名　称	产　量（万吨）	比上年增长（%）
粮食	3466.0	-2.7
棉花	7.4	-36.8
油料	131.9	-7.8
#油菜籽	93.6	-12.0

续表 2

产　品　名　称	产　量（万吨）	比上年增长（%）
花生	36.7	4.7
蚕茧	4.0	-20.6
茶叶	1.4	-3.6
水果（含瓜果类）	893.0	-2.3
猪牛羊禽肉	345.9	-3.7
水产品	524.7	0.5

三、工业和建筑业

工业经济运行平稳。全年规模以上工业增加值比上年增长7.7%，其中轻工业增长7.6%，重工业增长7.7%。分经济类型看，国有工业增长4.2%，集体工业增长5.5%，股份制工业增长9.3%，外商港澳台投资工业增长5.3%。在规模以上工业中，国有控股工业增长4.0%，私营工业增长10.6%。

企业效益稳步改善。全年规模以上工业企业实现主营业务收入15.8万亿元，比上年增长7.5%；利润10525.8亿元，增长10.0%。企业亏损面12.3%，比上年下降1.5个百分点。规模以上工业企业总资产贡献率、主营业务收入利润率和成本费用利润率分别为16.7%、6.7%和7.2%。

表3　主要工业产品产量情况

产品名称	单　位	产　量	比上年增长（%）
纱	万吨	536.86	-0.7
布	亿米	91.46	4.8
化学纤维	万吨	1458.19	3.0
卷烟	亿只	1027.68	-1.8
智能手机	万台	4998.80	30.2
彩色电视机	万台	1839.38	14.7
#智能电视	万台	921.25	21.0
家用电冰箱	万台	945.75	-4.1
房间空调器	万台	454.10	12.7
发电量	亿千瓦时	4667.73	6.7
粗钢	万吨	11080.49	3.4
钢材	万吨	13469.72	2.9
十种有色金属	万吨	33.87	-14.8
水泥	万吨	17989.78	0.3
硫酸	万吨	349.66	3.1
纯碱	万吨	311.13	11.2

续表 3

产品名称	单位	产量	比上年增长（%）
乙烯	万吨	162.95	6.0
化肥（折100%）	万吨	207.63	1.4
汽车	万辆	144.89	14.3
#轿车	万辆	73.77	9.2
#新能源汽车	万辆	3.11	8.6
民用钢质船舶	万载重吨	1646.30	-22.2
太阳能电池	万千瓦	3484.40	22.6
发电设备	万千瓦	623.72	-12.6
光纤	万千米	5447.41	17.6
光缆	万芯千米	10053.51	6.9
微型电子计算机	万台	5285.18	-10.6
集成电路	亿块	453.96	22.9
程控交换机	万线	0.68	-15.0

先进制造业加快发展。全年规模以上工业中，汽车制造业实现产值7967.7亿元，比上年增长13.1%；医药制造业产值3992.4亿元，增长12.3%；专用设备制造业产值6450.7亿元，增长8.4%；电气机械及器材制造业产值17986.5亿元，增长9.4%；通用设备制造业产值9401.6亿元，增长6.4%；计算机、通信和其他电子设备制造业产值19438.7亿元，增长2.3%。代表智能制造、新型材料、新型交通运输设备和高端电子信息产品的新产品产量实现较快增长。全年工业机器人产量增长90.6%，服务器增长50.2%，碳纤维增强复合材料增长36.6%，智能手机增长30.2%，智能电视增长21.0%，太阳能电池增长22.6%。

建筑业稳定发展。全年实现建筑业总产值25791.8亿元，比上年增长4.1%；竣工产值21270.4亿元，增长4.1%；竣工率达82.5%；全省建筑企业实现利税总额1823.5亿元，增长4.1%；建筑业劳动生产率为30.5万元/人，增长2.5%；建筑业企业房屋建筑施工面积221493.6万平方米，增长2.7%；竣工面积74990.3万平方米，减少2.4%，其中住宅竣工面积54532.7万平方米，减少3.3%。

四、固定资产投资

固定资产投资缓中趋稳。全年完成固定资产投资49370.9亿元，比上年增长7.5%。其中，国有及国有经济控股投资10444.3亿元，增长5.1%；港澳台及外商投资4692.8亿元，增长20.3%；民间投资34233.7亿元，增长6.8%，占固定资产投资比重达69.3%。分类型看，完成项目投资40414.5亿元，比上年增长7.1%；房地产开发投资8956.4亿元，增长9.8%。

投资结构持续调优。第一产业投资293.1亿元，比上年增长26.2%；第二产业投资24673.8亿元，增长7.8%；第三产业投资24403.9亿元，增长7.1%。第二产业投资中，工业投资24544.4亿元，增长7.9%，其中制造业投资22869.7亿元，增长7.7%。技术改造投资14570亿元，增长14.8%，占全部投资比重达29.5%；其中工业技改投资13603.9亿元，增长10.2%，占工业投资比重达55.4%。高新技术产业投资8010.8亿元，增长6.3%。

重点项目扎实推进。启动实施民生保障、公共服务等五大领域200个项目，完成投资4000亿元以上。交通、能源、水利、信息等一批重大基础设施项目相继建成。

五、国内贸易

消费品市场平稳运行。全年实现社会消费品零售总额28707.1亿元，比上年增长10.9%。按经营单位所在地分，城镇消费品零售额25768亿元，增长10.8%；乡村消费品零售额2939.1亿元，增长12.0%。按消费类型分，商品零售额25947.6亿元，增长10.6%；餐饮收入额2759.5亿元，增长14.0%。在限额以上企业商品零售额中，粮油、食品类增长12.5%，饮料类增长10.3%，烟酒类增长9.3%，服装、鞋帽、针纺织品类增长9.1%，金银珠宝类增长1.8%，日用品类增长6.5%，五金、电料类增长20.1%，书报杂志类增长10.2%，家用电器和音像器材类增长9.2%，中西药品类增长11.5%，通讯器材类增长16.9%，文化办公用品类增长26.2%，家具类增长14.8%，石油及制品类增长2.4%，建筑及装潢材料类增长15.4%，汽车类增长10.5%。网上零售保持较快增长，全省限额以上批发和零售业网上零售额增长44.8%。

六、开放型经济

外贸形势略有好转。全年进出口总额33634.8亿元，比上年下降0.7%。其中，出口总额21063.2亿元，比上年增长0.2%；进口总额12571.6亿元，下降2.2%。

表 4　进出口贸易主要分类情况

指　　标	绝对数（亿元）	比上年增长（%）
出口总额	21063.2	0.2
#一般贸易	10253.4	6.4
加工贸易	9165.1	-0.2
#工业制成品	20300.3	-0.5
初级产品	338.6	7.1
#机电产品	13721.1	-1.7
#高新技术产品	7718.0	-5.2
#国有企业	1892.7	-0.8
外商投资企业	12305.7	2.3
私营企业	6473.2	-2.4
进口总额	12571.6	-2.2
#一般贸易	5849.9	12.7
加工贸易	5093.5	0.4
#工业制成品	10518.0	-3.2
初级产品	1541.5	-1.9
#机电产品	7557.3	-4.1
#高新技术产品	5199.6	-7.8
#国有企业	830.0	-6.2
外商投资企业	9210.2	3.5
私营企业	2346.0	-17.1

表 5　对主要国家和地区货物进出口额及增长速度

国家和地区	出口额（亿元）	比上年增长（%）	进口额（亿元）	比上年增长（%）
美国	4732.5	4.7	811.7	-6.3
欧盟	3922.6	4.0	1495.8	0.5
东盟	2316.0	6.3	1559.2	2.3
中国香港	1799.5	-16.9	41.6	47.2
日本	1713.8	-1.7	1591.5	3.7
拉丁美洲	1114.3	-5.0	625.4	10.9
韩国	1100.9	6.4	2478.0	-4.6
中国台湾	657.9	-22.9	1821.9	-1.0

续表 5

国家和地区	出口额（亿元）	比上年增长（%）	进口额（亿元）	比上年增长（%）
印度	654.5	9.5	65.5	-16.4
非洲	507.7	-5.9	103.0	6.9
俄罗斯	254.9	18.1	53.5	36.4

境外投资较快增长。全年新批外商投资企业2859家，新批协议注册外资431.4亿美元；实际使用外资245.4亿美元，比上年增长1.1%。新批及净增资9000万美元以上的外商投资大项目290个。全年新批境外投资项目1067个，比上年增长21.3%；中方协议投资142.2亿美元，比上年增长38.0%。

七、交通、邮电和旅游

交通运输基本平稳。全年旅客运输量、货物运输量分别比上年下降3.3%和增长2.3%，旅客周转量、货物周转量分别增长1.6%和5.9%。全省机场飞机起降39.2万架次，比上年增长14.1%；旅客吞吐量3726.1万人次，比上年增长20.2%，货邮吞吐量51.6万吨，比上年增长6.3%。完成规模以上港口货物吞吐量21.6亿吨，比上年增长3.7%，其中外贸货物吞吐量4.5亿吨，增长12.0%；集装箱吞吐量1621.6万标准集装箱，增长1.0%。年末全省公路里程15.7万公里。其中，高速公路里程4657.4公里，新增118.3公里。铁路营业里程2721.9公里，铁路正线延展长度4676.7公里。年末民用汽车保有量1435.5万辆，增长15.0%；净增186.7万辆，增长29.7%。年末个人汽车保有量1252.2万辆，增长16.3%；净增175.3万辆，增长24.2%。其中，个人轿车保有量892.1万辆，增长15.3%；净增118.2万辆，增长9.2%。

表 6　各种运输方式完成运输量

运输方式	货物周转量		货运量		旅客周转量		客运量	
	绝对数（亿吨公里）	比上年增长（%）	绝对数（万吨）	比上年增长（%）	绝对数（亿人公里）	比上年增长（%）	绝对数（万人）	比上年增长（%）
总计	7815.9	5.9	213831.6	2.3	1591.9	1.6	134604.2	-3.3
铁路	282.5	-7.0	5335.0	5.3	672.7	9.6	17814.2	10.5
公路	2140.3	3.2	117166.0	3.4	779.9	-5.5	113493.0	-5.3
水路	4749.8	2.5	77495.0	-1.2	2.4	-11.5	2272.1	-5.0
民航	1.1	10.4	7.6	8.6	136.9	18.9	1024.9	1.6
管道	642.2	3.0	13828.0	7.4	—	—	—	—

注：民航运输量数据仅指东航江苏公司完成数。

邮政电信快速发展。全年邮政电信业务总量3431.2亿元，比上年增长50.5%。分类型看，邮政行业业务总量663.7亿元，增长28.6%；电信业务总量2767.5亿元，增长56.8%。邮政电信业务收入1345.3亿元，比上年增长8.1%。分类型看，邮政行业业务收入463.3亿元，增长13.8%；电信业务收入882亿元，增长5.4%。年末局用交换机总容量288.6万门。年末固定电话用户1708.3万户，比上年末减少264.7万户。分城乡看，城市电话用户1097万户，乡村电话用户611.4万户。年末移动电话用户8198.8万户，比上年末减少28.6万户。年末电话普及率达124.2部/百人，其中移动电话普及率为102.2部/百人。长途光缆线路总长度4万公里，新增1107.7公里。年末互联网宽带接入用户2685.2万户，新增502.2万户。

旅游业较快增长。全年接待境内外游客68109.8万人次，比上年增长9.4%；实现旅游业总收入10263.6亿元，增长13.4%。接待入境过夜旅游者329.8万人次，增长8.1%。其中：外国人218万人次，增长8.5%；港澳台同胞111.8万人次，增长7.3%。旅游外汇收入38亿美元，增长7.8%。接待国内游客67780万人次，增长9.4%，实现国内旅游收入9952.5亿元，增长13.5%。

八、财政、金融

财政收入保持增长。全年完成一般公共预算收入8121.2亿元，同口径增长5.0%；上划中央四税5295.4亿元，比上年增长5.8%。

表7　财政收入分项情况

指　　标	绝对数（亿元）	比上年增长（%）
一般公共预算收入	8121.2	5.0（同口径）
#增值税	1974.6	-2.5（同口径）
营业税	1325.1	-2.5（同口径）
企业所得税（40%）	978.8	6.7
个人所得税（40%）	382.4	6.0
上划中央四税	5295.4	5.8
#国内消费税	709.1	4.8
增值税	2622.2	5.6

财政支出结构优化。全年一般公共预算支出9990.1亿元，比上年增长3.1%。一般公共预算支出中，教育支出1845.1亿元，比上年增长5.7%；公共安全支出632.5亿元，增长21.6%；医疗卫生支出715.3亿元，增长10.2%；社会保障和就业支出907.2亿元，增长8.2%；住房保障支出265.9亿元，增长7.6%。

金融信贷规模扩大。年末全省金融机构人民币存款余额121106.6亿元，比年初增加13233.6亿元，比上年末增长12.3%。其中，住户存款比年初增加3337.5亿元，同比多增476.1亿元；非金融企业存款比年初增加6344.6亿元，同比多增2382.7亿元。年末金融机构人民币贷款余额91107.6亿元，比年初增加12238.1亿元，比上年末增长15.5%。其中，中长期贷款比年初增加12169.2亿元，同比多增6208.4亿元；短期贷款比年初下降991.4亿元，同比少增2516.2亿元。

表8　年末金融机构人民币存贷款情况

指　　标	绝对数（亿元）	比年初增加（亿元）	比上年末增长（%）
各项存款余额	121106.6	13233.6	12.3
#住户存款	43900.5	3337.5	8.2
非金融企业存款	45277.9	6344.6	16.3
各项贷款余额	91107.6	12238.1	15.5
#短期贷款	29729.7	-991.4	-3.1
中长期贷款	54873.6	12169.2	28.4
#消费贷款	22397.9	6926.1	44.8
#住房贷款	19872.7	6517.7	48.8

证券交易稳定发展。年末全省境内上市公司317家，省内上市公司通过首发、配股、增发、可转债、公司债在上海、深圳证券交易所筹集资金2254.6亿元，比上年增加1040.6亿元。江苏企业境内上市公司总股本2838.5亿股，比上年增长31.8%；市价总值37174.1亿元，增长1.2%。年末全省共有证券公司6家，证券营业部805家；期货公司10家，期货营业部140家；证券投资咨询机构3家。全年证券市场完成交易额34.6万亿元。分类型看，证券经营机构股票交易额19.7万亿元，下降44.0%；期货经营机构代理交易额14.9万亿元，下降51.3%。

保险行业快速发展。全年保费收入2690.2亿元，比上年增长35.2%。分类型看，财产险收入733.4亿元，增长9.1%；寿险收入1507亿元，增长39.0%；健康险和意外伤害险收入449.8亿元，增长92.4%。全年赔付额915.1亿元，比上年增长24.9%。其中，财产险赔付437.7亿元，增长8.6%；寿险赔付404亿元，增长50.6%；健康险和意外伤害险赔付73.5亿元，增长19.8%。

九、科学技术和教育

科技创新能力增强。区域创新能力连续八年保持全国第一。全省科技进步贡献率达61%，比上年提高1个百分点。90%以上的大中型企业建立了研发机构，省级以上众创空间384家。全年授权专利23.1万件，其中发明专利4.1万件。万人发明专利拥有量18.5件。全年共签订各类技术合同2.9万项，技术合同成交额达728亿元，比上年增长4.0%。全省企业共申请专利33.9万件。

高新产业较快发展。组织实施省重大科技成果转化专项资金项目173项，省资助资金投入13.5亿元，新增总投入108.6亿元。全省按国家新标准认定高新技术企业累计达1.2万家。新认定省级高新技术产品9816项，已建国家级高新技术特色产业基地147个。

科研投入比重提高。全社会研究与发展（R&D）活动经费1985亿元，占地区生产总值比重为2.61%，比上年提高0.04个百分点。全省从事科技活动人员118万人，其中研究与发展（R&D）人员75万人。全省拥有中国科学院和中国工程院院士97人。全省各类科学研究与技术开发机构中，政府部门属独立研究与开发机构达144个。全省已建国家和省级重点实验室170个，科技服务平台294个，工程技术研究中心3126个，企业院士工作站344个，经国家认定的技术中心104家。

教育事业全面发展。全省共有普通高校141所。普通高等教育本专科招生45.3万人，在校生174.6万人，毕业生48.2万人；研究生教育招生5.3万人，在校生16.2万人，毕业生4.4万人。高等教育毛入学率达54.7%，比上年提高2.4个百分点。全省中等职业教育在校生达65.3万人（不含技工学校）。九年义务教育巩固率100%，高中阶段教育毛入学率99.2%，基本普及高中阶段教育。特殊教育招生0.4万人，在校生2.5万人。全省共有幼儿园6867所，比上年增加108所；在园幼儿257.2万人，比上年增加6.5万人。学前三年教育毛入园率达97.8%。

表9　各类教育招生和在校生情况

指　　标	招生数		在校生数		毕业生数	
	绝对数（万人）	比上年增长（%）	绝对数（万人）	比上年增长（%）	绝对数（万人）	比上年增长（%）
普通高等教育	50.6	1.2	190.7	1.9	52.5	-0.3
#研究生	5.3	4.1	16.2	3.8	4.4	2.1
普通高中教育	31.8	-0.4	95.2	-2.7	33.9	-8.2
普通初中教育	70.2	10.6	195.0	4.4	61.6	0.6
小学教育	93.5	1.6	522.2	4.5	72.2	11.6

十、文化、卫生和体育

文化服务水平提升。城乡公共文化设施网络基本建成，全民阅读促进工作走在全国前列。年末全省共有文化馆、群众艺术馆115个，公共图书馆114个，博物馆312个，美术馆25个，综合档案馆117个，向社会开放档案52.2万件。共有广播电台8座，中短波广播发射台和转播台21座，电视台8座，广播综合人口覆盖率和电视综合人口覆盖率均为100%。有线电视用户2063万户。生产故事影剧片29部。全年报纸出版23.3亿份，杂志出版1.2亿册，图书出版5.6亿册。

卫生事业快速发展。年末共有各类卫生机构32080个。其中医院1679个，疾病预防控制中心117个，妇幼卫生保健机构110个。各类卫生机构拥有病床43.3万张，其中医院拥有病床34.8万张。共有卫生技术人员51.9万人，其中执业医师、执业助理医师19.6万人，注册护士21.8万人，疾病预防控制中心卫生技术人员0.6万人，妇幼卫生保健机构卫生技术人员1.1万人。新型农村合作医疗人口覆盖率达99%以上。分级诊疗制度加快实施，基层诊疗人次占诊疗总数的比重达到60%。

体育事业保持稳定。江苏体育健儿在里约奥运会和残奥会取得优异成绩。在重大比赛中获世界冠军22项，获金牌67人次，获银牌44人次，获铜牌62人次。

十一、环境保护、节能降耗和安全生产

生态建设稳步推进。年末全省设立自然保护区31个，其中国家级自然保护区3个，面积达53.6

万公顷。实施大气治理重点工程，PM2.5平均浓度同比下降12.1%，城市空气质量优良天数比例提高3.4个百分点。切实加强水污染防治，推进污水处理厂提标改造和城市黑臭水体整治，104个国家考核断面水质优Ⅲ比例提高9.9个百分点，太湖流域连续九年实现“两个确保”。出台土壤污染防治工作方案，建立完善土壤环境监测网络。城乡环境综合整治成效显著，林木覆盖率提高到22.8%，国家生态市（县、区）达到45个。

节能减排扎实推进。积极推进生产方式绿色化转型，加强重点领域节能减排，圆满完成G20杭州峰会空气质量保障任务。万元地区生产总值能耗降低率及化学需氧量、二氧化硫、氨氮、氮氧化物排放削减均完成年度目标任务。

安全生产形势总体平稳。事故起数和死亡人数实现“双下降”，全年发生各类生产安全事故8686起，死亡4819人，按可比口径计算，分别下降3.1%和4.0%。亿元GDP生产安全事故死亡率为0.063，比上年下降13.7%。

十二、人口、人民生活和社会保障

人口总量缓慢增长。年末全省常住人口7998.6万人，比上年末增加22.3万人，增长0.3%。在常住人口中，男性人口4025.66万人，女性人口3972.94万人；0－14岁人口1080.58万人，15－64岁人口5896.39万人，65岁及以上人口1021.63万人。全面两孩政策平稳有序推进。全年人口出生率9.76‰，比上年提高0.71个千分点；人口死亡率为7.03‰，与上年持平；人口自然增长率2.73‰，比上年提高0.71个千分点。

居民收入持续增加。根据城乡一体化住户抽样调查，全年全省居民人均可支配收入32070元，比上年增长8.6%。按常住地分，城镇居民人均可支配收入40152元，增长8.0%；农村居民人均可支配收入17606元，增长8.3%。全省居民人均可支配收入中位数27436元，增长9.3%。全省居民人均可支配收入中，按五等份分组，低收入组人均可支配收入9436元，增长11.2%；中低收入组人均可支配收入18581元，增长11.8%；中等收入组人均可支配收入27670元，增长10.1%；中高收入组人均可支配收入40363元，增长11.0%；高收入组人均可支配收入73201元，增长6.7%。全省居民人均消费支出22130元，比上年增长7.7%。

社保体系更加牢固。机关事业单位养老保险制度改革全面展开，城乡居民基本医疗保险制度整合取得突破，全民参保登记全面完成，社会保险主要险种覆盖率达97%以上。年末全省企业职工基本养老保险（含离退休人员）、城镇职工基本医疗保险（含退休人员）、失业保险参保人数分别达2726.07万人、2486.73万人和1538.12万人，分别比上年末增长2.7%、2.4%和3.2%。年末享受企业职工基本养老保险离退休人员679.37万人，享受城镇职工基本医疗保险退休人员640.06万人。年末城乡居民基本养老保险参保人数1289.54万人，领取基础养老金人数1045.79万人。年末城镇居民基本医疗保险参保人数（含人社部门经办的新型农村合作医疗）为1999.28万人，比上年末增长26.1%。机关事业单位和企业退休人员养老金首次统筹调整，人均上调6.9%。城镇职工医保和居民医保报销比例进一步提高，基本实现省内异地就医联网结算，新农合政策范围内报销比例达到76%以上。保障性安居工程扎实推进，新开工棚户区（危旧房）和城中村改造27.4万套、基本建成27.5万套。

注：

（1）本公报使用的数据为快报数。

（2）地区生产总值、规模以上工业增加值及其分类项目增长速度按可比价计算，为实际增长速度；其他指标除特殊说明外，按现价计算，为名义增长速度。

中华人民共和国
2016年国民经济和社会发展统计公报[1]

中华人民共和国国家统计局

2017年2月28日

2016年，面对复杂多变的国际环境和国内繁重艰巨的改革发展稳定任务，在以习近平同志为核心的党中央坚强领导下，各地区各部门全面贯彻党的十八大和十八届三中、四中、五中、六中全会精神，认真落实党中央、国务院决策部署，统筹推进“五位一体”总体布局和协调推进“四个全面”战略布局，坚持稳中求进工作总基调，坚持新发展理念，以推进供给侧结构性改革为主线，适度扩大总需求，坚定推进改革，妥善应对风险挑战，引导形成良好社会预期，经济社会保持平稳健康发展，实现了“十三五”良好开局。

一、综　　合

初步核算，全年国内生产总值[2]744127亿元，比上年增长6.7%。其中，第一产业增加值63671亿元，增长3.3%；第二产业增加值296236亿元，增长6.1%；第三产业增加值384221亿元，增长7.8%。第一产业增加值占国内生产总值的比重为8.6%，第二产业增加值比重为39.8%，第三产业增加值比重为51.6%，比上年提高1.4个百分点。全年人均国内生产总值53980元，比上年增长6.1%。全年国民总收入[3]742352亿元，比上年增长6.9%。

图1　2012-2016年国内生产总值及其增长速度

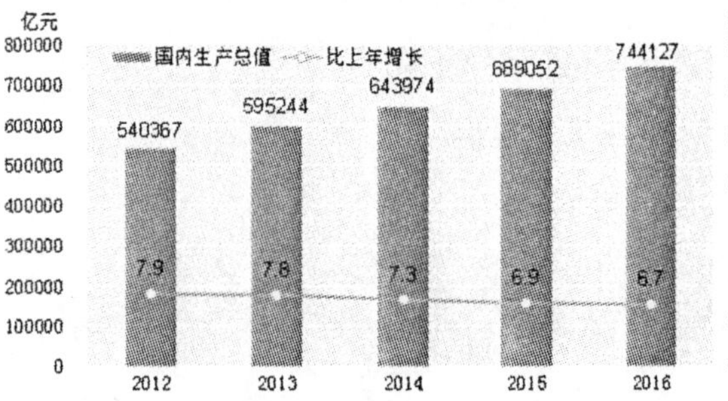

图2　2012-2016年三次产业增加值占国内生产总值比重

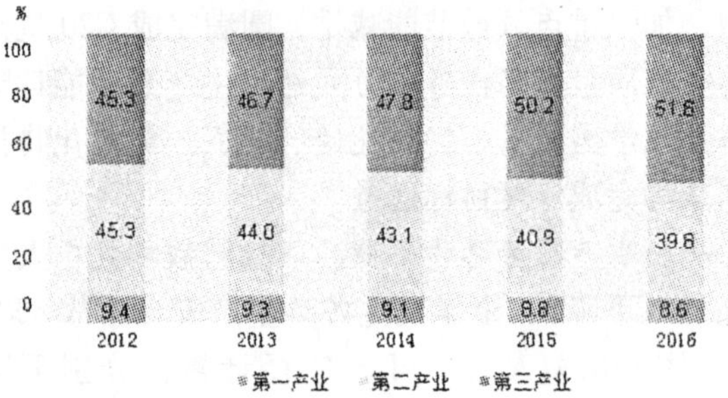

年末全国大陆总人口138271万人，比上年末增加809万人，其中城镇常住人口79298万人，占总人口比重（常住人口城镇化率）为57.35%，比上年末提高1.25个百分点。户籍人口城镇化率为41.2%，比上年末提高1.3个百分点。全年出生人口1786万人，出生率为12.95‰；死亡人口977万人，死亡率为7.09‰；自然增长率为5.86‰。全国人户分离的人口[4]2.92亿人，其中流动人口[5]2.45亿人。

表1　2016年年末人口数及其构成

指　　标	年末数（万人）	比　重（%）
全国总人口	138271	100.0
其中：城镇	79298	57.35
乡村	58973	42.65
其中：男性	70815	51.2
女性	67456	48.8
其中：0－15岁（含不满16周岁）[6]	24438	17.7
16－59岁（含不满60周岁）	90747	65.6
60周岁及以上	23086	16.7
其中：65周岁及以上	15003	10.8

年末全国就业人员77603万人，其中城镇就业人员41428万人。全年城镇新增就业1314万人。年末城镇登记失业率为4.02%。全国农民工[7]总量28171万人，比上年增长1.5%。其中，外出农民工16934万人，增长0.3%；本地农民工11237万人，增长3.4%。

图3 2012-2016年城镇新增就业人数

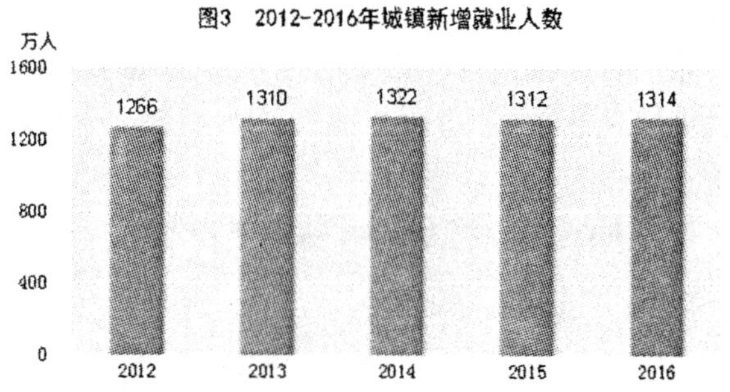

全年全员劳动生产率[8]为 94825 元/人，比上年提高 6.4%。

图4 2012-2016年全员劳动生产率

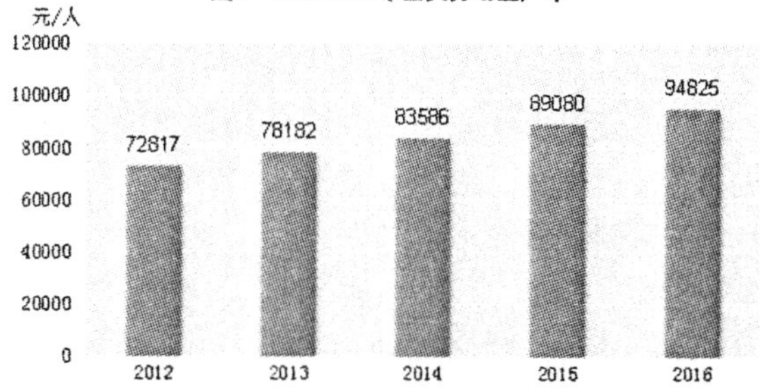

全年居民消费价格比上年上涨 2.0%。工业生产者出厂价格下降 1.4%。工业生产者购进价格下降 2.0%。固定资产投资价格下降 0.6%。农产品生产者价格[9]上涨 3.4%。

图5 2016年居民消费价格月度涨跌幅度

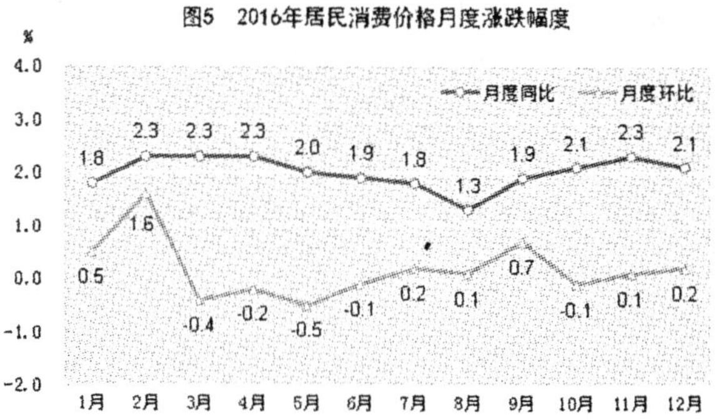

表 2 2016 年居民消费价格比上年涨跌幅度

单位:%

指　　标	全国	城市	农村
居民消费价格	2.0	2.1	1.9
其中：食品烟酒	3.8	3.7	4.0
衣　着	1.4	1.5	1.3
居　住[10]	1.6	1.9	0.6
生活用品及服务	0.5	0.5	0.2
交通和通信	-1.3	-1.4	-1.1
教育文化和娱乐	1.6	1.5	1.9
医疗保健	3.8	4.4	2.5
其他用品和服务	2.8	2.9	2.2

12 月份 70 个大中城市新建商品住宅销售价格月同比上涨的城市个数为 65 个，下降的为 5 个；月环比上涨的城市个数为 46 个，比年内高点减少 19 个，持平的为 4 个，下降的为 20 个。

图6 2016年新建商品住宅月环比价格上涨、持平、下降城市个数变化情况

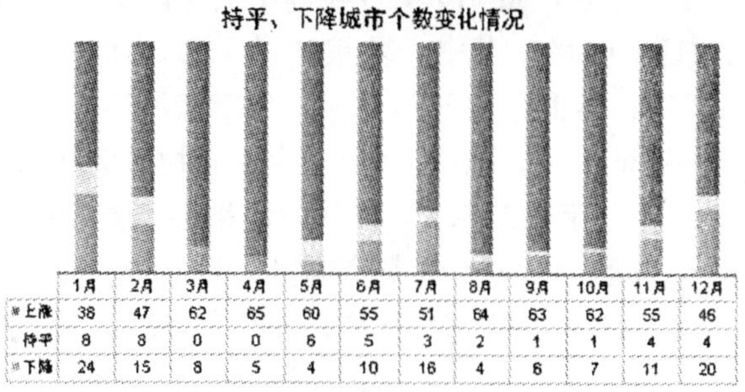

全年全国一般公共预算收入 159552 亿元，比上年同口径[11]增加 6828 亿元，增长 4.5%，其中税收收入 130354 亿元，增加 5432 亿元，增长 4.3%。

图7 2012-2016年全国一般公共预算收入

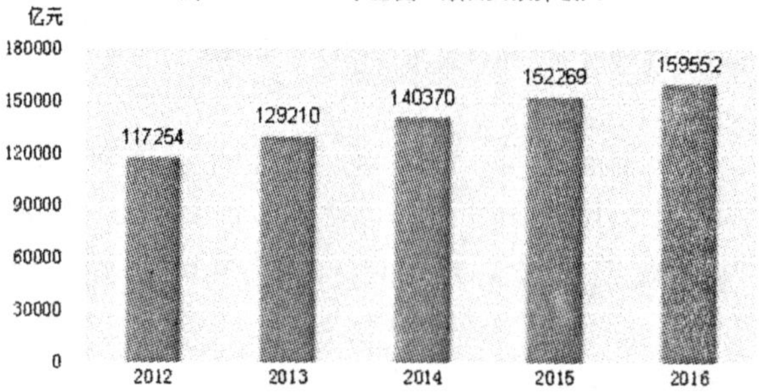

注：图中 2012 年至 2015 年数据为全国一般公共预算收入决算数，2016 年为执行数。

图8 2012-2016年年末国家外汇储备

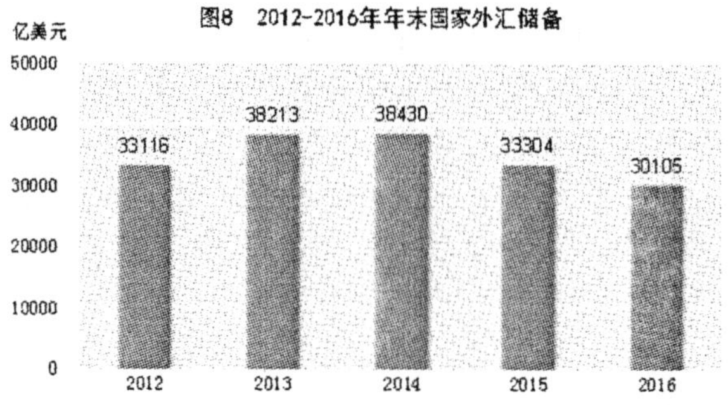

年末国家外汇储备 30105 亿美元，比上年末减少 3198 亿美元。全年人民币平均汇率为 1 美元兑 6.6423 元人民币，比上年贬值 6.2%。

二、农　　业

全年粮食种植面积 11303 万公顷，比上年减少 31 万公顷。其中，小麦种植面积 2419 万公顷，增加 5 万公顷；稻谷种植面积 3016 万公顷，减少 5

万公顷；玉米种植面积3676万公顷，减少136万公顷。棉花种植面积338万公顷，减少42万公顷。油料种植面积1412万公顷，增加8万公顷。糖料种植面积168万公顷，减少6万公顷。

全年粮食产量61624万吨，比上年减少520万吨，减产0.8%。其中，夏粮产量13920万吨，减产1.2%；早稻产量3278万吨，减产2.7%；秋粮产量44426万吨，减产0.6%。全年谷物产量56517万吨，比上年减产1.2%。其中，稻谷产量20693万吨，减产0.6%；小麦产量12885万吨，减产1.0%；玉米产量21955万吨，减产2.3%。

图9 2012-2016年粮食产量

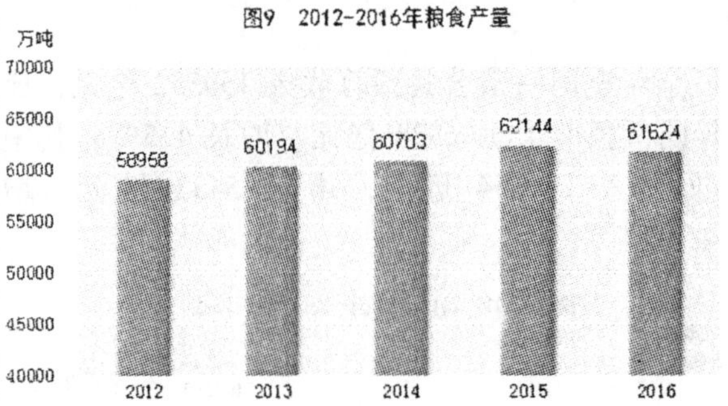

全年棉花产量534万吨，比上年减产4.6%。油料产量3613万吨，增产2.2%。糖料产量12299万吨，减产1.6%。茶叶产量241万吨，增产7.4%。

全年肉类总产量8540万吨，比上年下降1.0%。其中，猪肉产量5299万吨，下降3.4%；牛肉产量717万吨，增长2.4%；羊肉产量459万吨，增长4.2%；禽肉产量1888万吨，增长3.4%。禽蛋产量3095万吨，增长3.2%。牛奶产量3602万吨，下降4.1%。年末生猪存栏43504万头，下降3.6%；生猪出栏68502万头，下降3.3%。

全年水产品产量6900万吨，比上年增长3.0%。其中，养殖水产品产量5156万吨，增长4.4%；捕捞水产品产量1744万吨，下降1.0%。

全年木材产量6683万立方米，比上年下降7.0%。

全年新增耕地灌溉面积118万公顷，新增节水灌溉面积211万公顷。

三、工业和建筑业

全年全部工业增加值247860亿元，比上年增长6.0%。规模以上工业增加值增长6.0%。在规模以上工业中，分经济类型看，国有控股企业增长2.0%；集体企业下降1.3%，股份制企业增长6.9%，外商及港澳台商投资企业增长4.5%；私营企业增长7.5%。分门类看，采矿业下降1.0%，制造业增长6.8%，电力、热力、燃气及水生产和供应业增长5.5%。

图10 2012-2016年全部工业增加值及其增长速度

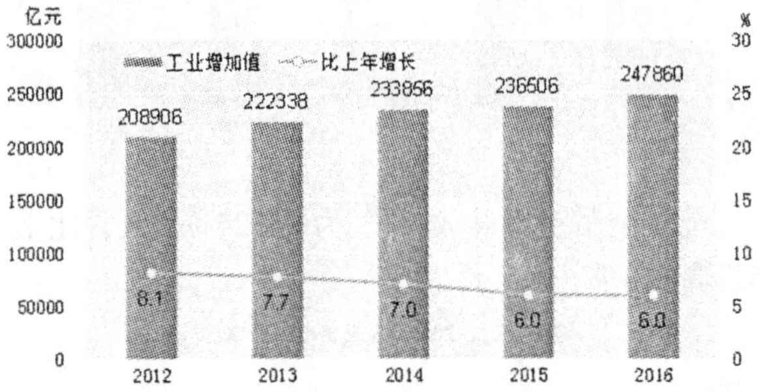

全年规模以上工业中，农副食品加工业增加值比上年增长6.1%，纺织业增长5.5%，化学原料和化学制品制造业增长7.7%，非金属矿物制品业增长6.5%，黑色金属冶炼和压延加工业下降1.7%，通用设备制造业增长5.9%，专用设备制造业增长6.7%，汽车制造业增长15.5%，电气机械和器材制造业增长8.5%，计算机、通信和其他电子设备制造业增长10.0%，电力、热力生产和供应业增长4.8%。工业战略性新兴产业[12]增加值增长10.5%。高技术制造业[13]增加值增长10.8%，占规模以上工业增加值的比重为12.4%。装备制造业[14]增加值增长9.5%，占规模以上工业增加值的比重为32.9%。六大高耗能行业[15]增加值增长5.2%，占规模以上工业增加值的比重为28.1%。

表3 2016年主要工业产品产量及其增长速度

产品名称	单位	产量	比上年增长（%）
纱	万吨	3732.6	5.5
布	亿米	906.8	1.6
化学纤维	万吨	4943.7	2.3
成品糖	万吨	1443.3	-2.1
卷烟	亿支	23825.8	-8.0
彩色电视机	万台	15769.6	8.9
其中：液晶电视机	万台	15713.6	9.2
其中：智能电视	万台	9310.1	11.1
家用电冰箱	万台	8481.6	6.1
房间空气调节器	万台	14342.4	1.0
一次能源生产总量	亿吨标准煤	34.6	-4.2
原煤	亿吨	34.1	-9.0
原油	万吨	19968.5	-6.9
天然气	亿立方米	1368.7	1.7

续表 3

产品名称	单位	产量	比上年增长(%)
发电量	亿千瓦小时	61424.9	5.6
其中：火电[16]	亿千瓦小时	44370.7	3.6
水电	亿千瓦小时	11933.7	5.6
核电	亿千瓦小时	2132.9	24.9
粗钢	万吨	80836.6	0.6
钢材[17]	万吨	113801.2	1.3
十种有色金属	万吨	5310.3	3.0
其中：精炼铜（电解铜）	万吨	843.6	6.0
原铝（电解铝）	万吨	3187.3	1.5
水泥	亿吨	24.1	2.3
硫酸（折100%）	万吨	8889.1	-1.0
烧碱（折100%）	万吨	3283.9	8.7
乙烯	万吨	1781.1	3.9
化肥（折100%）	万吨	7128.6	-4.1
发电机组（发电设备）	万千瓦	13218.4	6.3
汽车	万辆	2811.9	14.8
其中：基本型乘用车(轿车)	万辆	1211.1	4.1
运动型多用途乘用车(SUV)	万辆	914.4	51.8
其中：新能源汽车	万辆	45.9	40.0
大中型拖拉机	万台	63.0	-8.5
集成电路	亿块	1318.0	21.2
程控交换机	万线	1457.7	-22.5
移动通信手持机	万台	205819.3	13.6
其中：智能手机	万台	153764.1	9.9
微型计算机设备	万台	29008.5	-7.7
工业机器人	台（套）	72426.0	30.4

年末全国发电装机容量164575万千瓦，比上年末增长8.2%。其中[18]，火电装机容量105388万千瓦，增长5.3%；水电装机容量33211万千瓦，增长3.9%；核电装机容量3364万千瓦，增长23.8%；并网风电装机容量14864万千瓦，增长13.2%；并网太阳能发电装机容量7742万千瓦，增长81.6%。

全年规模以上工业企业实现利润68803亿元，比上年增长8.5%。分经济类型看，国有控股企业实现利润11751亿元，比上年增长6.7%；集体企业477亿元，下降4.2%，股份制企业47197亿元，增长8.3%，外商及港澳台商投资企业17352亿元，增长12.1%；私营企业24325亿元，增长4.8%。分门类看，采矿业实现利润1825亿元，比上年下降27.5%；制造业62398亿元，增长12.3%；电力、热力、燃气及水生产和供应业4580亿元，下降14.3%。全年规模以上工业企业每百元主营业务收入中的成本为85.52元，比上年下降0.1元。年末规模以上工业企业资产负债率为55.8%，比上年末下降0.4个百分点。

全年全社会建筑业增加值49522亿元，比上年增长6.6%。全国具有资质等级的总承包和专业承包建筑业企业实现利润6745亿元，增长4.6%。其中，国有控股企业1879亿元，增长6.8%。

图11 2012-2016年建筑业增加值及其增长速度

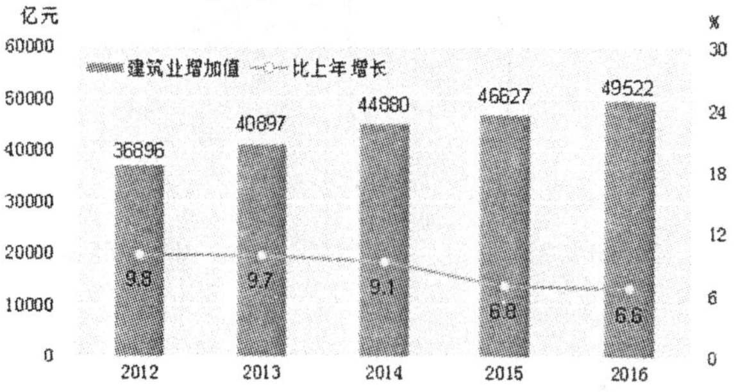

四、固定资产投资

全年全社会固定资产投资606466亿元，比上年增长7.9%，扣除价格因素，实际增长8.6%。其中，固定资产投资（不含农户）596501亿元，增长8.1%。分区域看[19]，东部地区投资249665亿元，比上年增长9.1%；中部地区投资156762亿元，增长12.0%；西部地区投资154054亿元，增长12.2%；东北地区投资30642亿元，下降23.5%。

图12 2012-2016年全社会固定资产投资

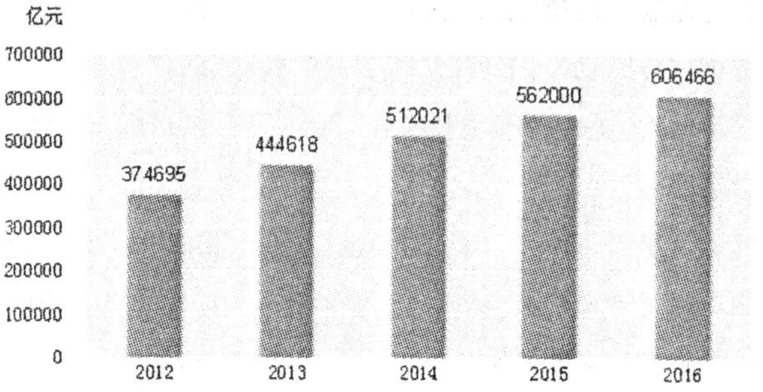

在固定资产投资（不含农户）中，第一产业投资18838亿元，比上年增长21.1%；第二产业投资231826亿元，增长3.5%；第三产业投资345837亿元，增长10.9%。基础设施投资[20]118878亿元，增长17.4%，占固定资产投资（不含农户）的比重为19.9%。民间固定资产投资[21]365219亿元，增长3.2%，占固定资产投资（不含农户）的比重为61.2%。高技术产业投资[22]37747亿元，增长15.8%，占固定资产投资（不含农户）的比重为6.3%。六大高耗能行业投资66376亿元，增长3.1%，占固定资产投资（不含农户）的比重为11.1%。农林牧渔业、水利、环境保护等短板领域投资快速增长。

图13 2016年按领域分固定资产投资（不含农户）及其占比

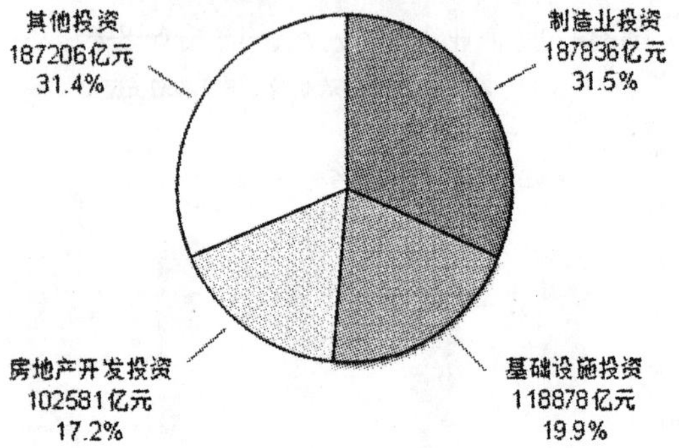

表4 2016年分行业固定资产投资（不含农户）及其增长速度

行业	投资额（亿元）	比上年增长（%）
总计	**596501**	**8.1**
农、林、牧、渔业	22774	19.5
采矿业	10320	-20.4
制造业	187836	4.2
电力、热力、燃气及水生产和供应业	29736	11.3
建筑业	4577	-6.5
批发和零售业	17939	-4.0
交通运输、仓储和邮政业	53628	9.5
住宿和餐饮业	5947	-8.6
信息传输、软件和信息技术服务业	6319	14.5
金融业	1310	-4.2
房地产业[23]	135284	6.8
租赁和商务服务业	12316	30.5
科学研究和技术服务业	5568	17.2
水利、环境和公共设施管理业	68647	23.3
居民服务、修理和其他服务业	2677	1.8
教育	9324	20.7
卫生和社会工作	6282	21.4
文化、体育和娱乐业	7830	16.4
公共管理、社会保障和社会组织	8188	4.3

表5 2016年固定资产投资新增主要生产与运营能力

指标	单位	绝对数
新增220千伏及以上变电设备	万千伏安	24336
新建铁路投产里程	公里	3281
其中：高速铁路[24]	公里	1903
增、新建铁路复线投产里程	公里	3612
电气化铁路投产里程	公里	5899
新改建公路里程	公里	324898
其中：高速公路	公里	6745
港口万吨级码头泊位新增吞吐能力	万吨	32436
新增民用运输机场	个	8
新增光缆线路长度	万公里	554

全年房地产开发投资102581亿元，比上年增长6.9%。其中，住宅投资68704亿元，增长6.4%；办公楼投资6533亿元，增长5.2%；商业营业用房投资15838亿元，增长8.4%。年末商品房待售面积69539万平方米，比上年末减少2314万平方米。年末商品住宅待售面积40257万平方米，比上年末减少4991万平方米。

全年全国城镇棚户区住房改造开工606万套，棚户区改造和公租房基本建成658万套。全年全国农村地区建档立卡贫困户危房改造158万户[25]。

表6 2016年房地产开发和销售主要指标及其增长速度

指标	单位	绝对数	比上年增长（%）
投资额	亿元	102581	6.9
其中：住宅	亿元	68704	6.4
其中：90平方米及以下	亿元	24772	0.5
房屋施工面积	万平方米	758975	3.2
其中：住宅	万平方米	521310	1.9
房屋新开工面积	万平方米	166928	8.1
其中：住宅	万平方米	115911	8.7
房屋竣工面积	万平方米	106128	6.1
其中：住宅	万平方米	77185	4.6
商品房销售面积	万平方米	157349	22.5
其中：住宅	万平方米	137540	22.4
本年到位资金	亿元	144214	15.2
其中：国内贷款	亿元	21512	6.4
个人按揭贷款	亿元	24403	46.5

五、国内贸易

全年社会消费品零售总额332316亿元，比上年增长10.4%，扣除价格因素，实际增长9.6%。按经营地统计，城镇消费品零售额285814亿元，增长10.4%；乡村消费品零售额46503亿元，增长10.9%。按消费类型统计，商品零售额296518亿元，增长10.4%；餐饮收入额35799亿元，增长10.8%。

图14 2012-2016年社会消费品零售总额

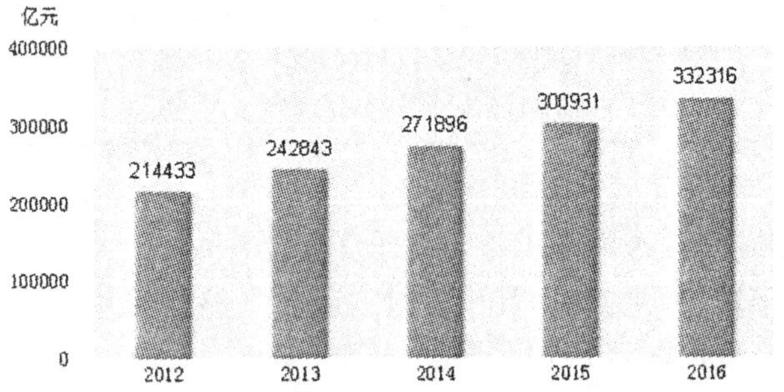

在限额以上企业商品零售额中，粮油、食品、饮料、烟酒类零售额比上年增长10.5%，服装、鞋帽、针纺织品类增长7.0%，化妆品类增长8.3%，金银珠宝类与上年持平，日用品类增长11.4%，家用电器和音像器材类增长8.7%，中西药品类增长12.0%，文化办公用品类增长11.2%，家具类增长12.7%，通讯器材类增长11.9%，建筑及装潢材料类增长14.0%，汽车类增长10.1%，石油及制品类增长1.2%。

全年网上零售额[26] 51556亿元，比上年增长26.2%。其中网上商品零售额41944亿元，增长25.6%，占社会消费品零售总额的比重为12.6%。在网上商品零售额中，吃类商品增长28.5%，穿类商品增长18.1%，用类商品增长28.8%。

六、对外经济[27]

全年货物进出口总额243386亿元，比上年下降0.9%。其中，出口138455亿元，下降1.9%；进口104932亿元，增长0.6%。货物进出口差额（出口减进口）33523亿元，比上年减少3308亿元。对“一带一路”[28]沿线国家进出口总额62517亿元，比上年增长0.5%。其中，出口38319亿元，增长0.5%；进口24198亿元，增长0.4%。

图15 2012-2016年货物进出口总额

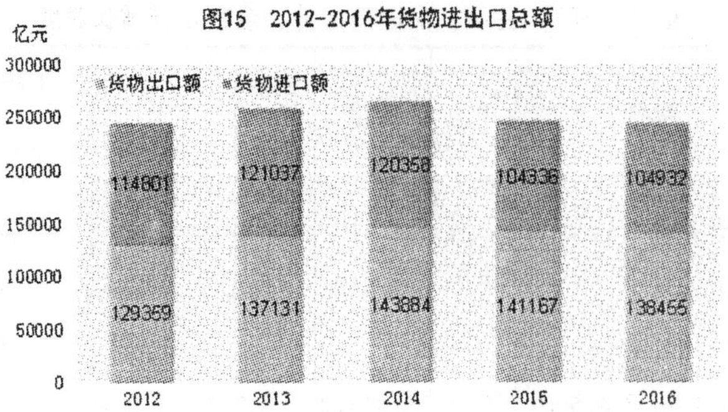

表7 2016年货物进出口总额及其增长速度

指　　标	金　额（亿元）	比上年增长（%）
货物进出口总额	243386	-0.9
货物出口额	138455	-1.9
其中：一般贸易	74601	-1.1
加工贸易	47237	-4.6
其中：机电产品	79820	-1.9
高新技术产品	39876	-2.1
货物进口额	104932	0.6
其中：一般贸易	59398	3.7
加工贸易	26223	-5.5
其中：机电产品	50985	1.9
高新技术产品	34618	1.8
货物进出口差额（出口减进口）	33523	—

表8 2016年主要商品出口数量、金额及其增长速度

商品名称	单位	数量	比上年增长（%）	金额（亿元）	比上年增长（%）
煤（包括褐煤）	万吨	879	64.6	46	48.0
钢材	万吨	10849	-3.5	3587	-7.8
纺织纱线、织物及制品	—	—	—	6925	1.9
服装及衣着附件	—	—	—	10413	-3.7
鞋类	万吨	422	-5.6	3113	-6.2
家具及其零件	—	—	—	3151	-3.8
自动数据处理设备及其部件	万台	159257	-7.1	9068	-4.1
手持或车载无线电话	万台	127192	-5.3	7643	-0.9
集装箱	万个	199	-26.7	279	-41.2
液晶显示板	万个	190569	-16.9	1700	-11.6
汽车	万辆	79	9.4	709	1.8

表9　2016年主要商品进口数量、金额及其增长速度

商品名称	单位	数量	比上年增长（%）	金额（亿元）	比上年增长（%）
谷物及谷物粉	万吨	2199	-32.8	375	-35.5
大豆	万吨	8391	2.7	2247	4.1
食用植物油	万吨	553	-18.3	276	-11.5
铁矿砂及其精矿	万吨	102412	7.5	3809	7.0
氧化铝	万吨	303	-35.0	58	-43.1
煤（包括褐煤）	万吨	25551	25.2	938	25.1
原油	万吨	38101	13.6	7698	-7.5
成品油	万吨	2784	-6.5	735	-16.6
初级形状的塑料	万吨	2570	-1.5	2731	-2.2
纸浆	万吨	2106	6.2	808	2.1
钢材	万吨	1321	3.4	869	-2.3
未锻轧铜及铜材	万吨	495	2.9	1741	-3.3
汽车	万辆	107	-2.4	2942	6.1

表10　2016年对主要国家和地区货物进出口额及其增长速度

国家和地区	出口额（亿元）	比上年增长（%）	占我全部出口比重（%）	进口额（亿元）	比上年增长（%）	占我全部进口比重（%）
欧盟	22369	1.3	16.2	13747	5.9	13.1
美国	25415	0.0	18.4	8887	-3.2	8.5
东盟	16894	-1.9	12.2	12978	7.4	12.4
中国香港	19009	-7.6	13.7	1107	39.2	1.1
日本	8529	1.3	6.2	9626	8.4	9.2
韩国	6185	-1.7	4.5	10496	-3.2	10.0
中国台湾	2665	-4.3	1.9	9203	3.4	8.8
印度	3850	6.6	2.8	777	-6.4	0.7
俄罗斯	2466	14.2	1.8	2128	3.1	2.0

全年服务进出口[29]总额53484亿元，比上年增长14.2%。其中，服务出口18193亿元，增长2.3%；服务进口35291亿元，增长21.5%。服务进出口逆差17097亿元。

全年吸收外商直接投资（不含银行、证券、保险）新设立企业27900家，比上年增长5.0%。实际使用外商直接投资金额8132亿元（折1260亿美元），增长4.1%。其中"一带一路"沿线国家对华直接投资新设立企业2905家，增长34.1%；对华直接投资金额458亿元（折71亿美元）。

表11　2016年外商直接投资（不含银行、证券、保险）及其增长速度

行业	企业数（家）	比上年增长（%）	实际使用金额（亿美元）	比上年增长（%）
总　计	**27900**	**5.0**	**8132.2**	**4.1**
其中：农、林、牧、渔业	558	-8.4	123.2	30.0
制造业	4013	-11.0	2303.0	-6.1
电力、燃气及水生产和供应业	311	18.0	139.8	0.3
交通运输、仓储和邮政业	425	-5.4	329.2	26.7
信息传输、计算机服务和软件业	1463	11.6	540.4	128.0
批发和零售业	9399	2.7	1011.1	36.0
房地产业	378	-2.3	1264.4	-29.4
租赁和商务服务业	4631	3.7	1045.9	67.8
居民服务和其他服务业	245	13.0	33.0	-25.8

全年对外直接投资额（不含银行、证券、保险）11299亿元，按美元计价为1701亿美元，比上年增长44.1%。其中，对"一带一路"沿线国家直接投资额145亿美元。

表12　2016年对外直接投资额（不含银行、证券、保险）及其增长速度

行业	对外直接投资金额（亿美元）	比上年增长（%）
总　计	**1701.1**	**44.1**
其中：农、林、牧、渔业	29.7	45.0
采矿业	86.7	-20.1
制造业	310.6	116.7
电力、热力、燃气及水生产和供应业	25.3	-9.2
建筑业	53.1	18.0
批发和零售业	275.6	72.0
交通运输、仓储和邮政业	36.2	17.1
信息传输、软件和信息技术服务业	203.6	252.2
房地产业	106.4	17.4
租赁和商务服务业	422.7	1.4

全年对外承包工程业务完成营业额10589亿元，按美元计价为1594亿美元，比上年增长3.5%。其中，对"一带一路"沿线国家完成营业额760亿美元，增长9.7%，占对外承包工程业务完成营业额比重为47.7%。对外劳务合作派出各类劳务人员49万人，下降6.8%。

七、交通、邮电和旅游

全年货物运输总量440亿吨，比上年增长5.7%。货物运输周转量185295亿吨公里，增长

4.0%。全年规模以上港口完成货物吞吐量118.3亿吨，比上年增长3.2%，其中外贸货物吞吐量37.6亿吨，增长4.1%。规模以上港口集装箱吞吐量21798万标准箱，增长3.6%。

表13　2016年各种运输方式完成货物运输量及其增长速度

指　　标	单　位	绝对数	比上年增长（%）
货物运输总量	亿吨	440.4	5.7
铁路	亿吨	33.3	-0.8
公路	亿吨	336.3	6.8
水运	亿吨	63.6	3.7
民航	万吨	666.9	6.0
管道	亿吨	7.0	5.3
货物运输周转量	亿吨公里	185294.9	4.0
铁路	亿吨公里	23792.3	0.2
公路	亿吨公里	61211.0	5.6
水运	亿吨公里	95399.9	4.0
民航	亿吨公里	221.1	6.3
管道	亿吨公里	4670.6	5.7

全年旅客运输总量192亿人次，比上年下降1.2%。旅客运输周转量31306亿人公里，增长4.1%。

表14　2016年各种运输方式完成旅客运输量及其增长速度

指　　标	单　位	绝对数	比上年增长（%）
旅客运输总量	亿人次	192.0	-1.2
铁路	亿人次	28.1	11.0
公路	亿人次	156.3	-3.5
水运	亿人次	2.7	0.1
民航	亿人次	4.9	11.8
旅客运输周转量	亿人公里	31305.7	4.1
铁路	亿人公里	12579.3	5.2
公路	亿人公里	10294.8	-4.2
水运	亿人公里	72.0	-1.4
民航	亿人公里	8359.5	14.8

年末全国民用汽车保有量19440万辆（包括三轮汽车和低速货车881万辆），比上年末增长12.8%，其中私人汽车保有量16559万辆，增长15.0%。民用轿车保有量10876万辆，增长14.4%，其中私人轿车10152万辆，增长15.5%。

全年完成邮电业务总量[30]43344亿元，比上年增长52.7%。其中，邮政行业业务总量7397亿元，增长45.7%；电信业务总量35948亿元，增长54.2%。邮政业全年完成邮政函件业务36.2亿件，包裹业务0.3亿件，快递业务量312.8亿件；快递业务收入3974亿元。电信业全年新增移动电话交换机容量[31]7318万户，达到218384万户。年末全国电话用户总数152856万户，其中移动电话用户132193万户。移动电话普及率上升至96.2部/百人。固定互联网宽带接入用户[32]29721万户，比上年增加3774万户，其中固定互联网光纤宽带接入用户[33]22766万户，比上年增加7941万户；移动宽带用户[34]94075万户，增加23464万户。移动互联网接入流量93.6亿G，比上年增长123.7%。互联网上网人数7.31亿人，增加4299万人，其中手机上网人数[35]6.95亿人，增加7550万人。互联网普及率达到53.2%，其中农村地区互联网普及率达到33.1%。软件和信息技术服务业[36]完成软件业务收入48511亿元，比上年增长14.9%。

图16　2012-2016年快递业务量及其增长速度

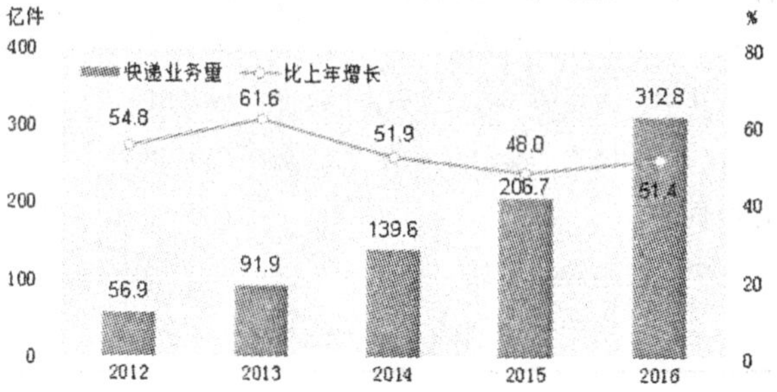

图17　2012-2016年年末固定互联网宽带接入用户和移动宽带用户数

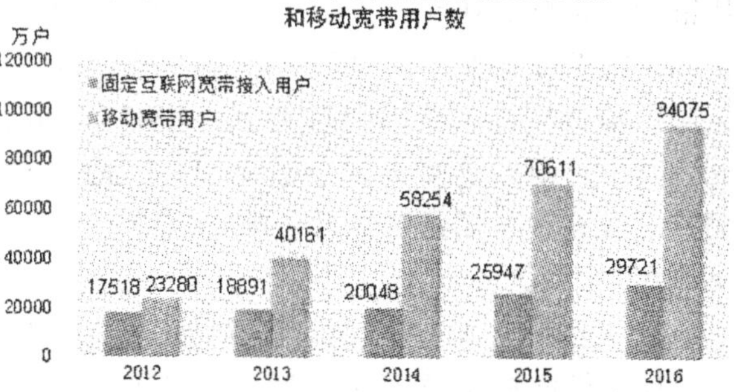

全年国内游客44亿人次，比上年增长11.2%，国内旅游收入39390亿元，增长15.2%。入境游客13844万人次，增长3.5%。其中，外国人2813万人次，增长8.3%；香港、澳门和台湾同胞11031万人次，增长2.3%。在入境游客中，过夜游客5927万人次，增长4.2%。国际旅游收入1200亿美元，增长5.6%。国内居民出境13513万人次，增长5.7%。其中因私出境12850万人次，增长

5.6%；赴港澳台出境8395万人次，下降2.2%。

八、金　　融

年末广义货币供应量（M_2）余额155.0万亿元，比上年末增长11.3%；狭义货币供应量（M_1）余额48.7万亿元，增长21.4%；流通中货币（M_0）余额6.8万亿元，增长8.1%。

全年社会融资规模增量[37]17.8万亿元，比上年多2.4万亿元。年末全部金融机构本外币各项存款余额155.5万亿元，比年初增加15.7万亿元，其中人民币各项存款余额150.6万亿元，增加14.9万亿元。全部金融机构本外币各项贷款余额112.1万亿元，增加12.7万亿元，其中人民币各项贷款余额106.6万亿元，增加12.6万亿元。

表15　2016年年末全部金融机构本外币存贷款余额及其增长速度

指　　　标	年末数（亿元）	比上年末增长（%）
各项存款	1555247	11.3
其中：境内住户存款	606522	9.9
其中：人民币	597751	9.5
境内非金融企业存款	530895	16.6
各项贷款	1120552	12.8
其中：境内短期贷款	380020	3.6
境内中长期贷款	635052	17.8

年末主要农村金融机构（农村信用社、农村合作银行、农村商业银行）人民币贷款余额134219亿元，比年初增加13895亿元。金融机构境内住户人民币消费贷款余额250472亿元，增加60998亿元。其中，短期消费贷款余额49313亿元，增加8347亿元；中长期消费贷款余额201159亿元，增加52651亿元。

全年上市公司通过境内市场累计筹资23342亿元，比上年增加5088亿元。其中，首次公开发行A股248只，筹资1634亿元；A股现金再融资（包括公开增发、定向增发[38]、配股、优先股）13387亿元，增加4618亿元；上市公司通过沪深交易所发行公司债、可转债筹资8321亿元，增加414亿元。全年全国中小企业股份转让系统[39]新增挂牌公司5034家，筹资1391亿元，增长14.4%。

全年发行公司信用类债券[40]8.22万亿元，比上年增加1.50万亿元。

全年保险公司原保险保费收入[41]30959亿元，比上年增长27.5%。其中，寿险业务原保险保费收入17442亿元，健康险和意外伤害险业务原保险保费收入4792亿元，财产险业务原保险保费收入8725亿元。支付各类赔款及给付10513亿元。其中，寿险业务给付4603亿元，健康险和意外伤害险赔款及给付1184亿元，财产险业务赔款4726亿元。

九、人民生活和社会保障

全年全国居民人均可支配收入[42]23821元，比上年增长8.4%，扣除价格因素，实际增长6.3%；全国居民人均可支配收入中位数[43]20883元，增长8.3%。按常住地分，城镇居民人均可支配收入33616元，比上年增长7.8%，扣除价格因素，实际增长5.6%；城镇居民人均可支配收入中位数31554元，增长8.3%。农村居民人均可支配收入12363元，比上年增长8.2%，扣除价格因素，实际增长6.2%；农村居民人均可支配收入中位数11149元，增长8.3%。按全国居民五等份收入分组[44]，低收入组人均可支配收入5529元，中等偏下收入组人均可支配收入12899元，中等收入组人均可支配收入20924元，中等偏上收入组人均可支配收入31990元，高收入组人均可支配收入59259元。贫困地区[45]农村居民人均可支配收入8452元，比上年增长10.4%，扣除价格因素，实际增长8.4%。全国农民工人均月收入3275元，比上年增长6.6%。

全国居民人均消费支出17111元，比上年增长8.9%，扣除价格因素，实际增长6.8%。按常住地分，城镇居民人均消费支出23079元，增长7.9%，扣除价格因素，实际增长5.7%；农村居民人均消费支出10130元，增长9.8%，扣除价格因素，实际增长7.8%。恩格尔系数为30.1%，比上年下降0.5个百分点，其中城镇为29.3%，农村为32.2%。

图18　2012-2016年全国居民人均可支配收入及其增长速度

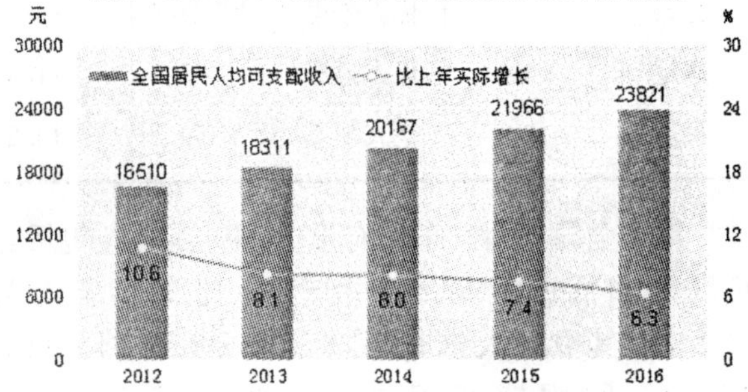

图19 2016年全国居民人均消费支出及其构成

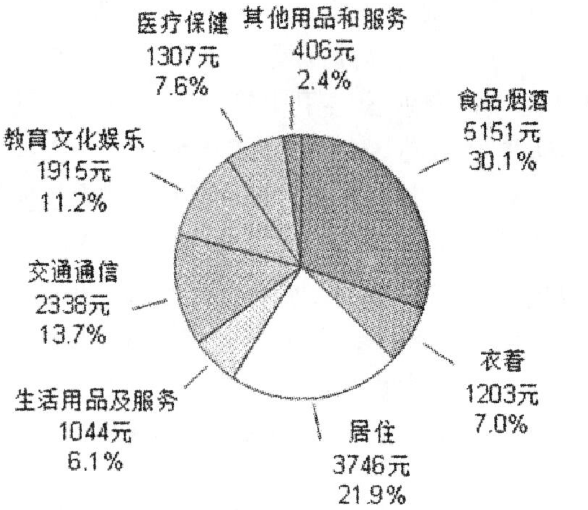

年末全国参加城镇职工基本养老保险人数37862万人，比上年末增加2501万人。参加城乡居民基本养老保险人数50847万人，增加375万人。参加城镇基本医疗保险人数74839万人，增加8257万人。其中，参加职工基本医疗保险人数29524万人，增加631万人；参加城镇居民基本医疗保险人数45315万人，增加7626万人。参加失业保险人数18089万人，增加763万人。年末全国领取失业保险金人数230万人。参加工伤保险人数21887万人，增加455万人，其中参加工伤保险的农民工7510万人，增加21万人。参加生育保险人数18443万人，增加672万人。年末全国共有1479.9万人享受城市居民最低生活保障，4576.5万人享受农村居民最低生活保障，496.9万人享受农村特困人员[46]救助供养。全年资助5620.6万人参加基本医疗保险，医疗救助3099.8万人次。国家抚恤、补助各类优抚对象877.2万人。按照每人每年2300元（2010年不变价）的农村贫困标准计算，2016年农村贫困人口4335万人，比上年减少1240万人[47]。

十、教育、科学技术和文化体育

全年研究生教育招生66.7万人，在学研究生198.1万人，毕业生56.4万人。普通本专科招生748.6万人，在校生2695.8万人，毕业生704.2万人。中等职业教育[48]招生593.3万人，在校生1599.1万人，毕业生533.7万人。普通高中招生802.9万人，在校生2366.6万人，毕业生792.4万人。初中招生1487.2万人，在校生4329.4万人，毕业生1423.9万人。普通小学招生1752.5万人，在校生9913.0万人，毕业生1507.4万人。特殊教育招生9.2万人，在校生49.2万人，毕业生5.9万人。学前教育在园幼儿4413.9万人。九年义务教育巩固率为93.4%，高中阶段毛入学率为87.5%。

图20 2012-2016年普通本专科、中等职业教育及普通高中招生人数

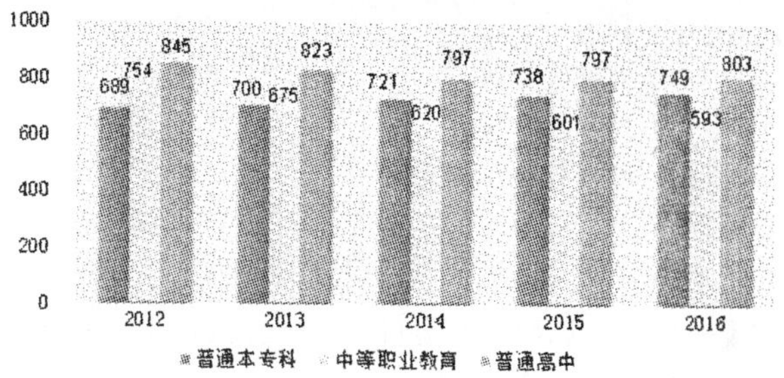

全年研究与试验发展（R&D）经费支出15500亿元，比上年增长9.4%，与国内生产总值之比为2.08%，其中基础研究经费798亿元。全年国家重点研发计划共安排42个重点专项1163个科技项目，国家科技重大专项共安排224个课题，国家自然科学基金共资助41184个项目。截至年底，累计建设国家重点实验室488个，国家工程研究中心131个，国家工程实验室194个，国家企业技术中心1276家。国家科技成果转化引导基金累计设立9支子基金，资金总规模173.5亿元。全年受理境内外专利申请346.5万件，授予专利权175.4万件。截至年底，有效专利628.5万件，其中境内有效发明专利110.3万件，每万人口发明专利拥有量8.0件。全年共签订技术合同32.0万项，技术合同成交金额11407亿元，比上年增长16.0%。

图21 2012-2016年研究与试验发展（R&D）经费支出及其增长速度

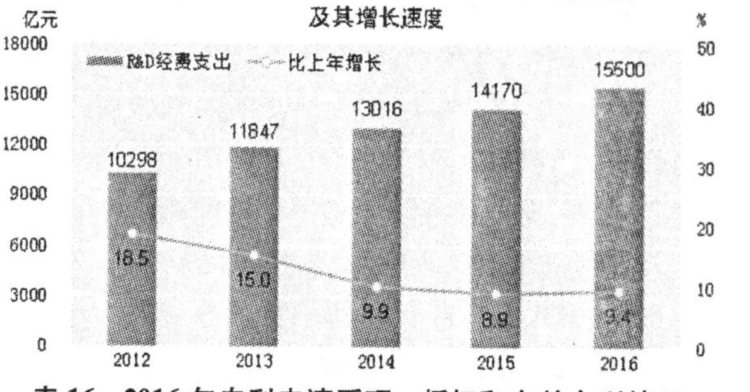

表16 2016年专利申请受理、授权和有效专利情况

指　　　　标	专利数（万件）	比上年增长（%）
专利申请受理数	346.5	23.8
其中：境内专利申请受理	328.1	25.4
其中：发明专利申请受理	133.9	21.5
其中：境内发明专利	119.3	24.7
专利申请授权数	175.4	2.1
其中：境内专利授权	161.2	2.1
其中：发明专利授权	40.4	12.5

续表 16

指　　　　标	专利数（万件）	比上年增长（%）
其中：境内发明专利	29.5	15.0
年末有效专利数	628.5	14.7
其中：境内有效专利	540.6	15.7
其中：有效发明专利	177.2	20.4
其中：境内有效发明专利	110.3	26.6

全年完成22次宇航发射。长征五号、长征七号新一代运载火箭成功首飞；天宫二号空间实验室、神舟十一号载人飞船成功发射，航天员在轨驻留30天并安全返回；新一代静止轨道气象卫星风云四号、合成孔径雷达卫星高分三号、3颗北斗导航卫星等成功发射。

年末全国共有产品检测实验室34487个，其中国家检测中心681个。全国现有产品质量、体系认证机构312个，已累计完成对152525个企业的产品认证。全国共有法定计量技术机构3933个，全年强制检定计量器具7878万台（件）。全年制定、修订国家标准1763项，其中新制定1255项。

年末全国文化系统共有艺术表演团体2046个，博物馆3060个。全国共有公共图书馆3172个，总流通[49]64781万人次；文化馆3338个。有线电视实际用户2.23亿户，其中有线数字电视实际用户1.97亿户。年末广播节目综合人口覆盖率为98.4%，电视节目综合人口覆盖率为98.9%。全年生产电视剧330部14768集，电视动画片119895分钟。全年生产故事影片772部，科教、纪录、动画和特种影片[50]172部。出版各类报纸394亿份，各类期刊27亿册，图书86亿册（张），人均图书拥有量[51]6.27册（张）。年末全国共有档案馆4193个，已开放各类档案13388万卷（件）。

全年我国运动员在23个运动大项中获得107个世界冠军，共创9项世界纪录。在里约奥运会上，我国运动员共获得26枚金牌，奖牌总数70枚，位列奥运会金牌榜第三位，奖牌榜第二位。全年我国残疾人运动员在17项国际赛事中获得237个世界冠军。在里约残奥会上，我国运动员共获得107枚金牌，蝉联金牌榜和奖牌榜第一位。

十一、卫生和社会服务

年末全国共有医疗卫生机构99.3万个，其中医院2.9万个，在医院中有公立医院1.3万个，民营医院1.6万个；基层医疗卫生机构93.1万个，其中乡镇卫生院3.7万个，社区卫生服务中心（站）3.5万个，门诊部（所）21.7万个，村卫生室64.2万个；专业公共卫生机构2.9万个，其中疾病预防控制中心3484个，卫生监督所（中心）3138个。年末卫生技术人员844万人，其中执业医师和执业助理医师317万人，注册护士350万人。医疗卫生机构床位747万张，其中医院575万张，乡镇卫生院123万张。全年总诊疗人次[52]78.0亿人次，出院人数[53]2.2亿人。

图22　2012-2016年卫生技术人员人数

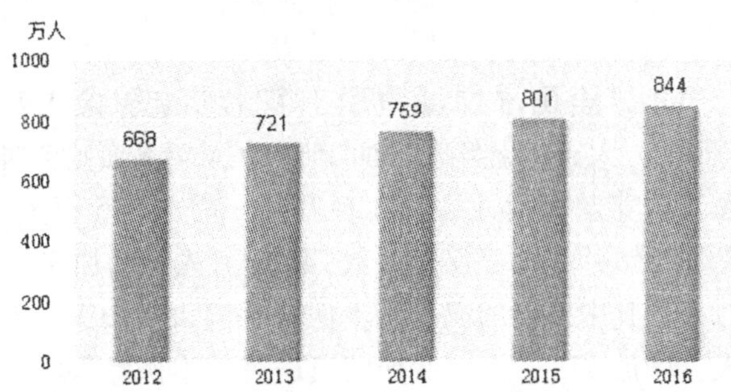

年末全国共有各类提供住宿的社会服务机构3.1万个，其中养老服务机构2.8万个，儿童服务机构713个。社会服务床位[54]716.6万张，其中养老服务床位680.0万张，儿童服务床位10.0万张。年末共有社区服务中心2.4万个，社区服务站13.0万个。

十二、资源、环境和安全生产

全年全国国有建设用地供应总量[55]52万公顷，比上年下降2.9%。其中，工矿仓储用地12万公顷，下降3.2%；房地产用地[56]11万公顷，下降10.3%；基础设施等用地29万公顷，增长0.2%。

全年水资源总量30150亿立方米。全年平均降水量730毫米。年末全国监测的614座大型水库蓄水总量3409亿立方米，比上年末蓄水量略有减少。全年总用水量6150亿立方米，比上年增长0.8%。其中，生活用水增长2.7%，工业用水减少0.4%，农业用水增长0.7%，生态补水增长1.9%。万元国内生产总值用水量[57]84立方米，比上年下降5.6%。万元工业增加值用水量53立方米，下降6.0%。人均用水量446立方米，比上年增长0.2%。

全年完成造林面积679万公顷，其中人工造林面积381万公顷，占全部造林面积的56.1%。森林抚育面积837万公顷。截至年底，自然保护区达到2750个，其中国家级自然保护区446个。新增水土流失治理面积5.4万平方公里，新增实施水土流失地区封育保护面积1.6万平方公里。

初步核算，全年能源消费总量43.6亿吨标准煤，比上年增长1.4%。煤炭消费量下降4.7%，原油消费量增长5.5%，天然气消费量增长8.0%，电力消费量增长5.0%。煤炭消费量占能源消费总量的62.0%，比上年下降2.0个百分点；水电、风电、核电、天然气等清洁能源消费量占能源消费总量的19.7%，上升1.7个百分点。全国万元国内生产总值能耗下降5.0%。工业企业吨粗铜综合能耗下降9.45%，吨钢综合能耗下降0.08%，单位烧碱综合能耗下降2.08%，吨水泥综合能耗下降1.81%，每千瓦时火力发电标准煤耗下降0.97%。

图23　2012-2016年万元国内生产总值能耗降低率

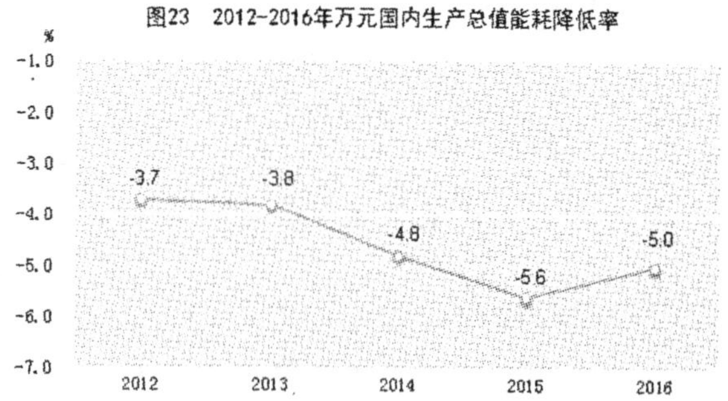

图24　2012-2016年清洁能源消费量占能源消费总量的比重

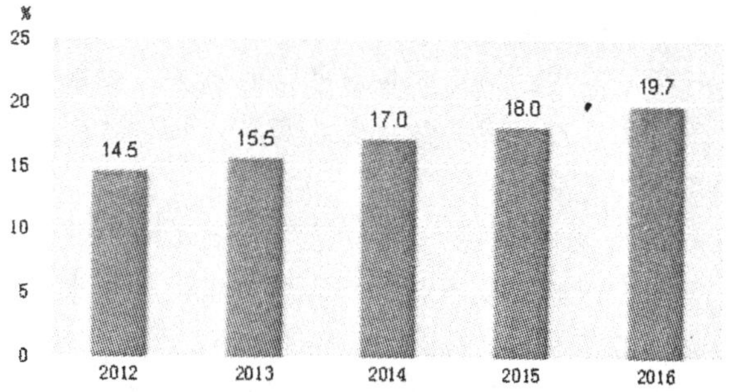

近岸海域417个海水水质监测点中，达到国家一、二类海水水质标准的监测点占73.4%，三类海水占10.3%，四类、劣四类海水占16.3%。

在监测的338个城市中，城市空气质量达标的城市占24.9%，未达标的城市占75.1%。细颗粒物（PM2.5）未达标地级及以上城市年平均浓度52微克/立方米，比上年下降8.8%。

在监测的322个城市中，城市区域声环境质量好的城市占5.0%，较好的占68.3%，一般的占26.1%，较差的占0.6%。

全年平均气温为10.49℃，比上年下降0.13℃。共有8个台风登陆。

年末城市污水处理厂日处理能力14823万立方米，比上年末增长5.6%；城市污水处理率为92.4%，提高0.5个百分点。城市生活垃圾无害化处理率为95.0%，提高0.9个百分点。城市集中供热面积70.7亿平方米，增长5.2%。城市建成区绿地面积197.1万公顷，增长3.3%；建成区绿地率为36.44%，提高0.08个百分点；人均公园绿地面积13.45平方米，增加0.10平方米。

全年农作物受灾面积2622万公顷，其中绝收290万公顷。全年因洪涝和地质灾害造成直接经济损失3134亿元，因旱灾造成直接经济损失418亿元，因低温冷冻和雪灾造成直接经济损失179亿元，因海洋灾害造成直接经济损失50亿元。全年大陆地区共发生5.0级以上地震18次，成灾16次，造成直接经济损失67亿元。全年共发生森林火灾2034起，森林火灾受害森林面积0.6万公顷。

全年各类生产安全事故[58]共死亡43062人。亿元国内生产总值生产安全事故死亡人数0.058人，按可比口径比上年下降10.8%；工矿商贸企业就业人员10万人生产安全事故死亡人数1.702人，按可比口径下降2.3%；道路交通事故万车死亡人数2.1人，与上年持平；煤矿百万吨死亡人数0.156人，下降3.7%。

注释：

[1] 本公报中数据均为初步统计数。各项统计数据均未包括香港特别行政区、澳门特别行政区和台湾省。部分数据因四舍五入的原因，存在着与分项合计不等的情况。

[2] 国内生产总值、各产业增加值和人均国内生产总值绝对数按现价计算，增长速度按不变价格计算。

[3] 国民总收入，原称国民生产总值，是指一个国家或地区所有常住单位在一定时期内所获得的初次分配收入总额。它等于国内生产总值加上来自国外的净要素收入。

[4] 人户分离的人口是指居住地与户口登记地所在的乡镇街道不一致且离开户口登记地半年及以上的人口。

[5] 流动人口是指人户分离人口中扣除市辖区内人户分离的人口。市辖区内人户分离的人口是指一个直辖市或地级市所辖区内和区与区之间，居住地和户口登记地不在同一乡镇街道的人口。

[6] 2016年年末，0－14岁（含不满15周岁）人口为23008万人，15－59岁（含不满60周岁）人口为92177万人。

[7] 年度农民工数量包括年内在本乡镇以外从

业6个月及以上的外出农民工和在本乡镇内从事非农产业6个月及以上的本地农民工两部分。

[8] 全员劳动生产率为国内生产总值（以2015年价格计算）与全部就业人员的比率。

[9] 农产品生产者价格是指农产品生产者直接出售其产品时的价格。

[10] 居住类价格包括租赁房房租、住房保养维修及管理、水电燃料等价格。

[11] 为推进财政资金统筹使用，2016年起将政府住房基金等5个项目从政府性基金预算转列一般公共预算，将从国有资本经营预算调入一般公共预算的资金由直接列为一般公共预算收入调整列为财政调入资金。因此，上年基数中考虑了上述因素影响，并以此为基础计算同口径增减额和增减幅。

[12] 工业战略性新兴产业包括节能环保产业，新一代信息技术产业，生物产业，高端设备制造产业，新能源产业，新材料产业，新能源汽车产业等七大产业。

[13] 高技术制造业包括医药制造业，航空、航天器及设备制造业，电子及通信设备制造业，计算机及办公设备制造业，医疗仪器设备及仪器仪表制造业，信息化学品制造业。

[14] 装备制造业包括金属制品业，通用设备制造业，专用设备制造业，汽车制造业，铁路、船舶、航空航天和其他运输设备制造业，电气机械和器材制造业，计算机、通信和其他电子设备制造业，仪器仪表制造业。

[15] 六大高耗能行业包括石油加工、炼焦和核燃料加工业，化学原料和化学制品制造业，非金属矿物制品业，黑色金属冶炼和压延加工业，有色金属冶炼和压延加工业，电力、热力生产和供应业。

[16] 火电包括燃煤发电量，燃油发电量，燃气发电量，余热、余压、余气发电量，垃圾焚烧发电量，生物质发电量。

[17] 钢材产量数据中含企业之间重复加工钢材约35443万吨。

[18] 少量发电装机容量（如地热等）公报中未列出。

[19] 固定资产投资按东部、中部、西部和东北地区计算的合计数据小于全国数据，是因为有部分跨地区的投资未计算在地区数据中。其中，东部地区是指北京、天津、河北、上海、江苏、浙江、福建、山东、广东和海南10省（市）；中部地区是指山西、安徽、江西、河南、湖北和湖南6省；西部地区是指内蒙古、广西、重庆、四川、贵州、云南、西藏、陕西、甘肃、青海、宁夏和新疆12省（区、市）；东北地区是指辽宁、吉林和黑龙江3省。

[20] 基础设施投资是指建造或购置为社会生产和生活提供基础性、大众性服务的工程和设施的支出。公报中的基础设施投资包括交通运输、邮政业，电信、广播电视和卫星传输服务业，互联网和相关服务业，水利、环境和公共设施管理业投资。

[21] 民间固定资产投资是指具有集体、私营、个人性质的内资企事业单位以及由其控股（包括绝对控股和相对控股）的企业单位建造或购置固定资产的投资。

[22] 高技术产业投资包括医药制造、航空航天器及设备制造等六大类高技术制造业投资和信息服务、电子商务服务等九大类高技术服务业投资。

[23] 房地产业投资除房地产开发投资外，还包括建设单位自建房屋以及物业管理、中介服务和其他房地产投资。

[24] 高速铁路是指最高营运速度达到200公里/小时及以上的铁路。

[25] 数据来源为各省（区、市）汇总上报截至2016年12月底建档立卡贫困户农村危房改造实际开工数。

[26] 网上零售额是指通过公共网络交易平台（包括自建网站和第三方平台）实现的商品和服务零售额。其中，网上零售额包括的服务，以及少部分用于生产经营用或被转卖的商品不统计在社会消费品零售总额中。

[27] 货物贸易、服务贸易、吸收外资采用人民币计价。对外投资和对外承包工程由于技术原因仍主要沿用美元计价。

[28] “一带一路”是指“丝绸之路经济带”和“21世纪海上丝绸之路”。

[29] 服务进出口按照《国际收支手册（第六版）》标准统计，不含政府服务，增速按可比口径计算。

[30] 邮电业务总量按2010年价格计算。

[31] 移动电话交换机容量是指移动电话交换机根据一定话务模型和交换机处理能力计算出来的最大同时服务用户的数量。

[32] 固定互联网宽带接入用户是指报告期末在电信企业登记注册，通过xDSL、FTTx + LAN、FTTH/O以及其他宽带接入方式和普通专线接入公众互联网的用户。

[33] 固定互联网光纤宽带接入用户是指报告期末在电信企业登记注册，通过FTTH或FTTO方

式接入公众互联网的用户。

［34］移动宽带用户是指报告期末在计费系统拥有使用信息，占用3G或4G网络资源的在网用户。

［35］手机上网人数是指过去半年通过手机接入并使用互联网的6周岁及以上中国居民数量。

［36］软件和信息技术服务业包括软件开发，信息系统集成服务，信息技术咨询服务，数据处理和存储服务，集成电路设计服务和其他信息技术服务等行业。

［37］社会融资规模增量是指一定时期内实体经济从金融体系获得的资金总额。

［38］定向增发不含资产认购部分。

［39］全国中小企业股份转让系统又称“新三板”，是2012年经国务院批准设立的全国性证券交易场所。

［40］公司信用类债券包括非金融企业债务融资工具、企业债券以及公司债、可转债等。

［41］原保险保费收入是指保险企业确认的原保险合同保费收入。

［42］全国居民收入增速快于分城乡居民收入增速的原因是：在城镇化过程中，一部分在农村收入较高的人口进入城镇地区，但在城镇属于较低收入人群，他们的迁移对城乡居民收入均有拉低作用。但无论在城镇还是农村，其收入增长效应都会体现在全体居民收入增长中。

［43］人均收入中位数是指将所有调查户按人均收入水平从低到高（或从高到低）顺序排列，处于最中间位置调查户的人均收入。

［44］全国居民五等份收入分组是指将所有调查户按人均收入水平从低到高顺序排列，平均分为五个等份，处于最高20%的收入群体为高收入组，依此类推依次为中等偏上收入组、中等收入组、中等偏下收入组、低收入组。

［45］贫困地区包括集中连片特困地区和片区外的国家扶贫开发工作重点县，共832个县，其中国家扶贫开发工作重点县共计592个。

［46］农村特困人员是指无劳动能力，无生活来源，无法定赡养、抚养、扶养义务人或者其法定义务人无履行义务能力的农村老年人、残疾人以及未满16周岁的未成年人。

［47］减贫人口等于当年贫困人口减去上年贫困人口，也相当于当年脱贫人口减去当年返贫人口。

［48］中等职业教育包括普通中专、成人中专、职业高中和技工学校。

［49］总流通人次是指本年度内到图书馆场馆接受图书馆服务的总人次，包括借阅书刊、咨询问题以及参加各类读者活动等。

［50］特种影片是指那些采用与常规影院放映在技术、设备、节目方面不同的电影展示方式，如巨幕电影、立体电影、立体特效（4D）电影、动感电影、球幕电影等。

［51］人均图书拥有量是指在一年内全国平均每人能拥有的当年出版图书册数。

［52］总诊疗人次指所有诊疗工作的总人次数，包括门诊、急诊、出诊、预约诊疗、单项健康检查、健康咨询指导（不含健康讲座）人次。

［53］出院人数指报告期内所有住院后出院的人数，包括医嘱离院、医嘱转其他医疗机构、非医嘱离院、死亡及其他人数，不含家庭病床撤床人数。

［54］社会服务床位数除收养性机构外，还包括救助类机构、社区类机构以及军休所、军供站等机构的床位。

［55］国有建设用地供应总量是指报告期内市、县人民政府根据年度土地供应计划依法以出让、划拨、租赁等方式将土地使用权提供给单位或个人使用的国有建设用地总量。

［56］房地产用地是指商服用地和住宅用地的总和。

［57］万元国内生产总值用水量、万元工业增加值用水量和万元国内生产总值能耗按2015年价格计算。

［58］2016年起，安全监管总局对生产安全事故统计制度进行改革，由于排除了非生产经营领域的事故，事故统计口径发生变化，数据同比按照可比口径计算。

资料来源：

本公报中户籍人口城镇化率、民用汽车、交通事故数据来自公安部；城镇新增就业、登记失业率、社会保障、技工学校数据来自人力资源社会保障部；财政数据来自财政部；外汇储备、汇率、货币金融、公司信用类债券数据来自人民银行；水产品产量数据来自农业部；木材产量、林业、森林火灾数据来自林业局；灌溉面积、水资源数据来自水利部；发电装机容量、新增220千伏及以上变电设备数据来自中电联；新建铁路投产里程、增新建铁路复线投产里程、电气化铁路投产里程、铁路运输数据来自铁路总公司；新改建公路里程、港口万吨级码头泊位新增吞吐能力、公路运输、水运、港口货物吞吐量数据来自交通运输部；新增民用运输机场、民航数据来自民航局；新增光缆线路长度、电话交换机容量、电话用户、宽带用户、移动互联网接入流量、上网人数、互联网普及率、软件业务收入等数据来自工业和信息化部；农村地区互联网普及率数据来自中国互联网络信息中心；棚户区住房改造、农村地区建档立卡贫困户危房改造、城市污水处理、城市垃圾处理、城市集中供热面积、建成区绿地数据来自住房城乡建设部；货物进出口数据来自海关总署；服务进出口、外商直接投资、对外直接投资、对外承包工程、对外劳务合作等数据来自商务部；管道数据来自中石油、中石化、中海油；邮政业务数据来自邮政局；旅游数据来自旅游局、公安部；上市公司数据来自证监会；保险业数据来自保监会；城乡低保、农村特困人员救助供养、社会服务、农作物受灾面积、洪涝地质灾害造成直接经济损失、旱灾造成直接经济损失、低温冷冻和雪灾造成直接经济损失来自民政部；教育数据来自教育部；重点研发计划、科技重大专项、国家重点实验室、科技成果转化引导基金、技术合同等数据来自科技部；自然科学基金项目数据来自自然基金委；国家工程研究中心、企业技术中心等数据来自发展改革委；专利数据来自知识产权局；宇航发射数据来自国防科工局；质量检验、国家标准制定修订等数据来自质检总局；艺术表演团体、博物馆、公共图书馆、文化馆数据来自文化部；广播电视、电影、报纸、期刊、图书数据来自新闻出版广电总局；档案数据来自档案局；体育数据来自体育总局；残疾人运动员数据来自中国残联；卫生数据来自卫生计生委；国有建设用地供应数据来自国土资源部；自然保护区、环境监测数据来自环境保护部；平均气温、登陆台风数据来自气象局；海洋灾害造成直接经济损失数据来自海洋局；地震次数、地震灾害直接经济损失数据来自地震局；安全生产数据来自安全监管总局；其他数据均来自国家统计局。

中华人民共和国统计法

（1983年12月8日第六届全国人民代表大会常务委员会第三次会议通过 根据1996年5月15日第八届全国人民代表大会常务委员会第十九次会议《关于修改〈中华人民共和国统计法〉的决定》修正 2009年6月27日第十一届全国人民代表大会常务委员会第九次会议修订）

第一章 总 则

第一条 为了科学、有效地组织统计工作，保障统计资料的真实性、准确性、完整性和及时性，发挥统计在了解国情国力、服务经济社会发展中的重要作用，促进社会主义现代化建设事业发展，制定本法。

第二条 本法适用于各级人民政府、县级以上人民政府统计机构和有关部门组织实施的统计活动。

统计的基本任务是对经济社会发展情况进行统计调查、统计分析，提供统计资料和统计咨询意见，实行统计监督。

第三条 国家建立集中统一的统计系统，实行统一领导、分级负责的统计管理体制。

第四条 国务院和地方各级人民政府、各有关部门应当加强对统计工作的组织领导，为统计工作提供必要的保障。

第五条 国家加强统计科学研究，健全科学的统计指标体系，不断改进统计调查方法，提高统计的科学性。

国家有计划地加强统计信息化建设，推进统计信息搜集、处理、传输、共享、存储技术和统计数据库体系的现代化。

第六条 统计机构和统计人员依照本法规定独立行使统计调查、统计报告、统计监督的职权，不受侵犯。

地方各级人民政府、政府统计机构和有关部门以及各单位的负责人，不得自行修改统计机构和统计人员依法搜集、整理的统计资料，不得以任何方式要求统计机构、统计人员及其他机构、人员伪造、篡改统计资料，不得对依法履行职责或者拒绝、抵制统计违法行为的统计人员打击报复。

第七条 国家机关、企业事业单位和其他组织以及个体工商户和个人等统计调查对象，必须依照本法和国家有关规定，真实、准确、完整、及时地提供统计调查所需的资料，不得提供不真实或者不完整的统计资料，不得迟报、拒报统计资料。

第八条 统计工作应当接受社会公众的监督。任何单位和个人有权检举统计中弄虚作假等违法行为。对检举有功的单位和个人应当给予表彰和奖励。

第九条 统计机构和统计人员对在统计工作中知悉的国家秘密、商业秘密和个人信息，应当予以保密。

第十条 任何单位和个人不得利用虚假统计资料骗取荣誉称号、物质利益或者职务晋升。

第二章 统计调查管理

第十一条 统计调查项目包括国家统计调查项目、部门统计调查项目和地方统计调查项目。

国家统计调查项目是指全国性基本情况的统计调查项目。部门统计调查项目是指国务院有关部门的专业性统计调查项目。地方统计调查项目是指县级以上地方人民政府及其部门的地方性统计调查项目。

国家统计调查项目、部门统计调查项目、地方统计调查项目应当明确分工，互相衔接，不得重复。

第十二条 国家统计调查项目由国家统计局制定，或者由国家统计局和国务院有关部门共同制定，报国务院备案；重大的国家统计调查项目报国务院审批。

部门统计调查项目由国务院有关部门制定。统计调查对象属于本部门管辖系统的，报国家统计局备案；统计调查对象超出本部门管辖系统的，报国家统计局审批。

地方统计调查项目由县级以上地方人民政府统计机构和有关部门分别制定或者共同制定。其中，由省级人民政府统计机构单独制定或者和有关部门共同制定的，报国家统计局审批；由省级以下人民政府统计机构单独制定或者和有关部门共同制定的，报省级人民政府统计机构审批；由县级以上地方人民政府有关部门制定的，报本级人民政府统计机构审批。

第十三条　统计调查项目的审批机关应当对调查项目的必要性、可行性、科学性进行审查，对符合法定条件的，作出予以批准的书面决定，并公布；对不符合法定条件的，作出不予批准的书面决定，并说明理由。

第十四条　制定统计调查项目，应当同时制定该项目的统计调查制度，并依照本法第十二条的规定一并报经审批或者备案。

统计调查制度应当对调查目的、调查内容、调查方法、调查对象、调查组织方式、调查表式、统计资料的报送和公布等作出规定。

统计调查应当按照统计调查制度组织实施。变更统计调查制度的内容，应当报经原审批机关批准或者原备案机关备案。

第十五条　统计调查表应当标明表号、制定机关、批准或者备案文号、有效期限等标志。

对未标明前款规定的标志或者超过有效期限的统计调查表，统计调查对象有权拒绝填报；县级以上人民政府统计机构应当依法责令停止有关统计调查活动。

第十六条　搜集、整理统计资料，应当以周期性普查为基础，以经常性抽样调查为主体，综合运用全面调查、重点调查等方法，并充分利用行政记录等资料。

重大国情国力普查由国务院统一领导，国务院和地方人民政府组织统计机构和有关部门共同实施。

第十七条　国家制定统一的统计标准，保障统计调查采用的指标涵义、计算方法、分类目录、调查表式和统计编码等的标准化。

国家统计标准由国家统计局制定，或者由国家统计局和国务院标准化主管部门共同制定。

国务院有关部门可以制定补充性的部门统计标准，报国家统计局审批。部门统计标准不得与国家统计标准相抵触。

第十八条　县级以上人民政府统计机构根据统计任务的需要，可以在统计调查对象中推广使用计算机网络报送统计资料。

第十九条　县级以上人民政府应当将统计工作所需经费列入财政预算。

重大国情国力普查所需经费，由国务院和地方人民政府共同负担，列入相应年度的财政预算，按时拨付，确保到位。

第三章　统计资料的管理和公布

第二十条　县级以上人民政府统计机构和有关部门以及乡、镇人民政府，应当按照国家有关规定建立统计资料的保存、管理制度，建立健全统计信息共享机制。

第二十一条　国家机关、企业事业单位和其他组织等统计调查对象，应当按照国家有关规定设置原始记录、统计台账，建立健全统计资料的审核、签署、交接、归档等管理制度。

统计资料的审核、签署人员应当对其审核、签署的统计资料的真实性、准确性和完整性负责。

第二十二条　县级以上人民政府有关部门应当及时向本级人民政府统计机构提供统计所需的行政记录资料和国民经济核算所需的财务资料、财政资料及其他资料，并按照统计调查制度的规定及时向本级人民政府统计机构报送其组织实施统计调查取得的有关资料。

县级以上人民政府统计机构应当及时向本级人民政府有关部门提供有关统计资料。

第二十三条　县级以上人民政府统计机构按照国家有关规定，定期公布统计资料。

国家统计数据以国家统计局公布的数据为准。

第二十四条　县级以上人民政府有关部门统计调查取得的统计资料，由本部门按照国家有关规定公布。

第二十五条　统计调查中获得的能够识别或者推断单个统计调查对象身份的资料，任何单位和个人不得对外提供、泄露，不得用于统计以外的目的。

第二十六条　县级以上人民政府统计机构和有关部门统计调查取得的统计资料，除依法应当保密的外，应当及时公开，供社会公众查询。

第四章　统计机构和统计人员

第二十七条　国务院设立国家统计局，依法组织领导和协调全国的统计工作。

国家统计局根据工作需要设立的派出调查机构，承担国家统计局布置的统计调查等任务。

县级以上地方人民政府设立独立的统计机构，乡、镇人民政府设置统计工作岗位，配备专职或者兼职统计人员，依法管理、开展统计工作，实施统计调查。

第二十八条　县级以上人民政府有关部门根据统计任务的需要设立统计机构，或者在有关机构中设置统计人员，并指定统计负责人，依法组织、管理本部门职责范围内的统计工作，实施统计调查，在统计业务上受本级人民政府统计机构的指导。

第二十九条　统计机构、统计人员应当依法履行职责，如实搜集、报送统计资料，不得伪造、篡改统计资料，不得以任何方式要求任何单位和个人提供不真实的统计资料，不得有其他违反本法规定的行为。

统计人员应当坚持实事求是，恪守职业道德，对其负责搜集、审核、录入的统计资料与统计调查对象报送的统计资料的一致性负责。

第三十条　统计人员进行统计调查时，有权就与统计有关的问题询问有关人员，要求其如实提供有关情况、资料并改正不真实、不准确的资料。

统计人员进行统计调查时，应当出示县级以上人民政府统计机构或者有关部门颁发的工作证件；未出示的，统计调查对象有权拒绝调查。

第三十一条　国家实行统计专业技术职务资格考试、评聘制度，提高统计人员的专业素质，保障统计队伍的稳定性。

统计人员应当具备与其从事的统计工作相适应的专业知识和业务能力。

县级以上人民政府统计机构和有关部门应当加强对统计人员的专业培训和职业道德教育。

第五章　监督检查

第三十二条　县级以上人民政府及其监察机关对下级人民政府、本级人民政府统计机构和有关部门执行本法的情况，实施监督。

第三十三条　国家统计局组织管理全国统计工作的监督检查，查处重大统计违法行为。

县级以上地方人民政府统计机构依法查处本行政区域内发生的统计违法行为。但是，国家统计局派出的调查机构组织实施的统计调查活动中发生的统计违法行为，由组织实施该项统计调查的调查机构负责查处。

法律、行政法规对有关部门查处统计违法行为另有规定的，从其规定。

第三十四条　县级以上人民政府有关部门应当积极协助本级人民政府统计机构查处统计违法行为，及时向本级人民政府统计机构移送有关统计违法案件材料。

第三十五条　县级以上人民政府统计机构在调查统计违法行为或者核查统计数据时，有权采取下列措施：

（一）发出统计检查查询书，向检查对象查询有关事项；

（二）要求检查对象提供有关原始记录和凭证、统计台账、统计调查表、会计资料及其他相关证明和资料；

（三）就与检查有关的事项询问有关人员；

（四）进入检查对象的业务场所和统计数据处理信息系统进行检查、核对；

（五）经本机构负责人批准，登记保存检查对象的有关原始记录和凭证、统计台账、统计调查表、会计资料及其他相关证明和资料；

（六）对与检查事项有关的情况和资料进行记录、录音、录像、照相和复制。

县级以上人民政府统计机构进行监督检查时，监督检查人员不得少于二人，并应当出示执法证件；未出示的，有关单位和个人有权拒绝检查。

第三十六条　县级以上人民政府统计机构履行监督检查职责时，有关单位和个人应当如实反映情况，提供相关证明和资料，不得拒绝、阻碍检查，不得转移、隐匿、篡改、毁弃原始记录和凭证、统计台账、统计调查表、会计资料及其他相关证明和资料。

第六章　法律责任

第三十七条　地方人民政府、政府统计机构或者有关部门、单位的负责人有下列行为之一的，由任免机关或者监察机关依法给予处分，并由县级以上人民政府统计机构予以通报：

（一）自行修改统计资料、编造虚假统计数据的；

（二）要求统计机构、统计人员或者其他机构、人员伪造、篡改统计资料的；

（三）对依法履行职责或者拒绝、抵制统计违法行为的统计人员打击报复的；

（四）对本地方、本部门、本单位发生的严重统计违法行为失察的。

第三十八条　县级以上人民政府统计机构或者有关部门在组织实施统计调查活动中有下列行为之一的，由本级人民政府、上级人民政府统计机构或者本级人民政府统计机构责令改正，予以通报；对直接负责的主管人员和其他直接责任人员，由任免机关或者监察机关依法给予处分：

（一）未经批准擅自组织实施统计调查的；

（二）未经批准擅自变更统计调查制度的内容的；

（三）伪造、篡改统计资料的；

（四）要求统计调查对象或者其他机构、人员提供不真实的统计资料的；

（五）未按照统计调查制度的规定报送有关资料的。

统计人员有前款第三项至第五项所列行为之一的，责令改正，依法给予处分。

第三十九条　县级以上人民政府统计机构或者有关部门有下列行为之一的，对直接负责的主管人员和其他直接责任人员由任免机关或者监察机关依法给予处分：

（一）违法公布统计资料的；

（二）泄露统计调查对象的商业秘密、个人信息或者提供、泄露在统计调查中获得的能够识别或者推断单个统计调查对象身份的资料的；

（三）违反国家有关规定，造成统计资料毁损、灭失的。

统计人员有前款所列行为之一的，依法给予处分。

第四十条　统计机构、统计人员泄露国家秘密的，依法追究法律责任。

第四十一条　作为统计调查对象的国家机关、企业事业单位或者其他组织有下列行为之一的，由县级以上人民政府统计机构责令改正，给予警告，可以予以通报；其直接负责的主管人员和其他直接责任人员属于国家工作人员的，由任免机关或者监察机关依法给予处分：

（一）拒绝提供统计资料或者经催报后仍未按时提供统计资料的；

（二）提供不真实或者不完整的统计资料的；

（三）拒绝答复或者不如实答复统计检查查询书的；

（四）拒绝、阻碍统计调查、统计检查的；

（五）转移、隐匿、篡改、毁弃或者拒绝提供原始记录和凭证、统计台账、统计调查表及其他相关证明和资料的。

企业事业单位或者其他组织有前款所列行为之一的，可以并处五万元以下的罚款；情节严重的，并处五万元以上二十万元以下的罚款。

个体工商户有本条第一款所列行为之一的，由县级以上人民政府统计机构责令改正，给予警告，可以并处一万元以下的罚款。

第四十二条　作为统计调查对象的国家机关、企业事业单位或者其他组织迟报统计资料，或者未按照国家有关规定设置原始记录、统计台账的，由县级以上人民政府统计机构责令改正，给予警告。

企业事业单位或者其他组织有前款所列行为之一的，可以并处一万元以下的罚款。

个体工商户迟报统计资料的，由县级以上人民政府统计机构责令改正，给予警告，可以并处一千元以下的罚款。

第四十三条　县级以上人民政府统计机构查处统计违法行为时，认为对有关国家工作人员依法应当给予处分的，应当提出给予处分的建议；该国家工作人员的任免机关或者监察机关应当依法及时作出决定，并将结果书面通知县级以上人民政府统计机构。

第四十四条　作为统计调查对象的个人在重大国情国力普查活动中拒绝、阻碍统计调查，或者提供不真实或者不完整的普查资料的，由县级以上人民政府统计机构责令改正，予以批评教育。

第四十五条　违反本法规定，利用虚假统计资料骗取荣誉称号、物质利益或者职务晋升的，除对其编造虚假统计资料或者要求他人编造虚假统计资料的行为依法追究法律责任外，由作出有关决定的单位或者其上级单位、监察机关取消其荣誉称号，追缴获得的物质利益，撤销晋升的职务。

第四十六条　当事人对县级以上人民政府统计机构作出的行政处罚决定不服的，可以依法申请行政复议或者提起行政诉讼。其中，对国家统计局在省、自治区、直辖市派出的调查机构作出的行政处罚决定不服的，向国家统计局申请行政复议；对国家统计局派出的其他调查机构作出的行政处罚决定不服的，向国家统计局在该派出机构所在的省、自治区、直辖市派出的调查机构申请行政复议。

第四十七条　违反本法规定，构成犯罪的，依法追究刑事责任。

第七章　附　　则

第四十八条　本法所称县级以上人民政府统计机构，是指国家统计局及其派出的调查机构、县级以上地方人民政府统计机构。

第四十九条　民间统计调查活动的管理办法，由国务院制定。

中华人民共和国境外的组织、个人需要在中华人民共和国境内进行统计调查活动的，应当按照国务院的规定报请审批。

利用统计调查危害国家安全、损害社会公共利益或者进行欺诈活动的，依法追究法律责任。

第五十条　本法自2010年1月1日起施行。

中华人民共和国统计法实施条例

第一章 总　　则

第一条　根据《中华人民共和国统计法》（以下简称统计法），制定本条例。

第二条　统计资料能够通过行政记录取得的，不得组织实施调查。通过抽样调查、重点调查能够满足统计需要的，不得组织实施全面调查。

第三条　县级以上人民政府统计机构和有关部门应当加强统计规律研究，健全新兴产业等统计，完善经济、社会、科技、资源和环境统计，推进互联网、大数据、云计算等现代信息技术在统计工作中的应用，满足经济社会发展需要。

第四条　地方人民政府、县级以上人民政府统计机构和有关部门应当根据国家有关规定，明确本单位防范和惩治统计造假、弄虚作假的责任主体，严格执行统计法和本条例的规定。

地方人民政府、县级以上人民政府统计机构和有关部门及其负责人应当保障统计活动依法进行，不得侵犯统计机构、统计人员独立行使统计调查、统计报告、统计监督职权，不得非法干预统计调查对象提供统计资料，不得统计造假、弄虚作假。

统计调查对象应当依照统计法和国家有关规定，真实、准确、完整、及时地提供统计资料，拒绝、抵制弄虚作假等违法行为。

第五条　县级以上人民政府统计机构和有关部门不得组织实施营利性统计调查。

国家有计划地推进县级以上人民政府统计机构和有关部门通过向社会购买服务组织实施统计调查和资料开发。

第二章 统计调查项目

第六条　部门统计调查项目、地方统计调查项目的主要内容不得与国家统计调查项目的内容重复、矛盾。

第七条　统计调查项目的制定机关（以下简称制定机关）应当就项目的必要性、可行性、科学性进行论证，征求有关地方、部门、统计调查对象和专家的意见，并由制定机关按照会议制度集体讨论决定。

重要统计调查项目应当进行试点。

第八条　制定机关申请审批统计调查项目，应当以公文形式向审批机关提交统计调查项目审批申请表、项目的统计调查制度和工作经费来源说明。

申请材料不齐全或者不符合法定形式的，审批机关应当一次性告知需要补正的全部内容，制定机关应当按照审批机关的要求予以补正。

申请材料齐全、符合法定形式的，审批机关应当受理。

第九条　统计调查项目符合下列条件的，审批机关应当作出予以批准的书面决定：

（一）具有法定依据或者确为公共管理和服务所必需；

（二）与已批准或者备案的统计调查项目的主要内容不重复、不矛盾；

（三）主要统计指标无法通过行政记录或者已有统计调查资料加工整理取得；

（四）统计调查制度符合统计法律法规规定，科学、合理、可行；

（五）采用的统计标准符合国家有关规定；

（六）制定机关具备项目执行能力。

不符合前款规定条件的，审批机关应当向制定机关提出修改意见；修改后仍不符合前款规定条件的，审批机关应当作出不予批准的书面决定并说明理由。

第十条　统计调查项目涉及其他部门职责的，审批机关应当在作出审批决定前，征求相关部门的意见。

第十一条　审批机关应当自受理统计调查项目审批申请之日起20日内作出决定。20日内不能作出决定的，经审批机关负责人批准可以延长10日，并应当将延长审批期限的理由告知制定机关。

制定机关修改统计调查项目的时间，不计算在审批期限内。

第十二条　制定机关申请备案统计调查项目，应当以公文形式向备案机关提交统计调查项目备案申请表和项目的统计调查制度。

统计调查项目的调查对象属于制定机关管辖系统，且主要内容与已批准、备案的统计调查项目不重复、不矛盾的，备案机关应当依法给予备案文号。

第十三条　统计调查项目经批准或者备案的，审批机关或者备案机关应当及时公布统计调查项目及其统计调查制度的主要内容。涉及国家秘密的统计调查项目除外。

第十四条　统计调查项目有下列情形之一的，审批机关或者备案机关应当简化审批或者备案程序，缩短期限：

（一）发生突发事件需要迅速实施统计调查；

（二）统计调查制度内容未作变动，统计调查项目有效期届满需要延长期限。

第十五条　统计法第十七条第二款规定的国家统计标准是强制执行标准。各级人民政府、县级以上人民政府统计机构和有关部门组织实施的统计调查活动，应当执行国家统计标准。

制定国家统计标准，应当征求国务院有关部门的意见。

第三章　统计调查的组织实施

第十六条　统计机构、统计人员组织实施统计调查，应当就统计调查对象的法定填报义务、主要指标涵义和有关填报要求等，向统计调查对象作出说明。

第十七条　国家机关、企业事业单位或者其他组织等统计调查对象提供统计资料，应当由填报人员和单位负责人签字，并加盖公章。个人作为统计调查对象提供统计资料，应当由本人签字。统计调查制度规定不需要签字、加盖公章的除外。

统计调查对象使用网络提供统计资料的，按照国家有关规定执行。

第十八条　县级以上人民政府统计机构、有关部门推广使用网络报送统计资料，应当采取有效的网络安全保障措施。

第十九条　县级以上人民政府统计机构、有关部门和乡、镇统计人员，应当对统计调查对象提供的统计资料进行审核。统计资料不完整或者存在明显错误的，应当由统计调查对象依法予以补充或者改正。

第二十条　国家统计局应当建立健全统计数据质量监控和评估制度，加强对各省、自治区、直辖市重要统计数据的监控和评估。

第四章　统计资料的管理和公布

第二十一条　县级以上人民政府统计机构、有关部门和乡、镇人民政府应当妥善保管统计调查中取得的统计资料。

国家建立统计资料灾难备份系统。

第二十二条　统计调查中取得的统计调查对象的原始资料，应当至少保存 2 年。

汇总性统计资料应当至少保存 10 年，重要的汇总性统计资料应当永久保存。法律法规另有规定的，从其规定。

第二十三条　统计调查对象按照国家有关规定设置的原始记录和统计台账，应当至少保存 2 年。

第二十四条　国家统计局统计调查取得的全国性统计数据和分省、自治区、直辖市统计数据，由国家统计局公布或者由国家统计局授权其派出的调查机构或者省级人民政府统计机构公布。

第二十五条　国务院有关部门统计调查取得的统计数据，由国务院有关部门按照国家有关规定和已批准或者备案的统计调查制度公布。

县级以上地方人民政府有关部门公布其统计调查取得的统计数据，比照前款规定执行。

第二十六条　已公布的统计数据按照国家有关规定需要进行修订的，县级以上人民政府统计机构和有关部门应当及时公布修订后的数据，并就修订依据和情况作出说明。

第二十七条　县级以上人民政府统计机构和有关部门应当及时公布主要统计指标涵义、调查范围、调查方法、计算方法、抽样调查样本量等信息，对统计数据进行解释说明。

第二十八条　公布统计资料应当按照国家有关规定进行。公布前，任何单位和个人不得违反国家有关规定对外提供，不得利用尚未公布的统计资料谋取不正当利益。

第二十九条　统计法第二十五条规定的能够识别或者推断单个统计调查对象身份的资料包括：

（一）直接标明单个统计调查对象身份的资料；

（二）虽未直接标明单个统计调查对象身份，但是通过已标明的地址、编码等相关信息可以识别或者推断单个统计调查对象身份的资料；

（三）可以推断单个统计调查对象身份的汇总资料。

第三十条　统计调查中获得的能够识别或者推断单个统计调查对象身份的资料应当依法严格管理，除作为统计执法依据外，不得直接作为对统计调查对象实施行政许可、行政处罚等具体行政行为的依据，不得用于完成统计任务以外的目的。

第三十一条　国家建立健全统计信息共享机

制，实现县级以上人民政府统计机构和有关部门统计调查取得的资料共享。制定机关共同制定的统计调查项目，可以共同使用获取的统计资料。

统计调查制度应当对统计信息共享的内容、方式、时限、渠道和责任等作出规定。

第五章　统计机构和统计人员

第三十二条　县级以上地方人民政府统计机构受本级人民政府和上级人民政府统计机构的双重领导，在统计业务上以上级人民政府统计机构的领导为主。

乡、镇人民政府应当设置统计工作岗位，配备专职或者兼职统计人员，履行统计职责，在统计业务上受上级人民政府统计机构领导。乡、镇统计人员的调动，应当征得县级人民政府统计机构的同意。

县级以上人民政府有关部门在统计业务上受本级人民政府统计机构指导。

第三十三条　县级以上人民政府统计机构和有关部门应当完成国家统计调查任务，执行国家统计调查项目的统计调查制度，组织实施本地方、本部门的统计调查活动。

第三十四条　国家机关、企业事业单位和其他组织应当加强统计基础工作，为履行法定的统计资料报送义务提供组织、人员和工作条件保障。

第三十五条　对在统计工作中做出突出贡献、取得显著成绩的单位和个人，按照国家有关规定给予表彰和奖励。

第六章　监督检查

第三十六条　县级以上人民政府统计机构从事统计执法工作的人员，应当具备必要的法律知识和统计业务知识，参加统计执法培训，并取得由国家统计局统一印制的统计执法证。

第三十七条　任何单位和个人不得拒绝、阻碍对统计工作的监督检查和对统计违法行为的查处工作，不得包庇、纵容统计违法行为。

第三十八条　任何单位和个人有权向县级以上人民政府统计机构举报统计违法行为。

县级以上人民政府统计机构应当公布举报统计违法行为的方式和途径，依法受理、核实、处理举报，并为举报人保密。

第三十九条　县级以上人民政府统计机构负责查处统计违法行为；法律、行政法规对有关部门查处统计违法行为另有规定的，从其规定。

第七章　法律责任

第四十条　下列情形属于统计法第三十七条第四项规定的对严重统计违法行为失察，对地方人民政府、政府统计机构或者有关部门、单位的负责人，由任免机关或者监察机关依法给予处分，并由县级以上人民政府统计机构予以通报：

（一）本地方、本部门、本单位大面积发生或者连续发生统计造假、弄虚作假；

（二）本地方、本部门、本单位统计数据严重失实，应当发现而未发现；

（三）发现本地方、本部门、本单位统计数据严重失实不予纠正。

第四十一条　县级以上人民政府统计机构或者有关部门组织实施营利性统计调查的，由本级人民政府、上级人民政府统计机构或者本级人民政府统计机构责令改正，予以通报；有违法所得的，没收违法所得。

第四十二条　地方各级人民政府、县级以上人民政府统计机构或者有关部门及其负责人，侵犯统计机构、统计人员独立行使统计调查、统计报告、统计监督职权，或者采用下发文件、会议布置以及其他方式授意、指使、强令统计调查对象或者其他单位、人员编造虚假统计资料的，由上级人民政府、本级人民政府、上级人民政府统计机构或者本级人民政府统计机构责令改正，予以通报。

第四十三条　县级以上人民政府统计机构或者有关部门在组织实施统计调查活动中有下列行为之一的，由本级人民政府、上级人民政府统计机构或者本级人民政府统计机构责令改正，予以通报：

（一）违法制定、审批或者备案统计调查项目；

（二）未按照规定公布经批准或者备案的统计调查项目及其统计调查制度的主要内容；

（三）未执行国家统计标准；

（四）未执行统计调查制度；

（五）自行修改单个统计调查对象的统计资料。

乡、镇统计人员有前款第三项至第五项所列行为的，责令改正，依法给予处分。

第四十四条　县级以上人民政府统计机构或者有关部门违反本条例第二十四条、第二十五条规定公布统计数据的，由本级人民政府、上级人民政府统计机构或者本级人民政府统计机构责令改正，予以通报。

第四十五条　违反国家有关规定对外提供尚未公布的统计资料或者利用尚未公布的统计资料谋取

不正当利益的，由任免机关或者监察机关依法给予处分，并由县级以上人民政府统计机构予以通报。

第四十六条　统计机构及其工作人员有下列行为之一的，由本级人民政府或者上级人民政府统计机构责令改正，予以通报：

（一）拒绝、阻碍对统计工作的监督检查和对统计违法行为的查处工作；

（二）包庇、纵容统计违法行为；

（三）向有统计违法行为的单位或者个人通风报信，帮助其逃避查处；

（四）未依法受理、核实、处理对统计违法行为的举报；

（五）泄露对统计违法行为的举报情况。

第四十七条　地方各级人民政府、县级以上人民政府有关部门拒绝、阻碍统计监督检查或者转移、隐匿、篡改、毁弃原始记录和凭证、统计台账、统计调查表及其他相关证明和资料的，由上级人民政府、上级人民政府统计机构或者本级人民政府统计机构责令改正，予以通报。

第四十八条　地方各级人民政府、县级以上人民政府统计机构和有关部门有本条例第四十一条至第四十七条所列违法行为之一的，对直接负责的主管人员和其他直接责任人员，由任免机关或者监察机关依法给予处分。

第四十九条　乡、镇人民政府有统计法第三十八条第一款、第三十九条第一款所列行为之一的，依照统计法第三十八条、第三十九条的规定追究法律责任。

第五十条　下列情形属于统计法第四十一条第二款规定的情节严重行为：

（一）使用暴力或者威胁方法拒绝、阻碍统计调查、统计监督检查；

（二）拒绝、阻碍统计调查、统计监督检查，严重影响相关工作正常开展；

（三）提供不真实、不完整的统计资料，造成严重后果或者恶劣影响；

（四）有统计法第四十一条第一款所列违法行为之一，1 年内被责令改正 3 次以上。

第五十一条　统计违法行为涉嫌犯罪的，县级以上人民政府统计机构应当将案件移送司法机关处理。

第八章　附　　则

第五十二条　中华人民共和国境外的组织、个人需要在中华人民共和国境内进行统计调查活动的，应当委托中华人民共和国境内具有涉外统计调查资格的机构进行。涉外统计调查资格应当依法报经批准。统计调查范围限于省、自治区、直辖市行政区域内的，由省级人民政府统计机构审批；统计调查范围跨省、自治区、直辖市行政区域的，由国家统计局审批。

涉外社会调查项目应当依法报经批准。统计调查范围限于省、自治区、直辖市行政区域内的，由省级人民政府统计机构审批；统计调查范围跨省、自治区、直辖市行政区域的，由国家统计局审批。

第五十三条　国家统计局或者省级人民政府统计机构对涉外统计违法行为进行调查，有权采取统计法第三十五条规定的措施。

第五十四条　对违法从事涉外统计调查活动的单位、个人，由国家统计局或者省级人民政府统计机构责令改正或者责令停止调查，有违法所得的，没收违法所得；违法所得 50 万元以上的，并处违法所得 1 倍以上 3 倍以下的罚款；违法所得不足 50 万元或者没有违法所得的，处 200 万元以下的罚款；情节严重的，暂停或者取消涉外统计调查资格，撤销涉外社会调查项目批准决定；构成犯罪的，依法追究刑事责任。

第五十五条　本条例自 2017 年 8 月 1 日起施行。1987 年 1 月 19 日国务院批准、1987 年 2 月 15 日国家统计局公布，2000 年 6 月 2 日国务院批准修订、2000 年 6 月 15 日国家统计局公布，2005 年 12 月 16 日国务院修订的《中华人民共和国统计法实施细则》同时废止。

统计违法违纪行为处分规定

中华人民共和国监察部、中华人民共和国人力资源和社会保障部、国家统计局令第18号

《统计违法违纪行为处分规定》已经监察部2009年2月9日第一次部长办公会议、人力资源社会保障部2008年12月30日第十六次部务会议、国家统计局2008年11月6日第十八次局务会议审议通过。现予公布，自2009年5月1日起施行。

监察部部长　马　馼

人力资源社会保障部部长　尹蔚民

国家统计局局长　马建堂

二〇〇九年三月二十五日

统计违法违纪行为处分规定

第一条　为了加强统计工作，提高统计数据的准确性和及时性，惩处和预防统计违法违纪行为，促进统计法律法规的贯彻实施，根据《中华人民共和国统计法》、《中华人民共和国行政监察法》、《中华人民共和国公务员法》、《行政机关公务员处分条例》及其他有关法律、行政法规，制定本规定。

第二条　有统计违法违纪行为的单位中负有责任的领导人员和直接责任人员，以及有统计违法违纪行为的个人，应当承担纪律责任。属于下列人员的（以下统称有关责任人员），由任免机关或者监察机关按照管理权限依法给予处分：

（一）行政机关公务员；

（二）法律、法规授权的具有公共事务管理职能的事业单位中经批准参照《中华人民共和国公务员法》管理的工作人员；

（三）行政机关依法委托的组织中除工勤人员以外的工作人员；

（四）企业、事业单位、社会团体中由行政机关任命的人员。

法律、行政法规、国务院决定和国务院监察机关、国务院人力资源社会保障部门制定的处分规章对统计违法违纪行为的处分另有规定的，从其规定。

第三条　地方、部门以及企业、事业单位、社会团体的领导人员有下列行为之一的，给予记过或者记大过处分；情节较重的，给予降级或者撤职处分；情节严重的，给予开除处分：

（一）自行修改统计资料、编造虚假数据的；

（二）强令、授意本地区、本部门、本单位统计机构、统计人员或者其他有关机构、人员拒报、虚报、瞒报或者篡改统计资料、编造虚假数据的；

（三）对拒绝、抵制篡改统计资料或者对拒绝、抵制编造虚假数据的人员进行打击报复的；

（四）对揭发、检举统计违法违纪行为的人员进行打击报复的。

有前款第（三）项、第（四）项规定行为的，应当从重处分。

第四条　地方、部门以及企业、事业单位、社会团体的领导人员，对本地区、本部门、本单位严重失实的统计数据，应当发现而未发现或者发现后不予纠正，造成不良后果的，给予警告或者记过处分；造成严重后果的，给予记大过或者降级处分；造成特别严重后果的，给予撤职或者开除处分。

第五条　各级人民政府统计机构、有关部门及其工作人员在实施统计调查活动中，有下列行为之一的，对有关责任人员，给予记过或者记大过处分；情节较重的，给予降级或者撤职处分；情节严重的，给予开除处分：

（一）强令、授意统计调查对象虚报、瞒报或者伪造、篡改统计资料的；

（二）参与篡改统计资料、编造虚假数据的。

第六条　各级人民政府统计机构、有关部门及其工作人员在实施统计调查活动中，有下列行为之

一的，对有关责任人员，给予警告、记过或者记大过处分；情节较重的，给予降级处分；情节严重的，给予撤职处分：

（一）故意拖延或者拒报统计资料的；

（二）明知统计数据不实，不履行职责调查核实，造成不良后果的。

第七条 统计调查对象中的单位有下列行为之一，情节较重的，对有关责任人员，给予警告、记过或者记大过处分；情节严重的，给予降级或者撤职处分；情节特别严重的，给予开除处分：

（一）虚报、瞒报统计资料的；

（二）伪造、篡改统计资料的；

（三）拒报或者屡次迟报统计资料的；

（四）拒绝提供情况、提供虚假情况或者转移、隐匿、毁弃原始统计记录、统计台账、统计报表以及与统计有关的其他资料的。

第八条 违反国家规定的权限和程序公布统计资料，造成不良后果的，对有关责任人员，给予警告或者记过处分；情节较重的，给予记大过或者降级处分；情节严重的，给予撤职处分。

第九条 有下列行为之一，造成不良后果的，对有关责任人员，给予警告、记过或者记大过处分；情节较重的，给予降级或者撤职处分；情节严重的，给予开除处分：

（一）泄露属于国家秘密的统计资料的；

（二）未经本人同意，泄露统计调查对象个人、家庭资料的；

（三）泄露统计调查中知悉的统计调查对象商业秘密的。

第十条 包庇、纵容统计违法违纪行为的，对有关责任人员，给予记过或者记大过处分；情节较重的，给予降级或者撤职处分；情节严重的，给予开除处分。

第十一条 受到处分的人员对处分决定不服的，依照《中华人民共和国行政监察法》、《中华人民共和国公务员法》、《行政机关公务员处分条例》等有关规定，可以申请复核或者申诉。

第十二条 任免机关、监察机关和人民政府统计机构建立案件移送制度。

任免机关、监察机关查处统计违法违纪案件，认为应当由人民政府统计机构给予行政处罚的，应当将有关案件材料移送人民政府统计机构。人民政府统计机构应当依法及时查处，并将处理结果书面告知任免机关、监察机关。

人民政府统计机构查处统计行政违法案件，认为应当由任免机关或者监察机关给予处分的，应当及时将有关案件材料移送任免机关或者监察机关。任免机关或者监察机关应当依法及时查处，并将处理结果书面告知人民政府统计机构。

第十三条 有统计违法违纪行为，应当给予党纪处分的，移送党的纪律检查机关处理。涉嫌犯罪的，移送司法机关依法追究刑事责任。

第十四条 本规定由监察部、人力资源社会保障部、国家统计局负责解释。

第十五条 本规定自2009年5月1日起施行。

江苏省统计条例

（2014年1月16日江苏省第十二届人民代表大会常务委员会第八次会议通过）

第一章 总 则

第一条 为了加强统计管理和监督，规范统计行为，维护统计调查对象的合法权益，保障统计资料的真实性、准确性、完整性和及时性，发挥统计服务经济社会发展的作用，根据《中华人民共和国统计法》等法律、行政法规，结合本省实际，制定本条例。

第二条 本条例适用于本省行政区域内地方各级人民政府、县级以上地方人民政府统计机构和有关部门组织实施的统计活动与统计监督管理。

第三条 县级以上地方人民政府应当加强对统计工作的组织领导，将统计事业纳入本地区国民经济和社会发展规划，建立健全统计机构，加强统计队伍建设，为统计工作提供必要的保障，确保统计工作正常开展。

第四条 县级以上地方人民政府统计机构（以下简称政府统计机构）负责本行政区域内统计工作的组织实施、管理协调和监督检查。

县级以上地方人民政府有关部门依法组织、管理本部门职责范围内的统计工作，实施统计调查。

第五条 县级以上地方人民政府应当加强统计信息化建设，构建统计公共信息系统和业务平台，支持和实现资源共享、业务协同。

省人民政府统计机构应当会同有关部门对全省统计信息化建设进行统一规划，推进统计信息搜集、处理、传输、存储技术和统计数据库体系的现代化。

政府统计机构应当制定统计信息安全应急处置预案，建立和完善统计资料备份系统，保障统计资料安全。

第六条 政府统计机构应当建立统计信用制度，定期将政府统计调查对象依法履行统计义务的信用信息提供给公共信用信息机构，供社会公众查询。

第七条 地方各级人民政府和有关部门应当鼓励支持、依法规范民间统计调查，引导从事民间统计调查活动的社会中介机构等民间统计调查组织（以下称民间统计调查组织）参与政府统计调查活动，发挥其在促进经济社会发展中的作用。

地方各级人民政府和有关部门应当扶持统计调查行业组织，发挥其联系政府、社会的作用，促进行业的自律和有序发展。

第二章 统计调查

第八条 地方统计调查应当按照地方统计调查项目组织实施。地方统计调查项目包括县级以上地方人民政府、政府统计机构及有关部门的统计调查项目。

地方统计调查项目应当执行国家统计标准和部门统计标准，与国家统计调查项目、部门统计调查项目互相衔接，下级地方统计调查项目不得与上级地方统计调查项目重复。

地方统计调查项目的制定应当进行必要性、可行性论证，听取有关部门、专家和公众的意见，并根据经济社会发展需要科学合理设置统计指标。与人口、社会相关的统计调查项目应当合理设置分性别统计指标。

第九条 制定地方统计调查项目，应当同时制定该项目的统计调查制度，并按照下列规定审批：

（一）省人民政府统计机构单独制定或者与有关部门共同制定的，报国家统计局审批；

（二）设区的市、县（市、区）人民政府统计机构单独制定或者与有关部门共同制定的，报省人民政府统计机构审批；

（三）县级以上地方人民政府有关部门单独制定或者与其他部门共同制定的，报本级人民政府统计机构审批。

变更统计调查制度内容的，应当报经原审批机关批准。

第十条 除涉及国家秘密的以外，地方统计调查项目及其统计调查制度，应当及时向社会公布。经国家统计局批准的，由省人民政府统计机构自批准之日起十日内公布；经县级以上地方人民政府统计机构批准的，由审批机关自批准之日起十日内公布。

第十一条　地方统计调查项目及其统计调查制度未经批准或者虽经批准但未依法公布的，不得组织实施。紧急情况下，经省人民政府批准实施的临时性统计调查项目除外。

前款所称的紧急情况，是指重大自然灾害等突发事件对本省经济社会发展产生重大影响的情形。

第十二条　省人民政府统计机构应当建立全省统一的基本单位名录库，作为政府统计调查的基础。

政府统计机构应当利用行政记录等资料对基本单位名录库进行日常维护和更新。机构编制、民政、工商行政、税务、质量监督等有关部门，应当按照有关规定向本级人民政府统计机构提供统计所需的行政记录，不得以任何理由拒绝提供。

第十三条　国家机关、企业事业单位和其他组织，应当在依法设立或者变更后三十日内，到所在地县（市、区）人民政府统计机构建立或者变更统计调查关系。县（市、区）人民政府统计机构应当书面告知其统计权利和义务，并及时更新基本单位名录库。

县（市、区）人民政府统计机构应当根据基本单位名录库等有关信息，书面告知尚未建立统计调查关系的统计调查对象与政府统计机构建立统计调查关系。

第十四条　国家机关、企业事业单位和其他组织，应当配备与统计任务相适应的统计信息技术设备，按照统计调查制度规定的使用计算机网络报送等方式报送统计资料。

第十五条　有下列情形之一的，政府统计机构、有关部门应当告知政府统计调查对象在规定期限内补正：

（一）未按照统计调查制度规定的方式报送统计资料的；

（二）以纸介质方式报送统计调查表，没有填表人、统计调查对象单位负责人签字，或者未加盖单位公章的；

（三）以数据电文方式报送统计资料，没有电子签名等身份识别标志的；

（四）发现报送的统计数据有错误的；

（五）其他按照统计调查制度应当补正的情形。

第十六条　政府统计调查对象未按照统计调查制度规定时间报送统计资料的，政府统计机构和有关部门应当书面催报。政府统计调查对象应当在催报规定的期限内报送统计资料。

第十七条　地方各级人民政府、政府统计机构和有关部门、单位的主要负责人及其他负责人，应当支持和保障政府统计机构、统计人员独立行使法定职权，不得有下列行为：

（一）自行修改统计资料、编造虚假统计数据；

（二）要求政府统计机构、统计人员或者其他机构、人员拒报、虚报、瞒报或者伪造、篡改统计资料；

（三）对依法履行职责或者拒绝、抵制统计违法行为的统计人员打击报复；

（四）对揭发、检举统计违法行为的人员打击报复；

（五）对本地区、本部门、本单位发生的统计违法行为不履行监督管理职责。

第十八条　省人民政府统计机构应当建立健全统计数据质量监控制度，规范统计方法，统一指标口径，避免政府部门统计数据的重复、交叉和不一致，保障统计数据的客观真实。

第十九条　地方各级人民政府、政府统计机构和有关部门可以按照政府采购的法律、法规规定，委托民间统计调查组织进行统计调查，实施数据搜集、核实、整理、分析和相关培训等活动。

民间统计调查组织应当在受委托的权限和范围内实施统计调查。未经委托，民间统计调查组织不得以政府或者政府部门的名义实施统计调查。

第二十条　接受委托实施政府统计调查活动的民间统计调查组织，应当有三名以上具有统计从业资格或者统计专业技术职务资格的专职人员，主管统计业务的负责人应当具有中级以上统计专业技术职务资格或者与统计专业相关的中级以上职称。

第二十一条　民间统计调查组织者开展民间统计调查活动时，应当向调查对象表明身份，告知调查目的，不得以任何方式强迫调查对象接受调查，不得冒用政府统计调查的名义组织实施调查，不得欺骗、蒙蔽调查对象。

民间统计调查组织者对能够识别或者推断单个调查对象身份的信息和数据应当予以保密，未经调查对象同意，不得对外提供、泄露。

第三章　统计资料公布和使用

第二十二条　除依法应当保密的以外，政府统计机构、有关部门开展地方统计调查取得的统计资料，应当及时向社会公布。

公布统计资料时，应当同时公布主要统计指标含义、调查范围、调查方法、计算方法、调查样本量等信息；引用其他机构或者部门资料的，应当注明资料来源。

第二十三条　地方各级人民政府编制国民经济和社会发展规划与计划、财政预算，以及制定重大经济社会发展政策等使用统计资料的，应当以政府统计机构提供的统计资料为准。

政府统计机构应当及时向本级人民政府及其有关部门提供统计资料。

第二十四条　民间统计调查组织者发布民间统计调查资料应当客观真实，不得伪造、篡改，同时应当说明调查目的以及主要统计指标含义、调查范围、调查方法、计算方法、调查样本量等内容；引用其他组织、个人或者机构资料的，应当注明资料来源。

新闻媒体和其他单位、组织对外发布信息引用民间统计调查资料的，应当准确引用，并注明民间统计调查组织者名称，不得伪造、篡改民间统计调查资料。

第四章　统计调查对象权利和义务

第二十五条 政府统计调查对象依法独立填报统计资料。任何单位和个人干涉独立填报的，统计调查对象有权抵制，并可以向地方各级人民政府、政府统计机构或者监察机关等有关部门举报。

第二十六条　有下列情形之一的，政府统计调查对象有权拒绝政府统计调查：

（一）未书面告知统计权利和义务的；

（二）统计调查项目及其统计调查制度未经批准或者虽经批准但未依法公布的；

（三）统计调查表未标明法定标志或者法定标志不完整的；

（四）统计调查表超过有效期限的；

（五）现场调查时，统计人员未出示政府统计机构或者有关部门颁发的工作证件的。

第二十七条　政府统计调查对象发现他人对外提供、泄露能够识别或者推断其身份的资料，或者将上述资料用于统计以外目的的，有权举报。

第二十八条　除依法应当保密的以外，社会公众有权查询统计资料。

在统计资料法定保存期限内，政府统计调查对象可以查询其报送的统计资料以及相关信息。对查询结果有疑问的，政府统计机构、有关部门应当给予解答和说明；确属错误的，应当予以订正。

第二十九条 政府统计调查对象可以通过签订合同，委托民间统计调查组织代理统计调查活动。委托合同应当自签订之日起十个工作日内，由委托方报所在地县（市、区）人民政府统计机构备案。

第三十条 政府统计调查对象应当按照法律、行政法规和本条例以及统计调查制度的规定，真实、准确、完整、及时地提供统计调查所需的资料，不得提供不真实或者不完整的统计资料，不得迟报、拒报统计资料。

第三十一条　国家机关、企业事业单位和其他组织，应当以业务活动或者生产经营中形成的原始记录和凭证为依据，记录统计台账、编制统计调查表，并按照统计调查制度的规定报送统计资料。

原始记录、凭证、统计台账、统计调查表等统计资料应当留存归档。

第三十二条　承担经常性政府统计调查任务的国家机关、企业事业单位和其他组织，应当任用、聘用具有统计从业资格或者统计专业技术职务资格的人员从事统计工作。

第五章　机构和人员

第三十三条　县级以上地方人民政府有关部门根据各自职责和统计任务的需要，设立从事统计工作的机构或者明确承担综合统计工作职责的机构，配备相适应的统计人员，并指定统计负责人，在本级人民政府统计机构的指导下负责本部门、本行业的统计工作。

国家级和省级开发园区根据经济和人口规模，明确承担统计工作职责的机构，配备相适应的统计人员，负责统计资料的搜集、整理、汇总、上报以及催报、查询和数据核查工作。

第三十四条　乡镇人民政府和街道办事处根据经济和人口规模，明确承担统计工作职责的机构，配备相适应的统计人员，负责本区域统计工作的组织实施、管理、协调，履行政府综合统计的职能。

基层群众性自治组织应当指定专人负责统计工作。

第三十五条　政府统计机构、统计人员应当依法履行职责，如实搜集、报送统计资料，不得伪造、篡改统计资料，不得以任何方式要求任何单位和个人提供不真实的统计资料，不得有其他违反法律、行政法规和本条例规定的行为。

政府统计机构、统计人员对其负责搜集、审核、录入的统计资料与统计调查对象报送的统计资料的一致性负责。

第三十六条　政府统计机构、有关部门应当对统计人员开展统计专业培训和职业道德教育，提高其综合素质。

统计人员应当接受统计继续教育，提高业务素质和职业道德水平。

统计人员所在单位应当支持和保障统计人员接受统计继续教育，参加统计专业培训。

第六章 监督检查

第三十七条 县级以上地方人民政府及其监察机关，应当对下级人民政府、本级人民政府统计机构和有关部门执行统计法律、行政法规及本条例的情况实施监督。

第三十八条 政府统计机构应当加强对政府统计活动、民间统计调查活动的监督检查，依法查处统计违法行为。政府统计机构在实施监督检查时，有关部门、单位和个人应当予以配合。

第三十九条 县级以上地方人民政府有关部门应当对职责范围内的统计活动实施监督检查，及时向本级人民政府统计机构移送有关涉嫌统计违法的材料，协助查处统计违法案件。

第四十条 政府统计机构应当明确承担统计执法检查职责的内设机构，配备相适应的统计执法检查人员。

第四十一条 政府统计机构在调查统计违法行为或者核查统计数据时，可以发出统计检查查询书。被查询对象收到统计检查查询书后，应当按照规定期限如实书面答复，提供相关证明和资料。

第七章 法律责任

第四十二条 违反本条例规定，政府统计机构或者有关部门有下列行为之一的，由本级人民政府、上级人民政府统计机构、本级人民政府统计机构责令限期改正，予以通报；对直接负责的主管人员和其他直接责任人员，由任免机关或者监察机关依法给予处分：

（一）违反第十一条第一款规定，地方统计调查项目未经批准或者虽经批准但未依法公布，擅自组织实施的；

（二）违反第十二条第二款规定，拒绝向本级人民政府统计机构提供统计所需的行政记录的；

（三）违反第三十五条第一款规定，不依法履行职责，不如实搜集、报送统计资料，伪造、篡改统计资料或者要求政府统计调查对象提供不真实统计资料的；

（四）违反第三十八条、第三十九条规定，不依法履行统计监督检查职责或者不依法查处统计违法行为的。

第四十三条 违反本条例第十五条第一项、第二项、第三项规定，政府统计调查对象未在规定期限内补正的，由政府统计机构责令补正，给予警告；拒不补正的，对企业事业单位或者其他组织处以二千元以上一万元以下罚款，对个体工商户处以二百元以上一千元以下罚款。

第四十四条 违反本条例第十七条规定，地方各级人民政府、政府统计机构或者有关部门、单位的主要负责人及其他负责人有下列行为之一的，由任免机关或者监察机关依法给予处分，并由政府统计机构予以通报：

（一）自行修改统计资料、编造虚假统计数据的；

（二）要求政府统计机构、统计人员或者其他机构、人员拒报、虚报、瞒报或者伪造、篡改统计资料的；

（三）对依法履行职责或者拒绝、抵制统计违法行为的统计人员打击报复的；

（四）对揭发、检举统计违法行为的人员打击报复的；

（五）对本地区、本部门、本单位发生的严重统计违法行为不履行监督管理职责的。

第四十五条 违反本条例第十九条第二款规定，民间统计调查组织超出委托权限或者范围实施统计调查活动的，由政府统计机构责令改正，给予警告，并处一万元以上五万元以下罚款。

第四十六条 违反本条例第二十一条规定，民间统计调查组织者有下列行为之一的，由政府统计机构责令停止调查，给予警告，并处一万元以上五万元以下罚款：

（一）强迫调查对象接受调查的；

（二）冒用政府统计调查的名义组织实施调查的；

（三）欺骗、蒙蔽调查对象的；

（四）未经调查对象同意，对外提供、泄露能够识别或者推断单个调查对象身份的信息和数据的。

民间统计调查组织者冒用政府统计调查的名义组织实施调查，情节严重的，由政府统计机构处以五万元以上十万元以下罚款。

第四十七条 违反本条例第二十二条规定，应当公布统计资料而未公布，或者公布统计资料不符合规定要求的，对直接负责的主管人员和其他直接责任人员由任免机关或者监察机关依法给予处分。

第四十八条　违反本条例第二十四条规定，有下列情形之一的，由政府统计机构责令停止发布、公开更正，给予警告，可以处以五千元以上二万元以下罚款：

（一）民间统计调查组织者发布伪造、篡改的民间统计调查资料，发布时不按照要求说明相关内容，或者不注明资料来源的；

（二）新闻媒体和其他单位、组织对外发布信息引用民间统计调查资料未注明民间统计调查组织者名称，或者伪造、篡改民间统计调查资料的。

第四十九条　违反本条例第三十二条规定，承担经常性政府统计调查任务的国家机关、企业事业单位和其他组织，任用、聘用不具有统计从业资格或者统计专业技术职务资格的人员从事统计工作的，由政府统计机构责令改正，给予警告；拒不改正的，直接负责的主管人员和其他直接责任人员属于国家工作人员的，由任免机关或者监察机关依法给予处分。

企业事业单位或者其他组织有前款行为，拒不改正的，由政府统计机构处以二千元以上一万元以下罚款。

第八章　附　　则

第五十条　涉外民间统计调查活动，按照国家有关规定执行。

第五十一条　本条例自 2014 年 5 月 1 日起施行。1989 年 12 月 15 日江苏省第七届人民代表大会常务委员会第十二次会议通过，1997 年 7 月 31 日江苏省第八届人民代表大会常务委员会第二十九次会议修正的《江苏省统计管理条例》同时废止。

主要统计指标解释

地区生产总值（GDP） 指一个地区所有常住单位在一定时期内生产活动的最终成果。地区生产总值有三种表现形态，即价值形态、收入形态和产品形态。从价值形态看，它是所有常住单位在一定时期内生产的全部货物和服务价值超过同期中间投入的全部非固定资产货物和服务价值的差额，即所有常住单位的增加值之和；从收入形态看，它是所有常住单位在一定时期内创造并分配给常住单位和非常住单位的初次收入分配之和；从产品形态看，它是所有常住单位在一定时期内最终使用的货物和服务价值与货物和服务净出口价值之和。在实际核算中，国内生产总值有三种计算方法，即生产法、收入法和支出法。三种方法分别从不同的方面反映国内生产总值及其构成。

可比价格 指计算各种总量指标所采用的扣除了价格变动因素的价格，可进行不同时期总量指标的对比。按可比价格计算总量指标有两种方法：一种是直接用产品产量乘某一年的不变价格计算；另一种是用价格指数进行缩减。

不变价格 指以同类产品某年的平均价格作为固定价格，用于计算各年的产品价值。按不变价格计算的产品价值消除了价格变动因素，不同时期对比可以反映生产的发展速度。

人口数 指一定时点、一定地区范围内的有生命的个人的总和。

年度统计的年末人口数指每年 12 月 31 日 24 时的人口数。年度统计的全国人口总数内未包括台湾省和港澳同胞以及海外华侨人数。

出生率 指在一定时期内（通常为一年）一定地区的出生人数与同期内平均人数（或期中人数）之比。一般用千分率表示。本资料中的出生率指年出生率，其计算公式为：

出生率 = 年出生人数/年平均人数 × 1000

式中：出生人数指活产婴儿，即胎儿脱离母体时（不管怀孕月数），有过呼吸或其他生命现象。年平均人数指年初、年底人口数的平均数，也可用年中人口数代替。

死亡率 指在一定时期内（通常为一年）一定地区的死亡人数与同期内平均人数（或期中人数）之比，一般用千分率表示。本资料中的死亡率指年死亡率，其计算公式为：

死亡率 = 年死亡人数/年平均人数 × 1000

人口自然增长率 指在一定时期内（通常为一年）人口自然增加数（出生人数减死亡人数）与该时期内平均人数（或期中人数）之比，一般用千分率表示。计算公式为：

人口自然增长率 = （本年出生人数 - 本年死亡人数）/年平均人数 × 1000

就业人员 指从事一定社会劳动并取得劳动报酬或经营收入的人员，包括在岗职工、再就业的离退休人员、私营业主、个体户主、私营和个体就业人员、乡镇企业就业人员、农村就业人员、其他就业人员（包括民办教师、宗教职业者、现役军人等）。这一指标反映了一定时期内全部劳动力资源的实际利用情况，是研究我国基本国情国力的重要指标。

在岗职工 指在国有经济、城镇集体经济、联营经济、股份制经济、外商和港、澳、台投资经济、其他经济单位及其附属机构工作，并由其支付工资的各类人员，以及有工作岗位，但由于学习、病伤产假等原因暂未工作，仍由单位支付工资的人员。不包括返聘的离退休人员、民办教师、在国有经济单位工作的外方人员和港、澳、台人员（1998 年以后的数据均为在岗职工数据，其他相关指标如职工工资总额，职工平均工资等指标也从 1998 年按此口径进行了相应调整）。

职工工资总额 指各单位在一定时期内直接支付给本单位全部职工的劳动报酬总额。工资总额的计算原则应以直接支付给职工的全部劳动报酬为根据。各单位支付给职工的劳动报酬以及其他根据有关规定支付的工资，不论是计入成本的还是不计入成本的，不论是按国家规定列入计征奖金税项目的，还是未列入计征奖金税项目的，不论是以货币形式支付的还是以实物形式支付的，均包括在工资总额内。

职工平均工资 指企业、事业、机关单位的职工在一定时期内平均每人所得的货币工资额。它表明一定时期职工工资收入的高低程度，是反映职工工资水平的主要指标。计算公式为：

职工平均工资 = 报告期实际支付的全部职工工资总额/报告期全部职工平均人数

农林牧渔业总产值 指以货币表现的农、林、牧、渔业全部产品和对农业生产进行各种支持性服务活动的总量，它反映一定时期内农业生产总规模和总成果。

粮食产量 指全社会的产量。包括国有经济经营的、集体统一经营的和农民家庭经营的粮食产量，还包括工矿企业办的农场和其他生产单位的产量。粮食除包括稻谷、小麦、玉米、高粱、谷子及其他杂粮外，还包括薯类和豆类。

猪、牛、羊肉产量 指当年出栏并已屠宰、除去头蹄下水后带骨肉（即胴体重）的重量。

耕地面积 指经过开垦用以种植农作物并经常进行耕耘的土地面积。包括种有作物的土地面积、休闲地、新开荒地和抛荒未满三年的土地面积。

农作物播种面积 指实际播种或移植有农作物的面积。凡是实际种植有农作物的面积，不论种植在耕地上还是种植在非耕地上，均包括在农作物播种面积中。在播种季节基本结束后，因遭灾而重新改种和补种的农作物面积，也包括在内。

农业机械总动力 指主要用于农、林、牧、渔业的各种动力机械的动力总和。

农林牧渔业劳动力 指全社会直接参加农林牧渔业生产活动的劳动力。

工业总产值 是以货币表现的工业企业在一定时期内生产的已出售或可供出售工业产品总量，它反映一定时间内工业生产的总规模和总水平。

工业增加值 是指工业行业在报告期内以货币表现的工业生产活动的最终成果。

建筑业总产值 是以货币表现的建筑业企业在一定时期内生产的建筑业产品和服务的总和。建筑业总产值包括：

（1）建筑工程产值：指列入建筑工程预算内的各种工程价值。

（2）安装工程产值：指设备安装工程价值，不包括被安装设备本身价值。

（3）其他产值：指建筑业总产值中除建筑工程、安装工程以外的产值。

房屋建筑施工面积 指在报告期内施过工的全部房屋建筑面积，包括本期新开工的房屋面积、上期跨入本期继续施工的房屋面积、上期停缓建在本期恢复施工的房屋面积、本期竣工的房屋面积及本期施工后又停缓建的房屋面积。

房屋建筑竣工面积 指在报告期内房屋建筑按照设计要求全部完工，达到了住人和使用条件，经检查验收鉴定合格的房屋建筑面积。

固定资产投资完成额 指以货币表现的建造和购置固定资产活动的工作量，它是反映固定资产投资规模、速度、比例关系和使用方向的综合性指标。固定资产投资按登记注册类型可分为国有、集体、个体、联营、股份制、外商、港澳台商、其他等。固定资产投资总额分为城镇建设项目投资、农村建设项目投资和房地产开发投资三个部分。

公路里程 指在一定时期内实际达到《公路工程技术标准 JTJ01－88》规定的等级公路，并经公路主管部门正式验收交付使用的公路里程数。

货（客）运量 指在一定时期内，各种运输工具实际运送的货物（旅客）数量。它是反映运输业为国民经济和人民生活服务的数量指标，也是制定和检查运输生产计划、研究运输发展规模和速度的重要指标。货运按吨计算，客运按人计算。货物不论运输距离长短、货物类别，均按实际重量统计。旅客不论行程远近或票价多少，均按一人一次客运量统计；半价票、小孩票也按一人统计。

货物（旅客）周转量 指在一定时期内，由各种运输工具运送的货物（旅客）数量与其相应运输距离的乘积之总和。它是反映运输业生产总成果的重要指标，也是编制和检查运输生产计划，计算运输效率、劳动生产率以及核算运输单位成本的主要基础资料。计算货物周转量通常按发出站与到达站之间的最短距离，也就是计费距离计算。计算公式为：

货物（旅客）周转量 = ∑货物（旅客）运输量 × 运输距离

邮电业务总量 指以价值量形式表现的邮电通信企业为社会提供各类邮电通信服务的总数量。

社会消费品零售总额 指各种经济类型的批发和零售业、住宿和餐饮业及其他行业对城乡居民和社会集团的消费品零售额总和。这个指标反映通过各种商品流通渠道向居民和社会集团供应的生活消费品来满足他们的生活需要，是研究人民生活、社会消费品购买力、货币流通等问题的重要指标。对居民的消费品零售额：指售给城乡居民用于生活消费的商品。

进出口总额 海关进出口总额指实际进出我国国境的货物总金额。进出口总额用以观察一个国家在对外贸易方面的总规模。我国规定出口货物按离岸价格统计，进口货物按到岸价格统计。

外商直接投资 指外国企业和经济组织或个人（包括华侨、港澳台胞以及我国在境外注册的企业）按我国有关政策、法规，用现汇、实物、技术等在我国境内开办外商独资企业、与我国境内的企业或经济组织共同举办中外合资经营企业、合作经营企业或合作开发资源的投资（包括外商投资收益的再投资）。

财政收入 指国家财政参与社会产品分配所取得的收入，是实现国家职能的财力保证。

财政支出 国家财政将筹集起来的资金进行分配使用，以满足经济建设和各项事业的需要。

存款 指企业、机关、团体或居民根据资金必须收回的原则，把货币资金存入银行或其他信用机构保管并取得一定利息的一种信用活动形式。

贷款 指银行或其他信用机构根据资金必须归还的原则，按一定利率，为企业、个人等提供资金的一种信用活动形式。

城乡居民储蓄存款余额 指某一时点城乡居民存入银行及农村信用社的储蓄金额，包括城镇居民储蓄存款和农民个人储蓄存款，不包括居民的手存现金和工矿企业、部队、机关、团体等单位存款。

商品零售价格指数 是反映城乡商品零售价格变动趋势的一种经济指数。

居民消费价格指数 是反映一定时期内城乡居民所购买的生活消费品价格和服务项目价格变动趋势和程度的相对数。

工业品出厂价格指数 是反映全部工业产品出厂价格总水平的变动趋势和程度的相对数。

专业技术人员 指从事专业技术工作和专业技术管理工作的人员，即企事业单位中已经聘任专业技术职务从事专业技术工作和专业技术管理工作的人员，以及未聘任专业技术职务，现在专业技术岗位上工作的人员。

普通高等学校 指按照国家规定的设置标准和审批程序批准举办，通过国家统一招生考试，招收高中毕业生为主要培养对象，实施高等学历教育的全日制大学、独立设置的学院和高等专科学校、高等职业学校和其他机构。

卫生机构 指从卫生行政部门取得《医疗机构执业许可证》，或从民政、工商行政、机构编制管理部门取得法人单位登记证书，为社会提供医疗保障、疾病控制、卫生监督服务或从事医学科研和教育等工作的单位。

卫生技术人员 指卫生事业机构支付工资的全部职工中现任职务为卫生技术工作的专业人员，包括执业医师、执业助理医师、注册护士、药剂人员、检验人员和其他卫生技术人员。

供水综合生产能力 指按供水设施取水、净化、送水、出厂输水干管等环节实际测定计算的综合生产能力。

燃气供应总量 指报告期燃气企业（单位）向用户供应的燃气数量。包括销售量和损失量。

道路长度 指道路长度和与道路相通的桥梁、隧道的长度，按车行道中心线计算。

排水管道长度 指所有排水总管、干管、支管、检查井及连接井进出口等长度之和。

可支配收入 指调查户可用于最终消费支出和储蓄的总和，即调查户可以用来自由支配的收入。可支配收入既包括现金，也包括实物收入。按照收入的来源，可支配收入包含四项，分别为：工资性收入、经营净收入、财产净收入、转移净收入和自有住房折算净租金（实施城乡住户一体化调查前，对外公布的可支配收入未包括自有住房折算净租金）。

消费支出 指调查户用于本家庭日常生活的全部支出，包括食品、衣着、家庭设备用品及服务、医疗保健、交通和通讯、娱乐教育文化服务、居住、杂项商品和服务八大类等。

中国统计出版社最新图书简目

（仅供参考，以实际出版为准）

统计资料

中国统计年鉴　中国统计摘要　中国发展报告
中国经济普查年鉴　国际统计年鉴　金砖国家联合统计手册
中国-东盟国家统计手册　中国农村统计年鉴　中国县域统计年鉴
中国城市统计年鉴　中国对外直接投资统计公报　中国地区经济监测报告
中国贸易外经统计年鉴　中国零售和餐饮连锁企业统计年鉴　中国商品交易市场统计年鉴
大中型批发零售和住宿餐饮企业统计年鉴　中国农产品价格调查年鉴　中国住户调查年鉴
中国价格统计年鉴　中国能源统计年鉴　全国农产品成本收益资料汇编
中国环境统计年鉴　中国建筑业统计年鉴　国外资源、能源和环境统计资料汇编
中国工业统计年鉴　中国城乡建设统计年鉴　中国县城建设统计年鉴
中国城市建设统计年鉴　中国科技统计年鉴　中国房地产统计年鉴
中国证券期货统计年鉴　中国劳动统计年鉴　中国第三产业统计年鉴
工业企业科技活动资料　中国社会统计年鉴　中国高技术产业统计年鉴
中国人才资源统计报告　中国教育统计年鉴　中国人口和就业统计年鉴
文化及相关产业统计概览　中国文化及相关产业统计年鉴　中国教育经费统计年鉴
中国民族统计年鉴　中国残疾人事业统计年鉴　中国民政统计年鉴
中国乡镇街道行政区域简册　中国基本单位统计年鉴　中国妇女儿童状况统计资料（英）

省级综合统计年鉴系列

北京 天津 河北 山西 内蒙古 辽宁 吉林 黑龙江 上海 江苏 浙江 安徽 福建 江西 山东 河南 湖北 湖南
广东 广西 海南 重庆 四川 贵州 云南 西藏 陕西 甘肃 青海 宁夏 新疆 新疆生产建设兵团

市(县)级综合统计年鉴系列

滨海新区 石家庄 唐山 邯郸 保定 沧州 邢台 廊坊 承德 衡水 秦皇岛 张家口 太原 大同 阳泉 长治 晋城
朔州 晋中 运城 忻州 临汾 吕梁 呼和浩特 呼和浩特新城区 鄂尔多斯 包头 沈阳 大连 长春 吉林 延吉 四平
通化 松原 哈尔滨 齐齐哈尔 黑龙江垦区 上海浦东新区 南京 无锡 徐州 常州 苏州 南通 连云港 淮安 盐城
扬州 镇江 泰州 宿迁 江阴 丹阳 海门 杭州 宁波 温州 嘉兴 湖州 绍兴 金华 衢州 舟山 台州 丽水 合肥
安庆 马鞍山 福州 厦门 宁德 漳州 龙岩 南昌 九江 上饶 新余 抚州 萍乡 赣州 吉安 景德镇 济南 青岛 潍坊
枣庄 日照 滕州 郑州 洛阳 平顶山 三门峡 商丘 信阳 济源 汝州 武汉 十堰 荆州 宜昌 荆门 咸宁 长沙 广州
深圳 惠州 东莞 汕尾 南宁 柳州 桂林 来宾 河池 防城港 海口 三亚 成都 贵阳 黔南 毕节 昆明 西安 咸阳
延安 宝鸡 安康 铜川 汉中 榆林 兰州 庆阳 银川 乌鲁木齐 兵团一师 兵团十师

调查年鉴系列

天津 山西 内蒙古 辽宁 吉林 上海 福建 江西 河南 湖北 湖南 广西 重庆 四川 云南 甘肃 宁夏 新疆

统计方法应用/实用手册

实用SAS统计分析教程　马克威统计分析与数据挖掘应用案例　统计公文知识问答
乡镇统计人员岗位知识培训系列教材：辅助调查员岗位基础知识　乡镇统计人员岗位基础知识
县级统计人员岗位知识培训系列教材：Excel在统计工作中的应用　简明统计分析
地市级统计人员岗位知识培训系列教材：统计报告与演示　Excel在统计工作中的应用

统计通俗读物/统计科普图书

国家统计局核心统计指标变迁　货架上的统计　账本里的统计

重点图书

砥砺奋进的五年——从十八大到十九大　新编英汉汉英统计大词典　中华医学统计百科全书
新常态下的中国服务业：理论与实践　新动能新产业发展报告-2017
挑大学选专业2018—考研择校指南　挑大学选专业2018—高考志愿填报指南